Taschenwörterbuch

zum

Corpus juris civilis,

den Institutionen des Gajus und anderen römischen Rechtsquellen.

Mit einer Übersicht über Juristen, Leges und Senatus Consulta nebst 2 Verwandtschaftstafeln.

Vierte u. fünfte Auflage.

1923
Verlag von H. W. Müller.
München NW. 2, Berlin SW. 68.

Druck von Dr. F. P. Datterer & Cie., Freising-München.

Vorwort zur ersten Auflage.

Für alle eingehenderen Quellenstudien ist Heumanns verdienstvolles Handlexikon zu den Quellen des römischen Rechts ein unentbehrlicher und zuverlässiger Berater. Ein den Bedürfnissen und ökonomischen Verhältnissen der Studenten entsprechendes, knapp gehaltenes und handliches Nachschlagebuch zu den römischen Quellen fehlte indes bis jetzt.

Diese Lücke auszufüllen war das Bestreben des Verfassers. Dazu mußte er sich möglichster Kürze befleißigen und von jedem Quellennachweis absehen. Andrerseits aber erschien es ihm angebracht, sich nicht auf den Wortschatz des Corpus juris civilis zu beschränken, sondern auch andere bedeutsamere Quellen zu berücksichtigen; so fanden u. a. auch seltenere Wortformen aus Bruns' Fontes Aufnahme.

Die von Stölzel in seiner „Schulung für die civilistische Praxis" ausgesprochene Klage „über die unglaublichen Betonungsfehler der Kandidaten" gab dem Verfasser die Anregung zu einer ausgiebigen Länge- und Kürzebezeichnung: Hinweise, die besonders den Abiturienten der Realgymnasien und Oberrealschulen bei ihren Studien willkommen sein dürften.

Schließlich wurden dem Wörterbuch noch eine Zusammenstellung der bekanntesten, in den Quellen genannten Juristen, der wichtigeren Leges und Senatus Consulta und zwei Verwandtschaftstafeln beigefügt, die einen raschen Überblick ermöglichen sollen.

Vorwort zur zweiten Auflage.

Bei der Neubearbeitung wurde mehr noch als bisher Wert auf möglichste Anpassung der Wortbedeutungen auch an den Sprachgebrauch der Institutionen des Gajus gelegt. Der mehr und mehr in Aufnahme kommenden Benutzung dieser Institutionen in seminaristischen Übungen dürfte damit in geeigneter Weise Rechnung getragen sein. Möge auch der zweiten Auflage eine freundliche Aufnahme zuteil werden.

Berlin, im Dezember 1910.

Bemerkung zur vierten und fünften Auflage.

Von dem Bestreben geleitet, trotz der ungeheuerlichen Verteuerung aller Herstellungskosten, das dem Studierenden jetzt mehr denn je notwendige Taschenwörterbuch zu einigermaßen erschwinglichem Preise zu bieten, haben Verfasser und Verlag auch diesmal von der seit längerer Zeit ins Auge gefaßten grundlegenden Umarbeitung des Werkes absehen müssen. Es wurde nur eine Reihe der am dringlichsten erscheinenden Änderungen vorgenommen.

Berlin/München, den 28. Oktober 1922.

Inhalt.

Zeichenerklärung.

* weist auf die am Ende befindlichen Verwandtschaftstafeln hin.

v bezeichnet das vorhergehende Wort als eine Abwandlungsform des dahinterstehenden.

Durch gesperrten Druck sind die juridischen termini technici kenntlich gemacht.

Keine Längezeichen haben Doppelvokale und positionslange, d. h. von mehreren Konsonanten geschlossene Silben.

Abschnitt I.

A.

a, ab von (-ab) durch, aus, an, in
defendĕre ab verteidigen vor
legāre ab jm. Legat auferlegen
abactor, ōris Viehräuber, -dieb
abactus v. abigere
abăcus Spielbrett, Tischchen, Kachel
abaliĕnāre veräußern, übertragen
abamĭta* Schwester des abavus
abavĭa* Großmutter des avus
abavuncŭlus* Bruder der abavia
abăvus* Großvater des avus
abdĭcāre sich lossagen, verstoßen, aufgeben, verwerfen
abdĭcĕre aberkennen
abdĭtus heimlich, versteckt, abgelegen
abdūcĕre entführen, entfernen, wegtreiben, wegnehmen, abhalten
terrōre abdūci außer sich geraten
Abellĭnum s. Avellinas.
abĕo s. abire
aberrāre sich verirren, abschweifen, zerstreut werden
abesse abwesend, entfernt sein, frei sein, fehlen, verloren sein
abfŏre(m) v. abesse
abhinc von jetzt an, nun vor
abhorrēre abgeneigt sein, abweichen, nicht passen zu
abĭcĕre weg-, abwerfen, aufgeben, veräußern, entfernen
abĭens v. abeo
abjectĭo v. abicere
abjectus verworfen, niedrig
abigeātus Viehdiebstahl
abĭgĕre fort-, weg-, abtreiben
abigĕus Viehdieb
abjĭcĕre s. abicere
abīre weggehen, verschwinden, verlassen, vorübergehen, vergehen, verloren gehen
abjudĭcāre aberkennen
abjūrāre ableugnen (unter Eid)
ablātus v. aufero
ablēgāre ab-, wegschicken
ablŏcāre vermieten, einräumen
ablŭĕre abwaschen, entfernen
abmatertĕra* Schwester der abavia
abnĕgāre abschlagen, ableugnen
abnĕpos* Enkel des nepos
abneptis* Enkelin des nepos
abnoctāre über Nacht ausbleiben

abnŭo verneinen, abschlagen
abnutīvum verneinend
abŏlēre abschaffen, beendigen, aufheben, niederschlagen (Klage)
abolitĭo Abschaffung, Aufhebung
abominabĭlis } verabscheuungswert
abominandus }
abominanter abscheulicherweise
abomĭnāri hinweg-, verwünschen
abominātus verwünscht
abŏrīri verschwinden, abgehen
aborsus v. aboriri
abortĭo Fehlgeburt
abortum, abortus = abortio
abpatrŭus* Bruder des abavus
abreptus v. abripere
abrĭpĕre los-, wegreißen
abrŏgāre (ganz) abschaffen, aufheben, entziehen
abrumpĕre losreißen, trennen, verletzen, verlassen
abrumpi verloren gehen
abruptus steil, kurz, plötzlich
abs = a, ab
abscēdĕre fort-, abgehen, verloren gehen, getrennt werden
abscessus Weggehen, Absonderung
abscīdĕre abhauen, -schneiden
absci(s)se kurz, abgebrochen
abscīsus v. abscidere
abscondĕre verstecken, verhehlen
abscondĭtus geheim, unbekannt
absectus getrennt
absens v. abesse
absentāre fortschicken
absimĭlis unähnlich
absis, īdis runde Schüssel
absistĕre abstehen, unterlassen
absolūte bedingungslos
absolutĭo Freisprechung, Befreiung, Vollendung
absolutorĭus zur Freisprechung geeignet, der F. günstig
absolūtus vollendet, abgemacht
absolvĕre losmachen, befreien, freisprechen, zu Ende bringen, vollbringen
absŏnans } abweichend
absŏnus }
absque ohne, außer, fern von
abstentus v. abstinere
abstĭnēre abhalten, hindern
se abstinēre sich entäußern
abstractus v. abstrahere
abstrăhĕre wegreißen, -nehmen entziehen
abstrusus heimlich
absūmĕre wegnehmen, aufzehren, verbrauchen, aufwenden
absumptus v. absumere
absurdus unvernünftig, sinnlos
abundanter reichlich
abundantĭa Fülle, Überfluß
abundāre überfließen, Überfluß haben, überflüssig sein
abunde = abundanter
Abarnius s. Abschn. II.
abusĭo Mißbrauch, falscher Gebrauch
abusīve mißbräuchlich, ungebräuchlich
abūsus Miß-, Verbrauch
abūti verbrauchen, mißbrauchen, falsch brauchen
ac = atque
acăpnus rauchlos brennend
accēdĕre herangehen, (be)treffen, betreten, antreten, nahekommen, hinzukommen, beistimmen, anwachsen
accelĕrāre beschleunigen, eilen

accendĕre anzünden, entflammen
accensus I. überzähliger Soldat
— II. v. accendere
acceptāre in Empfang, annehmen
acceptilatĭo Quittung, Erlaßvertrag
acceptĭo Empfang(nahme)
acceptor Empfänger
acceptus v. accipio
accersĕre = arcessere
accessĭo Hinzutritt, -kommen, Zurechnung, Zuwachs
accessorĭus hinzutretend, abhängig
accessus Zugang, Zutritt
accĭdens Zufall
ex accidenti zufällig [eignen
accĭdĕre anfallen, zustoßen, sich er-
accinctus gegürtet, ausgestattet
accĭpĕre an sich nehmen, erhalten, wahrnehmen, aufnehmen, annehmen, übernehmen, erleiden
acceptum Inkasso, Einnahme
acceptum ferre erlassen
accīre herbeirufen, -führen
acclāmāre zurufen, begrüßen
accŏla } Anwohner
accŏlens } Anwohner
accommŏdāre anfügen, anpassen, heranbringen, hergeben, anwenden
accomŏd(āt)us passend, bequem
accrescĕre (her)anwachsen, zuwachsen, hinzukommen
accubatĭo Liegen, Sitzen
accumbĕre sich hinlegen, liegen
accumŭlāre aufhäufen
accūrāre besorgen
accurrĕre hinzulaufen
accūsāre zur Rede stellen, anklagen, beschuldigen [Sekte
Acephăli die „Führerlosen", eine
acer, acris, e scharf, heftig, starr
acerbus herb, rauh, hart
acerra Opferkästchen mit Weihrauch
acervus Haufe
acescĕre sauer werden
acetabŭlum Essiggefäß, Becher
acētum (Wein-)Essig
Achāja. Landschaft an der Nordküste des Peloponnes
Achillēae thermae Bäder in Kon-
acĭdus sauer [stantinopel
acĭes, ēi, Schärfe, Sehschärfe, Blick, Höhe, Schlacht(reihe)
Acilia lex s. Abschn. II.
acinaticĭum Wein aus trocknen Trauben
acolȳthus } Meßdiener
acolȳthus } Meßdiener
aconītum Sturmhut, Eisenhut
acor, ōris Säure [zufrieden sein
acquiescĕre ruhig werden, ausruhen,
acquīrĕre verschaffen, erwerben
acquisitĭo Erwerb
acrimonĭa Schärfe, Energie
ac si gerade als ob
acta Protokoll
actĭo Tun, Tat, Unter-, Verhandlung, Klage, Klagformel, Vortrag, Anspruch, Beweisurkunde [handeln
actĭtāre (geschäftig) betreiben, ver-
actor, ōris Geschäftsführer, Verwalter, Prozeßvertreter, Kläger
actuarĭa navis Schnellsegler, Ruderschiff [viantmeister
actuarĭus Rechnungsführer, Pro-
actus Treiben, Recht zum Viehtreiben, Betrieb, Handlung, Rechtsgeschäft, Tätigkeit, Geschäfts-
acucŭla Nädelchen [führung

acūlĕus Stachel, Sporn
acus Nadel, Stift
acūtus scharf, scharfsinnig
ad zu, nach, gegen, bis zu, bei, um, in bezug auf, zufolge, nach, für
ad aliquid einigermaßen
ad verbum Wort für Wort
adactus v. adigere
adaequāre gleich machen, -stellen, [anpassen
adaeque auf gleiche Weise
adaerāre in Geld abschätzen
adămāre lieb gewinnen
adămas Diamant
adauctus v. adaugere
adaugēre vermehren, vergrößern
adcinctus s. accinctus
adclāmāre s. acclamare
adcrescĕre s. accrescere
adcorpŏrāre einverleiben
addĕre herbeibringen, hinzutun, wohinlegen
addīcĕre zusagen, zuerkennen, zuschlagen, verkaufen, ansagen
in diem addictio Zuschlag unter befristetem Vorbehalt
addictus Schuldknecht
additamentum Zusatz, Zulage, Zurechnung
additicius hinzugefügt
additus v. addere
addubitare in Zweifel sein, Bedenken tragen
addūcĕre wohinführen, versetzen in, veranlassen, anführen
adductus v. adducere
ademptio Widerruf (eines Legats)
ademptus v. adimere
adĕo bis dahin, so sehr, eben, gar
adeptus v. adipisci
adesse da sein, zugegen sein, begleiten, beistehen, zustehen
adf.... s. aff...
adg... s. agg..., ag...
adhaec außerdem
adhaerēre hängen an, zusammenhängen mit, gehören zu
adhĭbēre wohinbringen, zuziehen, benutzen, sich schuldig machen, anführen
fidem adh. Wort halten
modum adh. Maß halten
adhibitus v. adhibere
adhuc bisher, noch nicht, noch, dennoch, sogar, außerdem
adjăcens anliegend, benachbart
adjactamentum Anhang, Zugabe
adjĭcĕre zufügen, überbieten, zuziehen, einfügen
adjectio Zusatz, Übergebot, Beitritt,
adjectus v. adicere
adĭgĕre wohin bringen, wozu treiben
adigere jurejurando schwören
adjĭcĕre s. adicere
adĭmĕre wegnehmen, rauben, versagen
adimplēre erfüllen, befriedigen
adinventum Erfundenes
adipisci erreichen, erlangen
adīre herzutreten, ersuchen, antreten
aditio Zusammenkunft, Antritt, Eintritt, Ersuchen
adĭtus Zu-, Eingang, Zutritt, Zugangsrecht, Erwerbsrecht
adjudĭcāre zuerkennen, zuteilen
adjudicatio Teil der Formel und Urteil im Teilungsprozeß
adjudicātus = addictus
adjumentum Hilfe, Beistand
adjunctio Zufügung, Zusatz
adjunctus verbunden, zugehörig
adjungĕre anspannen, anfügen, verbinden, beifügen, anbefehlen

adjuratorĭus zu beschwören, eidlich
adjūtor, ōris Helfer, Gehilfe
adjutorĭum Hilfe, Unterstützung
adjutrix, īcis Helferin, Hilfs= ...
adjūtus v. adjuvare
adjŭvāre beistehen, unterstützen, nützen, begünstigen
adl.. s. all...
admensus v. admetiri
admētīri zumessen
adminicŭlum Stütze, Hilfe, Unterstützung, Helfer
administrans Fürsorger, Statthalter
administrāre behilflich sein zu, besorgen, leiten
administratĭo Dienstleistung, Leitung, Verwaltung
administratiuncŭla Ämtchen
administrātor, ōris Verwalter, Statthalter
admirabĭlis bewundernswert
admiratĭo Bewunderung
admiscēre beimischen, zufügen
admissĭo Zulassung, Zutritt
admissionālis Kammerherr
admissor, ōris Täter
admissum Unrecht, Frevel
admittens = admissor
admittĕre zulassen, zuziehen, geschehen lassen, verschulden, an sich nehmen, zuleiten
admixtus v. admiscere
admŏdum völlig, sehr, genug
admŏnēre ermahnen, erinnern, mahnen, vorladen
admonitĭo Ermahnung, Mahnung, Züchtigung
admonĭtor, ōris Mahner
admonitorĭum Ermahnung, Bemerkung
admonĭtus = admonitio
admōtus v. admovere
admŏvēre wohinbringen, nahebringen
adnectere s. annectere
adnĕpos* Enkel des pronepos
adnexum s. annexum
adnīti s. anniti
adnotāre s. annotare
adnŭĕre s. annuere
adnumĕrāre s. annumerare
adŏlēre an=, verbrennen
adolescens v. adolescere, Jüngling
adolescentĭa Alter zwischen dem 15. und 25. Lebensjahre
adolescĕre heranwachsen, mündig werden
adoptabĭlis wünschenswert
adoptāre (einen alieni juris) an Kindesstatt annehmen
adoptātor, ōris Adoptivvater
adoptātus Adoptivkind
adoptĭo Annahme an Kindesstatt, Kindesverhältnis
adoptīvus Adoptiv= ...
adōrāre beten zu, Ehrfurcht zeigen
adoratĭo (unterwürfige) Verehrung
adornāre ausrüsten, schmücken
adp... s. app...
adquiescere s. acquiescere
adquirere s. acquirere
adquisitio s. acquisitio
adrādĕre beschneiden
adresponsum Adjutant, Stellvertreter des magister militum
adrĭpĕre s. arripere
adrōdere s. arrodere
adrogantĭa s. arrogantia
adrŏgāre s. arrogare
adsc... s. asc...
adse.., adsi.., adso.. s. asse.., assi.., asso..
adsp.. s. asp...
adst.. s. ast...

adsu .. s. assu ...
adt ... s. att ...
adūlāre schmeicheln, kriechen
adulatĭo Schmeichelei, Knechtsucht
adulescĕre s. adolescere
adulter Ehebrecher, Verfälscher
adultĕrāre Ehebruch treiben, fälschen
adulterātor Fälscher
adulterīnum Fälschung
adulterīnus ehebrecherisch, verfälscht
adulterĭum Ehebruch, Verfälschung
adultus v. adolesco
adumbrāre beschatten, verdunkeln, [erdichten
adumbratĭo Täuschung, Heuchelei, Unterschrift
adūnāre vereinigen, sammeln
adūrĕre anbrennen
adustus v. adurere
advectāre herbeiführen
advectus v. advehere
advĕhĕre wohin haffen, herschaffen
advĕna Fremder, Neuling
advĕnīre wohinkommen, da sein
adventāre heranrücken
adventicĭus fremd, zufällig, außerordentlich, von andern herrührend
dos adventicĭa Mitgift von Drittem bestellt
adventus Ankunft, Eintritt
adversabilĭs = aversabilis
adversāri gegenüberstehen, sich widersetzen
adversarĭus entgegengesetzt, Gegner
adversum Mißgeschick
adversus I. entgegenstehend, ungünstig
— II. entgegen, gegen, nach
advertĕre bemerken, beobachten
advīvĕre weiterleben, leben bleiben

advŏcāre herbeirufen, zu Hilfe nehmen (als Rechtsanwalt)
advocatĭo Rechtsbeistand, Frist zur Beschaffung desselben, Stand der Rechtsanwälte
advocātus Rechtsanwalt
advŏlāre herbeifliegen
adynātus unmöglich
adўtum Geheimkabinett
Aebutia lex s. Abschn. II.
aedēs Gebäude, Tempel, Wohnhaus
Aedēsa s. Edessa
aedicŭla Kapelle, Gemach
aedifăcĕre = aedificare
aedificāre erbauen, wieder aufbauen, herstellen
aedificatĭo Bau
aedificātor, ōris Erbauer
aedificātus bebaut
aedificĭum Gebäude
aedīlis Ädil (kurulischer: Marktpolizei, plebejischer: Gehilfe des Tribuns); Cerialis (seit Cäsar für Getreidespenden); in Munizipien Polizei
aedilicĭus von Ädilen erlassen
aedilĭtas Amt des Ädils
aedĭtor Tempelpriester
aeditŭus Tempelhüter
aeger krank, niedergeschlagen, verdrießlich
aegre mit Mühe, kaum
aegritūdo, ĭnis Krankheit
aegrōtans leidend
aegrōtāre krank sein
aegrōtus krank
Aegyptĭacus ägyptisch
Aegyptĭus Ägypter
Aegyptus Ägypten (Afrika)
Aelĭa Capitolīna Kolonie in Palästina
— Sentia s. Abschn. II.
Aelius s. Abschn. II.

Aemilĭa Gegend um Padua
Aemilius s. Abschn. II.
aemulatĭo Nacheifern, Wetteifer
aemŭlus Mitkämpfer, Nebenbuhler
aēnĕus ehern, bronzen, dauernd
aenigma, ătis Rätsel, Geheimnis
aēnum Wasserkessel
aequabĭlis billig, gleich
aequālis gleich, gleichförmig
aequalĭtas Gleichheit
aequanimĭtas Gleichmut
aequāre vergleichen, gleichmachen
aeque gleichmäßig, gleich
aequinoctĭum Tag- und Nachtgleiche
aequipărāre } gleichstellen, gleich-
aequipĕrāre } kommen [Milde
aequĭtas Gleichförmigkeit, Billigkeit,
aequor, ŏris Meer
aequus gleich, gerecht, billig, angemessen, gleichmütig
aĕr, aĕris Luft
aerāmen(tum) ehernes Geschirr
aerarĭum (Volks-) Staatskasse
aerarĭus I. Kupferschmied
— II. in Geld (geschätzt)
aerātus erzbeschlagen
aerĕus ehern
aëriensis Luft-...
aero s. hero
aerōsus erzhaltig
aerumna Not, Mühsal [Waffen
aes Erz, Kupfer, Bronze, Geld, Eisen,
aes aliēnum Schulden
aestas, ātis Sommer
aestĭmāre schätzen, abwägen, meinen
aestimatĭo Schätzung, Schätzungswert, Würdigung, Ruf
aestimatorĭa, actio Minderungsklage des Käufers; bisweilen = de aestimato
aestimāto, actio de, Klage aus Trödelvertrag
aestīvus sommerlich
aetas, ātis Lebensalter (hohes oder jugendliches), Zeitalter
aeternā(bĭ)lis = aeternus
aeternĭtas Ewigkeit, ewige Dauer
aeternus ewig, heilig
Aetnensis zur Stadt Ätna gehörig
aevĭtas lange Zeit, hohes Alter
aevum Ewigkeit, Lebensalter
afantĭcus s. aphanticus
Afer zu Afrika gehörig
affātim hinlänglich, genug
affātus Anrede, Verordnung
affectāre streben nach, heucheln
affectĭo Zustand, Stimmung, Wille, Liebe, Verwandtschaft
affectuosus leidenschaftlich
affectus = affectio
afferre wohinbringen, beibringen, anführen, bereiten
affĭcĕre verursachen, zufügen, behandeln
affĭci erleiden
affīgĕre anfügen, befestigen
affiliātus = adoptatus
affingĕre hinzu-, andichten, anfügen
affīnis Nachbar, Verschwägerter, Verwandter
affinĭtas Schwäger-, Verwandtschaft
affinĭtus = definitus
affirmāre behaupten, bekräftigen
affirmatĭo Beteuerung, Versicherung
affirmātor Tauglichkeitsbürge
affixus v. affigere
afflictāre plagen, ängstigen, reizen
afflictatĭo Zufügung, Marter
afflictus v. affigere

afflīgĕre wohin schlagen, treffen, herabsetzen, mindern
afflŭĕre herangehen an
Afiniānum s. Abschn. II.
Afrīca Erdteil
Africanus s. Abschn. II.
Afrodisias s. Aphrodisiensis
afuisse v. abesse [Holz
agallŏchus wohlriechendes indisches
agāso Eseltreiber, Pferdeknecht
agellus kleiner Acker
agens Geheimpolizist, Kläger
ager Mark, Feld, Acker
agĕre bewegen, treiben, forttreiben, betreiben, überlegen, zubringen, verhandeln, klagen, sich bewegen
gratīas agĕre Dank abstatten
lege agĕre mit (Spruch-)Formeln klagen
nihil agĕre nichts zustande bringen
Agerīus, Aulus Name für Kläger [Wall, Haufe
agger, ĕris Damm, Landstraße,
aggĕrĕre aufhäufen, herbeischaffen
aggrăvāre beschweren, erschweren
aggrĕdi herangehen an, angreifen
aggrĕgāre hinzutun, hinzurechnen, zurechnen, binden an
se aggregare sich anschließen
aggressīo Angriff, Überfall
aggressor Angreifer, Räuber
aggressūra } Angriff
aggressus }
aggressus v. aggredi
agītāre treiben, antreiben, betreiben, überlegen, verhandeln, klagen
agitātor Wagenlenker
agmen, īnis Zug, Strömung, Heer, Schar, Abteilung
agminālis zum Zuge gehörig

agnasci hinzugeboren werden, nachgeboren werden
agnaticīus den Agnaten zukommend
agnatīo Nachgeborenwerden, (Familien-)Verwandtschaft
agnātus Verwandter von väterlicher Seite
agnātum Sklavenkind, Tierjunges
agnīnus zum Lamm gehörig
agnitīo Anerkennung, Erkennen, Untersuchung, Ersuchen
agnītus v. agnosco
agnōmen, īnis Beiname
agnoscĕre anerkennen, kennen lernen, wiedererkennen, billigen, übernehmen
agnus Lamm
agōn, ōnis Wettkampf
agonothesīa Kampfrichteramt
agonothĕta Kampfrichter
agonothetīcus den Kampfrichtern überlassen [bewachung
agrariensis Schiff zur Küsten-
agrarīus Acker-, Feld-...
agratīcum Feldabgabe, Ackergeld
agrestis ländlich
agricŏla } Bauer
agricultor }
agricultūra Landbau
agrimensor Feldmesser
Agrippīna Tochter des Germanicus, Großenkelin des Augustus
Agrippinensis Einwohner der colonia Agrippina
ajo, ait, ajunt sagen, vorschreiben
ala Flügel, Schwadron
alabarchīa Zoll in Ägypten
alăcer munter, rasch, geweckt
Alamannīcus Justinian als Besieger der Alamannen (Germanen)
Alanīcus — als Besieger der Alanen

alāris zur Schwadron gehörig
Albānus zu Alba gehörig
albarĭus Mörtelarbeiter, Tüncher
albescĕre weiß, hell werden
albĭnus = albarius [zeichnis
album Ediktstafel, Dekurionenver-
albus weiß, hell, auch = album
alchelucĭa = agallochus
alĕa Würfel(spiel), Zufall
aleātor Würfel-, Glücksspieler
Allemannĭcus = Alamannicus
alĕre nähren, unterhalten
Alexander Sevērus Kaiser, 222 bis
235 n. Chr. [tens
Alexandrĭa berühmte Stadt Ägyp-
Alfenus s. Abschn. II.
Algĭdus hoher Berg bei Rom
alĭa anderswie
alĭas anderswann, -wo, sonst, = alĭter
alĭbi anderswo
alicŭbi irgendwo
alicŭla leichtes Oberkleid
aliēnāre veräußern, aufgeben
alienatĭo Übertragung, Recht zur Veräußerung
alienātor Veräußerer
alienātus ausgeschlossen
alienigĕna Fremdling
aliēnum fremdes Gut [schlossen
aliēnus fremd, ungeeignet, ausge-
aes alienum Schulden
alimentarĭus I. z. Unterhalt gehörig
— II. Unterhaltsberechtigter
alimentum Nahrung, Unterhalt
alimonĭa Ernährung
alimonĭum = alimonia
alĭo anderswohin
aliŏqui(n) anderswann, übrigens
aliorsum anderswohin, anderswie
aliquamdĭu einige Zeit hindurch

aliquando irgend mal, einst
aliquantŭlus ein wenig
aliquantus einig, ziemlich viel
aliquatĕnus einigermaßen
aliquilĭbet = aliquis
alĭquis irgend jemand, ein anderer
alĭquo irgendwo, ein wenig
alĭquot einige
alĭquotĭe(n)s ein paar Mal
alĭter anders, andernfalls, zuwider
aliŭbi anderswo
aliunde anderswoher
alĭus ein anderer, fremd
aliŭta auf andere Weise
allectĭo Wahl zu einem Amt
allēgāre absenden, anführen
allegatĭo Anführung, Reskript
allĕgĕre auswählen, hineinwählen
allĕvāre erheben
allĭgāre anbinden, verbinden, hindern
allŭĕre anschwemmen
alluvĭo Anschwemmung
almus nährend, ehrwürdig
alŏë Aloe
altāre Altar
alte v. altus
alter der eine, der andere, einer
altercāre } streiten
altercāri }
altercatĭo (Wort-)Streit, Rechtsstreit
alternāre abwechseln, zur Wahl stellen
alternatĭo Wahl zwischen zweien
alternum eins ums andere
alterŭter einer von zweien, einer
altitūdo Höhe
altus hoch, tief
alumen, ĭnis Alaun
alumna, alumnus Zögling, Schüler

alvĕus Mulde, Faß, Flußbett, Bienenstock
alytarcha Vorsteher der Schauspiele
alytarchĭa Amt des alytarcha
ama s. hama
Aman Fest der Juden
amandāre fortschicken, verbannen
amans befreundet
amanuensis Sklave, Geheimsekretär
amāre lieben
amārus bitter, scharf, streng
Amasēnus Einwohner von Amasia
Amasīa Stadt in Pontus
amātor Liebhaber, Buhler
amatorĭus Liebes= . . .
ambāges Umweg, Umschweife
ambĕdĕre rings anfressen, verzehren
ambĭgĕre schwanken, zweifeln, streiten
ambiguĭtas Doppelsinn, Streit
ambigŭus unsicher, zweideutig
ambīre Stimmenwerben, umgeben
ambitĭo Gefallsucht, Gefälligkeit
ambitiōsus prahlerisch, parteiisch
ambĭtus Umzäunung, Stimmkauf
ambo beide
ambŭlāre umher=, übergehen, reisen
ambulatorĭus veränderlich, vorübergehend, Wandel= . . .
ambūrĕre an=, verbrennen
amentĭa Wahnsinn
amethystus Edelstein
amfractus s. anfractus
amīca Konkubine
amica(bĭ)lis freundschaftlich
amĭcīre umhüllen, umtun
amicitĭa Freundschaft
amictorĭum Überwurf
amīcus I. geneigt, günstig
— II. Freund

Aminēa Gegend im Picentinum
Aminēus aus Aminea
amissĭo Verlieren, Verlust
amĭta* Vatersschwester
amitīnus* Sohn der amita
amittĕre loslassen, aufheben, verlieren
amnĭcus Fluß= . . .
amnis Fluß
amoenĭtas Gefälligkeit, Genuß
amoenus reizend, angenehm
amōmum Balsamstaude
amor, ōris Liebe
amotĭo Entfernung
amŏvēre entfernen, entwenden, verbannen
amphităpus auf beiden Seiten zottig
amphitheatrum Theater im Halbrund
amphŏra Krug, Maß
amphorarĭus in der amphora
amplecti umfassen, ergreifen
amplexāri = amplecti
amplexus Umarmung
amplĭāre, amplifĭcāre erweitern, aufschieben
amplitūdo, ĭnis Umfang, Größe, Würde
amplĭus mehr, länger
amplus weit, groß, stark, herrlich
ampŭtāre abschneiden, aufheben
amputatĭo Beschneiden, Abhauen
amussis Richtscheit, Regel
an ob, oder
anabolicarĭus Importreeder
anadēma Stirnschmuck, Band
Anastasiana s. Abschn. II.
Anastasĭus Kaiser, 491—518 n. Chr.
anceps, ĭtis schwankend, gefährlich
anchŏra s. ancora
ancilla Magd, Sklavin
ancillāris der Magd gehörig
ancon Henkelgefäß
ancŏra Anker

aneclogistus nicht rechenschafts-
anfractus Krümmung [pflichtig
angarĭa(e) Frohndienst
angariālis Frohn- . . .
angarĭāre Frohnden auflegen
angĕlus Engel
angiportum } Gäßchen
angiportus }
angularĭus winkelig, eckig
angŭlus Winkel
angustāre einengen, beschränken
angustĭa Enge, Kürze, Verlegenheit
angustus eng, beschränkt
anĭma Lebenskraft, Geist [bann
animadversĭo Tadel, Strafe, Blut-
animadversus v. animadvertere
animadvertĕre wahrnehmen, erkennen, strafen, auf Tod erkennen
anĭmal, ālis lebendes Wesen, Tier,
animālis beseelt, lebendig [Sklave
animans lebendes Wesen
anĭmāre beseelen, anreizen
animosĭtas Heftigkeit, Hitze
animōsus mutvoll, eifrig
anĭmus Geist, Trieb, Herz, Wille
annāles Chronik
annālis jährig, jährlich
annicŭlus ein Jahr alt(es Kind)
anniversarĭus alljährlich, jährig
annōna Naturalertrag, Nahrungsmittel, Getreide, Kornzufuhr, -preis, Proviant
annonarĭae Getreidearten [gehörig
annonarĭus I. zu den Lebensmitteln
— II. Proviantmeister
annosĭtas hohes Alter
annōsus bejahrt [gen, zuweisen
annŏtāre vermerken, eintragen, rü-
annuālis ein Jahr alt
annŭlus s. anulus
annus Jahr
annŭus jährlich, jährig
ansa Henkel, Griff, Handhabe
ansarĭum Art von Abgaben
anser, ĕris Gans
anserīnus Gänse- . . .
antapŏcha s. apocha
ante vor, vorher
antĕa vorher
anteactus früher, vergangen
antecēdĕre vorgehen, vorhergehen
antecellĕre hervorragen
antecessor Vorgänger, Rechtslehrer
antedictus } vorerwähnt
antefātus }
antĕferre vor(her)tragen, vorziehen
antegestus vorher getan
antehābēre vorziehen
antĕhac vormals
antemeridiānus am Vormittag
antemna } Rahe
antenna }
antĕpōnĕre vorsetzen, vorziehen
antĕquam bevor
anterĭor früher, vorig
antestāre übertreffen
antestāri zu Zeugen anrufen
antestātus Zeuge
antevĕnīre übertreffen
antevertĕre zuvorkommen
antichrēsis Nutzungspfand
anticĭpāre vorwegnehmen [Anten
Antĭcus Justinian als Besieger der
antidŏtum } Gegengift
antidŏtus }
antinŏmĭa Widerspruch
Antiochensis } zu Antiochia gehörig
Antiochēnus }
Antiochīa Hauptstadt Syriens
antipherna Gegen-Mitgift

antiquāre beim Alten lassen, ablehnen, aufheben
antiquārĭus Archivar, Abschreiber
antiquatĭo Kassierung, Aufhebung
antiquĭtas Altertum, (hohes) Alter
antiquĭtus ehemals, von altersher
antīquus alt, früher, wichtig
antistes Vorsteher, Aufseher
Antoniniana s. Abschn. II.
Antonīnus I. — Pius, Kaiser 138 bis 161 n. Chr.
— II. Mark Aurel —, 161—180 n. Chr.
— III. Titus —, Commodus, 180—192
— IV. Magnus —, Caracalla, 211—217
— V. Elagabălus, 218—222
antrum Höhle
anŭlus Ring, Ringel
ānus altes Weib, alte Jungfer
anxĭus ängstlich
Anzetēnus, Anzitēnus: die Anzeten in Armenien betreffend
Apamēa Stadt in Coelesyrien
Apamēnus zu Apamea gehörig
Apelles griechischer Maler
aper Wildschwein, Keiler
apĕrīre aufdecken, öffnen, enthüllen
aperte, aperto: öffentlich
apertūra Eröffnung, Öffnung
apertus offen
apex, ĭcis Spitze, Feinheit, Brief
aphantĭc(ĭ)us unfruchtbar
aphoplista wer Waffen niederzulegen befiehlt
Aphrodisiensis auf Karien bezüglich
apis Biene
apisci = adipisci
apŏcha Quittung
apŏchāre quittieren, statt Naturalien Geld nehmen
apocrisiarĭus Abgeordneter der Bischöfe
Apollinariānus, Apollinarista: Anhänger des Apollinarius
Apollinārĭ(u)s Stifter einer Sekte
apostāta Abtrünniger
apostŏli Apostel, Berufungsschreiben
apostolĭcus die Apostel betreffend
Apotactītae Sekte
apothēca Speicher, Keller
apothecarĭus Krämer
apparāre zurüsten, einrichten
apparatĭo Zurüstung
apparātus Zurüstung, Gerät
apparēre sichtbar werden, sich zeigen
apparitĭo Dienst, Dienerschaft
apparītor Diener, Gerichtsdiener
appellāre angehen, anrufen, appellieren, mahnen, nennen
appellatĭo Berufung
appellātor Berufungskläger
appellatorĭus Berufungs-...
appellĕre treiben, landen
appendĕre zuwägen
appendēre schweben
appendix Anhang
appĕtĕre streben nach, angreifen, ergreifen, belangen
appetitĭo Streben, Begehr
appetītor Ehebrecher
Appĭa via Straße von Rom nach Kapua
Appius s. Abschn. II.
applĭcāre anfügen, heranziehen, binden
applicari sich etwas zuziehen
applumbāre verlöten
appōnĕre zusetzen, beigeben, bestellen
apportāre herzubringen

apprehendĕre erfassen, begreifen, erlangen
apprŏbāre billigen, beweisen [heit
approbatĭo Zustimmung, Zufrieden-
appropinquare nahe sein
appulsus Recht zur Tränke zu treiben
aprarĭus für Wildschweine bestimmt
Aprīlis April betreffend
Apronianum s. Abschn. II.
apsis s. absis
aptāre anpassen, beziehen auf
aptus passend tauglich
apud bei, an, in
Apuleja s. Abschn. II.
Apulensis Apulum betreffend
Apulĭa Landschaft Italiens
Apŭlum Stadt in Dacien
aqua Wasser
aquaeductus Wasserleitung [recht
aquaehaustus Wasserschöpf-
aquagĭum Wasserleitung, Kanal
aquarĭus I. für Wasser bestimmt
— II. Wasserträger
aquĭla Adler
Aquilēja Hafen in Oberitalien
aquilex, ēgis Brunnenmeister
Aquilia s. Abschn. II.
Aquiliana stipulatio s. Aquilius
Aquilius s. Abschn. II.
aquimināle } Waschbecken
aquiminarĭum } Waschbecken
Aquitanĭa Provinz Südgalliens
ara Altar
arabarchĭa s. alabarchia
Arabĭa Arabien
Arabĭcus aus Arabien
aranĕa } Spinngewebe
aranĕum } Spinngewebe
arāre pflügen
arātor Bauer
aratorĭus urbar
aratrum Pflug
arbĭter (Schieds-) Richter
arbitrālis vom Schiedsrichter
arbitrāri bemerken, glauben, urteilen
arbitrarĭus willkürlich, nach Ermessen
arbitratĭo Gutachten
arbitrātus Erachten, Gutdünken, Mahnung
arbitrĭum Willkür, Ermessen, Ausspruch, Rechtsstreit, Amt
arbor, ŏris Baum, Mast [sträuch
arbustum Baumpflanzung, Ge-
arca Kiste, Kasse, Sarg
Arcadiānus Kaiser Arkadius be-
Arcadius s. Abschn. II. [treffend
arcānum Geheimnis [weihevoll
arcānus heimlich, geheimnisvoll,
arcarĭus Kassenbeamter
arcēra gedeckter Wagen
arcēre fernhalten. verbieten
arcessĕre herbeirufen
archeōta Archivar
archiāter Oberarzt, Leibarzt
archiatrĭa Amt des Oberarztes
archidiacŏnus Oberdiakonus
archiepiscopus Erzbischof
archierosўna Oberpriester (Ägypten)
archigallus Oberpriester der Cybele
archigĕrontes Stadtälteste
archigubernus Obersteuermann
archimandrīta Vorsteher der Mönche
archimīmus erster Tänzer
archiōta = archeota [goge
archisynagōgus Haupt der Syna-
architectus Baumeister
archīum } Archiv
archīvum } Archiv
arctāre beschränken, verkürzen, binden

arctus eng, knapp
arcuarĭus Bogenverfertiger
arcŭla Kästchen, Büchse, Sarg
arcus Bogen
ardēre brennen
ardiniensis geringes Brot
ardor Brand, Begier
ardŭus steil, schwer
arĕa Bauplatz, Hof, Beet, Tenne
Arelāte Stadt in Südgallien (Arles)
Arelatensis Einwohner von Arelate
arēna Sand, Kampfplatz
arenarĭus Gladiator
arenifodīna Sandgrube
arenōsus sandreich
arens trocken, dürr
arescĕre trocknen, vertrocknen
argentāre in Geld umsetzen
argentarĭa Wechslerladen, -geschäft
argentarĭum Silberschrank [treffend
argentarĭus I. Silber, Wechsler be-
— II. Geldwechsler, Bankier
argentĕus silbern
argentifodīna Silbergrube
argentum Silber, Geld
argŭĕre beschuldigen, beweisen
argumentāri als Beweis anführen, folgern [halt
argumentum Beweis, Anhalt, In-
argutĭa Scharfsinn
argūtus scharfsinnig, spitzfindig
argyroprāta Bankier, Geldwechsler
Ariānus Anhänger des Arius
arĭdus trocken, dürr
arĭes, iĕtis Widder [minum
Ariminensis Einwohner von Ari-
Arimĭnum Stadt in Umbrien
arista Granne, Ähre
Aristo s. Abschn. II.
arma Waffen, Geräte, Krieg

armamentum Geräte, Takelwerk
armāre bewaffnen, ausstatten
armarĭum Wandschrank
Armenĭa asiatische Landschaft
Armenĭus Einwohner Armeniens
armentum Ackervieh, Herde
armilla Armband
armipŏtens kriegerisch, tapfer
arōma Gewürz
arr(h)a Draufgeld, Angeld
arrālis zum Angeld gehörig
Arrianus s. Abschn. II.
arrĭpĕre an sich reißen, ergreifen
arrōdĕre annagen, beschneiden
arrogantĭa Eigendünkel
arrŏgāre Gewaltfreien in Familie aufnehmen
ars Fertigkeit, Kunst, System, List
Arsăces König von Armenien
Artaxăta Stadt in Armenien
artĕmo(n) Bramsegel
arthritĭcus gelähmt, gichtisch
articulāris Gelenk- . . .
articulātus gegliedert, deutlich
Articulejanum s. Abschn. II.
artĭcŭlus Gelenk, Glied, Teil, Abschnitt, Augenblick, Fall [heber
artĭfex, ĭcis Meister, Künstler, Ur-
artificiōsus kunstreich [List
artificĭum Gewerbe, Kunstfertigkeit,
artus Gelenk, Glieder
arundinētum Röhricht
arundo, ĭnis Rohr, Schilf
arūra Acker, Saatfeld
arvum Saat, Acker
arx Festung, Citadelle
as Kupfermünze, Einheit
ex asse } im ganzen
in assem }
asceterĭum Kloster für Asketen

ascetrīa Asketin
ascĭa Zimmermannsaxt
Ascodrogītae s. Tascodrogītae
asellus Eselchen
Asīa Kleinasien, Asien
Asiānus Bewohner Kleinasiens
asiarcha Oberpriester in Asia.
asiarchīa Amt des asiarcha
asĭnus Esel
aspargo, ĭnis Bespritzen
asper, ĕra . . rauh, derb, hart
aspĕrāre aufreizen, schärfen
aspĕre v. asper
aspergĕre anheften
asperĭtas Rauheit, Roheit
aspernanter verächtlich
aspernāri verachten, verschmähen
aspĭcĕre anblicken, ansehen
aspīrāre streben nach, beanspruchen
asportāre wegschaffen
assectāri auf Schritt und Tritt folgen
assensĭo } Zustimmung, Beifall
assensus }
assentatĭo Beifall, Beistimmung
assentīre zustimmen
assĕqui verfolgen, erlangen
asser Balken, Pfahl
assĕrĕre I. beanspruchen, rechtfertigen
— II. zupflanzen
assertĭo Freiheitsklage, Behauptung
assertor Vertreter bei assertio
assertorĭus Freiheits- . . .
asservāre verwahren, erlangen
assessĭo Amt des Assessors
assessor Beisitzer
assessorĭus Beisitzer betreffend
assessūra = assessio
asseverāre betreiben, behaupten
asseveratĭo Behauptung

assĭdēre Beisitzer sein
assiduĭtas Beständigkeit, Eifer
assidŭo v. assiduus
assidŭus beständig
assignāre bezeichnen, anweisen, übergeben, siegeln
assignatĭo Anweisung
assimĭlāre = assimulare
assimŭlāre vergleichen, nachahmen, heucheln
assimulatĭo Vorspiegelung
assimulaticĭus erdichtet, gefälscht
assistĕre zutreten, beistehen
associāre vereinigen, beigesellen
assŏlet es pflegt . .
assuētus gewohnt. gewöhnlich
assūmĕre an sich nehmen, erwerben
assumptĭo Annahme, Zusatz
Assyrĭus assyrisch
ast = as
astāre da stehen, dasein
astipŭlāri einer Stipulation beitreten, beistimmen
astipulatĭo Unterstützung
astipulātor Nebengläubiger
astrictĭo Beschränkung
astrictus straff, knapp
astringĕre binden, enger ziehen
astrolŏgus Sternkundige
astrŭere beifügen, hinzufügen
astutĭa Gewandtheit, Schlauheit
astūtus geschickt, schlau
asўlum Freistätte
at aber, doch
atavia* Mutter des abavus
atăvus* Vater des abavus
Atejus s. Abschn. II.
Atellatus aus Atella in Kampanien
ater schwarz
Athēnae Athen

Atheniensis Athener
athlēta Wettkämpfer
Atilia s. Abschn. II.
Atilicinus, Atilius, Atinia s. Abschn. II.
atnepos* s. adnepos
atque und, auch, als wie
atqui(n) vielmehr, dagegen, nun aber
atramentum Schwärze
atrētus = diatretus
atriarĭus, atriensis } Türhüter
atrĭum Vorhalle, Vorsaal
atrocĭtas Häßlichkeit, Strenge
atrocĭter v. atrox
atrox, ōcis finster, streng, schwer
attactus Berührung
attămen jedoch
attamĭnāre antasten, beflecken
attemperĭes, ēi Mäßigung
attemptāre angreifen, versuchen
attemptatĭo Angriff, Versuch
attendĕre richten auf, streben
attentāre s. attemptare
attentatĭo s. attemptatio
attentĭo Aufmerksamkeit
attĕrĕre abnutzen, aufreiben
attestāri bezeugen, als Zeugen anrufen
attestatĭo Zeugnis, Erklärung
Attĭcus griechisch
attĭnēre festhalten, verbinden
attingĕre berühren, angehen
attollĕre emporheben, erhöhen
attonĭtus betäubend
attrăhĕre an sich ziehen
attrectāre anrühren, nehmen
attribŭĕre zuteilen, beifügen
attributĭo Anweisung, Zuteilung
aty̆pus Stammler

auceps, ŭpis Vogelsteller
auctĭo Versteigerung
auctionalĭa Auktionslisten
auctor Urheber, Rechtsvorgänger, Zustimmender
auctoramentum Dienst, Dienstvertrag
auctōrāre, auctōrāri } sich verbürgen, sich verdingen, zustimmen
auctorĭtas Veranlassung, Wille, Kraft, Eigentum, Zustimmung, Gewähr
auctrix v. auctor
auctus v. augere
aucŭpāri vogelstellen, haschen
aucupatĭo Haschen
aucupĭum Vogelfang
audacĭa Kühnheit, Verwegenheit
audacter v. audax
audax, ācis kühn, verwegen, dreist
audenter v. audax
audēre wagen
Audiāni Sekte (v. 4. Jahrh.)
audientĭa Zuhören, Anhören
audīre hören, zuhören, anhören, verstehen, zustimmen
auditĭo = audientia
audītor, ōris Hörer, Richter
auditorĭum Verhör, Gerichtshof, Hörsaal
audītus Anhören, Gehör, Verhör
auferre wegtragen, entreißen, erhalten
Aufidius s. Abschn. II.
aufŭgĕre entlaufen
augēre vermehren, verstärken, wachsen
augescĕre zunehmen
augmentāre vermehren
augmentum Zunahme, Zuwachs
augur, ŭris Zeichen-, Vogeldeuter
Augusta Kaiserin
Augustaliānus v. Augustalis
Augustālis Statthalter in Ägypten
augustalĭtas Würde des Augustalis

Augustamnīca Provinz in Ägypten
Augustānus } augusteisch
Augustensis }
Augustus I. Oktavian, 31—14 n. Chr.
— II. kaiserlich, im August
aula Vorhof, Hof
aulaeum Decke, Vorhang
aulīcus höfisch, fürstlich
Aulus s. Agerius
aura Luft, Wind
aurarīa Goldgrube, Einschätzung
aurarīus golden, Geld=...
aurātus vergoldet
Aurelīa via Straße bei Rom
Aurelius s. Abschn. II.
aurĕus I. golden, vergoldet
— II. Goldstück
aurichalcum Messing
aurichalcus messingen
auricŭla Ohrläppchen, Ohr
auriculārī(u)s Ohren=....
aurīfex, īcis Goldarbeiter
aurifodīna Goldgrube
aurīga Fuhrmann
aurīgāre fahren
aurilegŭlus Goldsucher
auris Ohr
aurum Gold, Geld
auspīcāri beginnen
auspicīum Anfang
austerītas Herbheit, Strenge
austērus herb, streng, ernst
ausum } Wagnis
ausus }
aut oder
autem aber
authentīcum Original
authentīcus urschriftlich
automatarīum sich selbst bewegendes Werk
autopractor sein eigner Steuereintreiber
autumnālis herbstlich
autumnus Herbst, herbstlich
auxilīāri helfen
auxiliāris Hilfs=...
auxilīum Hilfe, Hilfsmittel, Heilmittel
Auxumītae Äthiopen am Roten Meer
avaritīa Habsucht, Geiz
avārus habsüchtig
ave! s. have!
avĕhĕre fortführen
avellĕre losreißen, entreißen
Avellīnas aus Avella in Kampanien
avēna Wildhafer
Aventinus einer der sieben Hügel Roms
avēre grüßen
aversabīlis verabscheuenswert
aversāri sich abwenden
aversīo (in — ne) in Bausch und Bogen
averta Mantelsack
avertarius Paßpferd
avertĕre abwenden, stehlen, abhalten
avīa* Großmutter
aviarīum Vogelhaus
aviatīcus großelterlich
avidītas Begier, Habsucht
avīdus begehrlich, gierig
avis Vogel
avītus großväterlich
avŏcāre abberufen, zurückfordern
avŏlāre fortfliegen
avuncŭlus* Mutterbruder
-magnus Großmutterbruder
avus* Großvater
Axumītae s. Auxumitae

B.

Babylonīcum gestickte Decke
babylonīcus babylonisch
de Bacchanalibus s. Abschnitt II

bacchāri schwärmen, toben
Baetĭca Provinz in Spanien
bajŭlāre Last tragen
bajŭlus Bürde
Balabitēna Bezirk in Armenien
balănus Eichel, Kastanie
balbus stammelnd, stotternd
balbūtīre stammeln
balinĕum s. balneum [tiger
ballistrarĭus Wurfmaschinenverfer-
ballūca Goldsand
balnĕa s. balneum
balneāris Bade- . . .
balnearĭum Badezimmer
balnearĭus = balnearis
balneātor Bader, Badediener
balneatorĭus = balnearis
balnĕum Bad
baltĕus Gürtel, Degengurt
baphēum Färberei
baphēus (Scharlach-) Färber
baphīum s. bapheum
baphĭus s. bapheus
baptisma Taufe
baptīzāre taufen
barba Bart
barbaricarĭus Goldarbeiter
barbarĭcum Feindesland
barbarĭcus ausländisch
barbarĭes Ausland
barbărus I. fremd
— II. Ausländer [lonas
Barcinonensis Einwohner Barce-
Barsagŏras } Räuber zur Zeit des
Barsatŏres } Kaisers Gordian
basilĭca Gerichts- und Markthalle
basis Fußgestell
bastăga Fronfuhre
bastagarĭus Fronfuhrmann
Batrachītae eine Sekte

bĕāre glücklich machen
beatitūdo, ĭnis Glück
beātus beglückt, glücklich, reich, selig
Belabitena s. Balabitena
Belgĭca Bezirk in Gallien
bellāre Krieg führen
bellĭcus kriegerisch
Bellovăci Stamm in Belgica
bellum Krieg, Heerdienst
bellus lieblich, schön, gut
bene v. bonus [Bonmots
bene dicta treffende Bemerkungen,
benefăcĕre Gutes tun [Beamten
beneficiarĭus aus dem Gefolge eines
beneficĭum Wohltat, Gunst, Privileg
Beneventānus aus Benevent in Italien
benevolentĭa Wohlwollen, Güte,
benevŏlus gütig [Milde
benignĭtas Leutseligkeit, Güte,
benignus leutselig, mild
Bersabīnus aus Bersaben in Judäa
Berutiensis = Berytensis
beryllus Edelstein
Berytensis } aus Berȳtus in Phö-
Berytĭus } nizien
bes, bessis $^{8}/_{12}$ As, zwei Drittel
bestĭa wildes Tier
biarchĭa Amt des biarchus
biarchus Proviantmeister
bibĕre trinken
bibliothēca Bücherschrank, -saal
bidens Karst, Hacke
bidŭum Zeitraum von zwei Tagen
biennālis zweijährig
biennĭum Zeitraum von zwei Jahren
bifarĭam zweifach
bijŭgus zweispännig
bimenstrŭus = dimenstruus

bimus = biennalis
bini (je) zwei [Gewalt
biocolȳta Beamter zum Schutz gegen
birŏta zweirädriger Wagen, Kabriolet
birrŭs = byrrhus
bis zweimal
bi(s)sextum Schalttag (24. Februar)
bismenstrŭus = dimenstruus
Bithȳnus aus Bithynien in Klein-
blaesus stammelnd [asien
blandīri schmeicheln, locken
blanditĭae Schmeichelei
blandus schmeichlerisch
blasphemĭa Schmähung, Lästerung
blatta Purpur [schmied
blattiarĭus Goldschläger, Blech-
Boa Insel vor Dalmatien
boarĭus Viehhändler
(boēthus) Gehilfe
bombycīnus seiden [inbegriff
bona Güter, Vermögen, Sach-
in bonis esse im (bonitarischen) Eigentum stehen
bonĭtas Güte
bonum Nutzen
bonus gut, tüchtig, günstig
bonuscŭla kleines Gut
Borboriāni } eine Sekte
Borborĭtae }
bos Rind, Ochse
brac(c)a } Beinkleider, Hosen
bracha }
brachĭum Unterarm, Arm
Brentesium = Brundisium
brephotrophĭum Erziehungsanstalt
breve, brevis Notizbuch, Liste
breviarĭus kurzgefaßt
brevis kurz, klein, gering
brevĭtas Kürze
brevĭter v. brevis

Britannĭcus aus Britannien
Brundisĭum Hafen in Kalabrien
Bruttĭus aus Bruttien (Süditalien)
Brutus s. Abschn. II.
bubrostis = buprestis
bubulcus Ochsen führend
bu(c)cella Bissen, verteiltes Brot
buccellarĭus Söldner
buccellātum Soldatenzwieback
buccinātor Trompeter
buccŭla Visier
Bucĭnum Stadtgegend Roms
bucŭlarĭus Visierfabrikant
buprestis giftiger Käfer
burdo, ōnis Maulesel
burgarĭus Grenzsoldat
burgus Grenzfestung
bustum Grabmal, Grabstätte
buxĕus } aus Buchsbaum
buxĭnus }
Byblĭus aus Byblus in Phönizien
byrrhus Baumwollkleid (für Sklaven)
byssĭcus aus Byssus
byssus Flachsart
Byzacēnus aus Byzacium
Byzacĭum Bezirk in Afrika
Byzantĭus aus Konstantinopel

C.

caballatĭo Futter, Ration
caballus Packpferd, Gaul
cac(c)ăbus Kochtopf
cadāver Leichnam [fallen unter
cadĕre herabfallen, sinken, fallen in,
causā cadere Prozeß verlieren [treffend
caducarĭus herrenloses Gut be-
cadūcus herabgefallen, hinfällig, nicht angefallen, verfallen
cadus Flasche, Krug

caecāre blenden
Caecilius s. Africanus (Abschn. II)
caecĭtas Blindheit
caecus blind, verblendet
caedĕre fällen, schlagen, töten
caedes Niederhauen, Mord
caedŭus schlagreif
caelāre gravieren, bossieren (halb-erhaben)
caelatūra Bossierkunst, Basrelief
caelebs ehelos
caelestis himmlisch, göttlich, kaiserlich
Caelestis Göttin in Afrika
caelibātus Ehelosigkeit
Caelicŏlae eine Sekte (5. Jahrh.)
caelĭtus mit Gott, vom Kaiser
Caelius s. Abschn. II.
caelum Himmel, Luft
caementicĭus aus Mauerstein
caementum Bruchstein, Quader
caenacŭlum s. coenaculum
caenum s. coenum
caeremonĭa Religionsgebrauch
Caesar Kaiser, Mitregent, Thron-erbe
Caesarēa Stadt in Palästina
Caesariānus kaiserlich, Provinzial-beamter
Caesariensis aus Cäsarea
caespes, ĭtis Rasenstück, Boden
caetĕra s. cetera
caeterŏqui(n) s. ceteroquin
caetĕrum s. ceterum
Calabrĭa Landschaft Unteritaliens
calamĭtas Schaden, Verlust, Unfall
calamitŏsus schädlich, unglücklich
calantĭca s. calautica
calātus berufen
calatis comitiis in den (alten Sakral-)Komitien
calautĭca Frauenhaube
calcāre treten, pressen, unterdrücken
calcarĭa Kalkhütte
calcāriensis Kalkbrenner
calcarĭus zum Kalkbrennen bestimmt
calceamentum s. calciamentum
calcearĭum s. calciarium
calceātus s. calciatus
calcĕus, calciamentum } Schuh, Stiefel
calciarĭum Schuhgeld (Legat)
calciātus beschuht
calcitrŏsus schlagend (Tiere)
calculātor Rechner, Buchhalter
calculus Rechnung, Urteil
caldus s. calidus
calefăcĕre erwärmen, einheizen
calefactĭo Heizung
Calendae s. Kalendae
calendarĭum Zinsen, Schuldbuch
calēre warm sein, glühen
Caletānus aus Calenum in Kampanien
calĭdus warm, heiß
caligātus gestiefelt, gemeiner Soldat
calīgo Nebel, Finsternis
calix, ĭcis Kelch, Pokal
callaĭnus Türkis (grüner Edelstein)
callidĭtas Durchtriebenheit, List
callĭdus klug, schlau
Callinĭcum Feste in Persien
callis Fußsteig
Callistratus s. Abschn. II.
calor, ōris Glut, Eifer, Leidenschaft
Calpurnia s. Abschn. II.
calumnĭa Ränke, Schikane
pro calumnia jurare den Gefährde-eid schwören
calumnĭāri schikanös handeln
calumniātor Ränkeschmied
calumniŏsus ränkevoll, schikanös
calvi täuschen
Calvisiāna actio Klage des

erbberechtigten Patrons (ab intestato)
Calvisianum SC. s. Abschn. II.
calx I. Ferse
— II. Kalk(stein), Ziel
camelarius Kameltreiber
camelasīa Amt des camelarius
camēlus Kamel
camĕra Gewölbe, Wölbung
camerātus gewölbt
Campanīa Landschaft Mittelitaliens
Campānus I. Einwohner von Kampanien
— II. s. Abschn. II.
campus Ebene, Feld, Exerzierplatz
camum eine Art Bier
canālis Röhre, Kanal, Straße
cancellāre gittern, durchstreichen
cancellarīus Kanzlist, Kanzler
cancellus Gitter, Schrank
candelābrum Leuchter
candidātus I. mit der weißen Toga
— II. Amtsbewerber
— III. Bewerbung
canĕre singen, besingen
Canina s. Abschn. II.
canis Hund
cannăba } Hanf
cannăbis } Hanf [liche Abgabe
canon, ŏnis Richtschnur, Regel, jähr-
canonicarīus Steuereintreiber
canonīcus regelmäßig, Kanon be-
cantabrarīus Fahnenträger [treffend
cantāmen Zauberspruch, -lied
cantāre singen, besingen, ausspre-
canthăris spanische Fliege [chen
canthărus Wasserröhre, Brunnen-
cantīcum Lied, Spottlied [figur
cantor Sänger, Vorsänger
Canuleja s. Abschn. II.

capacītas Umfang, Fassungskraft, Erbfähigkeit
capax fassend, fähig, erbfähig
Capēnas aus Capēna in Tuscien
capĕre fassen, ergreifen, erwerben, nehmen, berauben, betrügen, zulassen
capessĕre greifen nach, übernehmen
capillus Haar
capio Erwerb, Wegnahme
capio pignŏris Pfändung
capistrum Halfter [brechen
capītal, ālis todeswürdiges Ver-
capitālis Kopf-..., Lebens-..., Tod(es)-... [strafe
capitalīter auf den Tod, bei Todes-
capitatīo (Kopf-)Steuer, Ration
capitīum Brusttuch, Mieder
Capīto s. Abschn. II.
Capitolīum vom Capitolium
Capitolīnus Spitze des mons Tarpejus in Rom
capitularīus I. zur Rekrutenstellung verpflichtend
— II. Aushebungsbeamter
Capitulensis aus Älia Capitolīna (Palästina)
capitŭlum Kapitel, Abschnitt, Teil, Punkt, Rekrutenstellpflicht
capītum } Viehfutter, Ration
capītus } Viehfutter, Ration
Cappadocīa Provinz Kleinasiens
capra Ziege
caprīnus Ziegen-...
capsa Kasten, Futteral
Capsa Stadt in Gätulien (Afrika)
capsarīus Bücherträger, Kleiderwart
capsella Kästchen [Kapselarbeiter
captāre haschen, streben, ausnutzen
captātor Streber, Erbschleicher

captatorīus eigennützig [den
captīo Täuschung, Trugschluß, Scha-
pignoris captio = p. capio
captiōsus betrügerisch, verfänglich, gefährlich
captīvāre erobern, unterjochen
captivītas Gefangenschaft
captīvus kriegsgefangen, Gefangner
captus Fang, Beute
Capŭa Stadt in Kampanien
caput, ĭtis Kopf, Anfang, Hauptsache, Person, Leben, Rechtsfähigkeit, Teil, Kapitel, Kopfsteuer
carbăsum feiner spanischer Flachs
carbo Kohle
carbonarīus Kohlen-...
carcer Gefängnis
carcerālis Kerker-...
cardamōmum Gewürzholz
carēre freisein, ermangeln, verlieren
carēum Kümmel
Carīa Provinz in Kleinasien
carīca karische Feige
carīna Kiel
carītas Teuerung, Wert, Liebe
carmen, ĭnis Ton, Lied, Gedicht
caro I. v. carus
— II. Fleisch [Saft
carpăsum Pflanze mit betäubendem
Carpathīus aus Karpathus im Ägäischen Meere
carpentarīus Stellmacher
carpentum Karosse, Gepäckwagen
Carpocratītae s. Apotactitae
carptim stückweise, einzeln
carrūca Wagen, Kutsche
carrucarīus I. Kutsch-...
— II. Kutscher
carrūcha = carruca

carrŭlus Karren, Wägelchen
carrum, carrus Transportwagen
Carthaginiensis aus Karthago
Carthāgo, ĭnis Stadt in Nordafrika
carus teuer, wert
casa Haus, Hütte
casarīus Kätner, Häusler
Cascellius s. Abschn. II.
casearīus, casiarīus Käse-...
casītāre fallen, wanken
Cassandrensis aus Cassandrēa in Macedonien
cassāre vernichten, aufheben
cassīa Gewürzrinde, -holz
Cassiānus I. vom Empörer Cassius (175 n. Chr.)
— II. Anhänger des C. Cassius
Cassiŏpa Hafen auf Corcyra
Cassius s. Abschn. II.
cassis (Metall-)Helm
cassus leer, eitel, nichtig
castellanus Festungs-...
castellum Festung, Bassin
castīgāre züchtigen
castigatīo Leibesstrafe
castimonīa, castītas Keuschheit
castra s. castrum
castrāre verschneiden
castratīo Verschneidung
castrātus Kastrat, Hämling
castrensiāni I. Grenzwächter
— II. Hofdienerschaft [II betreffend
castrensis I. Soldaten-...,
— II. Haushofmeister [wächter
castriciānus Lagersoldat, Grenz-
castrum Kastell [serne
castra Lager, Kriegsdienst, Ka-
castus züchtig, rein

casuālis zufällig
casŭla Häuschen
casus Fall, Zufall, Vorfall, Eintritt, Ende, Unfall
catabolensis Botenfuhrmann
catadrŏmus Laufseil
Catanensis aus Catăna auf Sizilien
Cataphrȳgae Sekte
catachumēnus Taufschüler
catēna Kette
caterva Haufe, Trupp
cathĕdra Sessel, Stuhl
cathedrarĭus Sessel= . . .
cathedratĭcum Weihgebühr des Bischofs
cathĕtus senkrechte Linie, Lot
catholiciāni Steuerbeamte in Afrika
catholĭcus rechtgläubig
catillus Mühlstein
Cato s. Abschn. II.
Catoniānus nach M. Cato
caudicarĭus Flößer, Floßschiffer
caupo, ōnis Schankwirt
caupōna, cauponĭum Schenke
causa I. Grund, Rechtsgrund, Zweck, Vorwand, Rechtssache, Partei, Inhalt, Art, Lage
— II. (m. Gen.) wegen
causāri vorschützen
causarĭus kränklich, wegen Krankheit
causatĭo Vorschützen
causidicīna Anwaltschaft
causidĭcus Anwalt
cautēla Vorsicht, Sicherheitsleistung
cauterĭum Brenneisen
cautēs rauher Fels
cautĭo Vorsicht, Sicherheitsleistung, Verschreibung, Vertrag
cautionālis cautio betreffend
cautus vorsichtig, sicher
cavĕa Gehege, Käfig, Schauplatz
cavēre sich hüten, sich sichern, sorgen, sicherstellen, schriftlich festsetzen
cavillāri Scherz treiben, Sophismen machen
cavus hohl, nichtig
cēdĕre weichen, einräumen, fallen an, fallen unter, herankommen, laufen
dies cedens der Tag, von dem aus gezählt wird
celāre verhehlen, verbergen
celĕber zahlreich, besucht, berühmt
celĕbrāre besuchen, feiern, vornehmen
celebratĭo Feier, Vornahme
celĕbris s. celeber
celebrĭtas Zulauf, Menge, Feier
celer schnell, rasch
celĕres Leibwache der römischen Könige
celerĭtas Schnelligkeit
celerĭter v. celer
cella Kammer, Keller
cellar(ar)ĭus Kellermeister
cellariensis Keller= . . .
cellarĭum = cella Speisevorrat
cellŭla Kämmerchen
celsitūdo Hoheit
celsus hoch
Celsus s. Abschn. II.
cement . . . s. caement . . .
cen . . . s. coen . . .
cenotaphĭum leeres Grabmal, Denkmal
censēre abschätzen, einschätzen, abwägen, beurteilen, bestimmen
censĭo Einschätzung, Bestrafung
censĭtor Schätzungskommissar
censĭtus steuerpflichtig, Kolone
censor Magistrat für Steuerwesen

censorīus Steuerpacht betreffend
censuālis I. census oder censuales betreffend
— II. Steuerbeamte
censuarīus = casarius
censūra Aufsicht, Strenge, Strafe
census Steuereinschätzung, Steuerrolle, Steuer, Vermögen
centēna(ria) Würde eines centenarius
centenarīus I. wer 100000 Sesterzien besitzt
— II. besondere Beamte
— III. Zentner
centēni (je) hundert
centenienālis Kupfermünze
centesīma gesetzlicher Zinsfuß (12%)
centesīmus der hundertste
centīes hundertmal
cento Flickendecke
centonarīus Deckenflicker, Lumpenhändler
centum hundert
centumvirālis vor die centumviri gehörig
centumvīri Geschworenengericht
centurīa Kompagnie
centurīo Hauptmann, Zivilbeamter
cephalaeōta Kopfsteuereinnehmer
cera Wachs, Schreibtafel
cerātus mit Wachs bezogen
ceraunīum ein Kristall
Cercīna Insel vor Nordafrika
Cereālis Ceres-..., Getreide-...
cerēbrum Gehirn, Verstand
Ceres Göttin des Ackerbaues
cerēus = cera
cernēre sondern, wahrnehmen, entscheiden
certāmen Wettkampf, Prozeß
certāre kämpfen, prozessieren
certātim um die Wette
certatīo Wettstreit Streit
certiōrāre benachrichtigen
certus gewiß, fest, bestimmt, sicher
cerussa Bleiweiß
cerussātus mit Bleiweiß gefärbt
cervesīa Bier
cervīcal, ālis Kopfkissen
cervisīa Bier
cervix, īcis Nacken
cervus Hirsch
cericīum Heroldstab
cespes s. caespes
cessans müßig, fehlend
cessāre nachlassen, säumen, aufhören, zurücktreten, ausbleiben
cessatīo Verzögerung, Unterlassen, Brachliegen
cessicīus cessio betreffend
cessim zurück
cessīo Abtretung, Übergabe, Herannahen eines Termins
cetēra im übrigen
ceterōqui(n), cetērum } sonst, übrigens
cetērus der andere übrig
chalbāne = galbanum
Chalcēdon Stadt am Bosporus
Chalcedonensis in Chalcedon
chaldaeus Sterndeuter
Charisius s. Abschn. II.
charistīcum Geschenk
charonarīus unterirdisch
charta Blatt, Papier
chartacēus papieren
chartiatīcum Geld zu Papier
chartoprātes Papierhändler
chartūla = charta
chartularīus Archivar, Registrator
chasma Erdöffnung
chelonīa, chelynīa } Edelstein (Schildkrötenauge)
Chersonesitānus aus dem Chersones

chiliarches } Oberst
chiliarchus
chirographarĭus handschriftlich
chirogrăphum Handschrift, Schein
chlamis, ȳdis wollenes Oberkleid
chōma Damm
chŏrus Reigen, Chor, Truppe
christianĭtas Christentum, Klerus
christiānus I. christlich
— II. Christ, Geistlicher
Chrysanthiānus nach Chrysanthius in Sardes
Chrysippus stoischer Philosoph (3. Jahrh. n. Chr.)
chrysolĭthus Edelstein
cibarĭa(e) } Nahrungsmittel, Kost
cibarĭum
cibus Speise, Futter
cicātrix, īcis Narbe
Cicereja lex s. Abschn. II.
Cicĕro, M. Tullius, berühmter Redner (106—43 v. Chr.)
cicūta Schierling
Cilicĭa Landschaft in Kleinasien
Cilicĭum Decke aus Ziegenhaar
cimeliarcha Schatzwächter
cimeliarchĭum Amt des cimeliarcha
Cincia s. Abschn. II.
cinctus Gürtel, Umzäunung
cingĕre gürten, umgeben, abschälen
cingŭlum Gürtel (der Soldaten, Beamten)
cinis Asche
Cinna s. Abschn. II.
cinnamōmum Zimmet
circa um(her), gegen, in, betreffend
circensis Zirkus-...
circĭter ringsum, gegen, in betreff
circĭtor Wachtrunde, Hausierer
circitorĭus Patrouillen-...
circŭīre hintergehen
circuitĭo Umschweif, Ablauf
circuĭtus Umfang, Umschweif
circulātor Marktschreier
circŭlus Kreis, Rand, Zirkel, Versammlung
circum ringsumher, um
circumactus v. circumago
circumăgĕre ablaufen
circumambŭlāre herumgehen
Circumcelliōnes Sekte, die umherzog (4. Jahrh. n. Chr.)
circumcīdĕre beschneiden, entfernen
circumclūdĕre einschließen
circumcŏlĕre ringsherum wohnen
circumdāre umgeben, umstellen
circumdūcĕre herumführen, -binden, betrügen, aufheben, auslassen
circumductĭo Umgang, Umschweif
circumferre herumtragen, verbreiten
circumflŭĕre herumfließen, überfließen
circumjectus Umgebung
circumīre umhergehen, umstellen, vermeiden
circumlustrāre von allen Seiten beleuchten
circumpotatĭo = convivium
circumscrībĕre umziehen bestimmen, betrügen
circumscriptĭo Umgehung, Betrug
circumscriptor Betrüger
circumscriptorĭe betrügerisch
circumsēptus einzäunen
circumspectĭo Umblick, Vorsicht
circumspectus umsichtig
circumstructus umbaut, eingebaut
circumvĕnīre umgeben, hintergehen
circumventĭo Betrug
circus Theater, Rennplatz
Cirtensis aus Cirta in Numidien
cis diesseits

cisalpīnus auf italienischer Seite der Alpen
cisiarĭus Kutscher, Fabrikant eines
cisĭum Kabriolet [cisium
cista Kiste
cisterna Wasserbehälter, Behälter
cistibĕres Beamte für den Stadtteil südlich der Tiber [rufen
citāre treiben, vorladen, auf-
citatĭo, citatorĭum Vorladung
citātus schnell
citerĭor näher, früher [hörend
citharoedĭcus zum Zitherspieler ge-
Citĭensis aus Citium auf Cyprus
cito schnell
citra vor, außer, ohne
citrĕus aus Zitrusholz
citro(ultro-) hin und her, gegenseitig
citus schnell, rasch
civĭcus bürgerlich, Bürger-...
civīlis bürgerlich, Bürger-..., Volks-..., billig, privatrechtlich
civilĭtas = civitas
civilĭter nach jus civile, im Zivilprozeß, rechtmäßig, billig
civis Bürger
civĭtas Bürgerrecht, Bürgerschaft, Stadtgemeinde, Staat
clabulārĭ(u)s zu Postwagen gehörig
clades Unheil, Schaden
clam heimlich
clamāre rufen, vorladen, aufrufen
clamatĭo Zuruf
clamor, ōris Geschrei
clancularĭo, clancŭlo heimlich
clandestīnus geheim
clarēre, clarescĕre glänzen, erhellen

clarissimātus Würde einer persona clarissima (Konsul, Prätor)
clarĭtas Glanz, Helligkeit, clarissi-
claritūdo Glanz, Ruhm [matus
clarus hell, deutlich, glänzend, be-
classĭcus Marinesoldat [rühmt
classis Einteilung, Abteilung, Flotte
claudĕre verschließen, umschließen
Claudĭa (aqua) eine Wasserleitung
— lex s. Abschn. II.
Claudianum s. Abschn. II.
Claudiopŏlis Stadt in Bithynien
Claudĭus Kaiser, 41—54 n. Chr.
claudus hinkend
claustrum Schloß [Klausel
clausŭla Schluß, Formel, Satz
clausūra Kastell
clausus enthalten
clavicarĭus Schlosser
clavis Schlüssel
clavus Nagel, Geschwulst, Steuer, Streifen [Jonien
Clazomenĭus aus Klazomenä in
clemens gütig, mild
clementer v. clemens
clementĭa Milde
clericālis geistlich
clericātus geistlicher Stand
clerĭcus Geistlicher
clerus Geistlichkeit
clibanarĭus Panzerreiter, Kürassier
cliens Höriger, Schützling
clientēla Schutzgenossenschaft, die Klienten
clipĕus Schild, Brustbild
clivōsus hügelig
clivus Hügel
cloāca Kanal (für Abwässer)
cloacarĭum Kloakensteuer
clodus lahm, hinkend

cludĕre s. claudere
clusūra s. clausura
clusus s. clausus
clypĕus s. clipeus
clystēr Klistierspritze [rechnen
coacervāre aufhäufen, zusammen-
coacescĕre sauer werden
coactīlis filzig [hung
coactĭo kurze Darstellung, Einzie-
coactor Steuereinnehmer
coactus v. cogere
coadūnāre vereinigen
coadunatĭo Vereinigung
coaequāre gleichstellen
coaestĭmāre mitabschätzen.
coăgĕre treiben, schlagen
coalescĕre sich verbinden, wachsen
coangustāre einengen, verkürzen
coarctāre s. coartare [stoßen
coargŭĕre anklagen, erweisen, um-
coartāre einengen, verkürzen, zwin-
coccum Scharlach [gen
cochlĕa s. coclea
cochlēār(e) Löffel
cocinatorĭus Koch-...
coclĕa Schnecke
coctĭo Kochen
coctor Koch
coctus v. coquere
cocus Koch
codex, ĭcis Tafel, Buch, Schuldbuch, Gesetzbuch, Urkunde
codicillarĭus durch Kodizill ernannt
codicillus Handschreiben (letztwilliges), Brief, Diplom, Kabinettsorder
Coele-Syrĭa s. Syria
coelebs s. caelebs
coel... s. cael...
coĕmĕre aufkaufen, erkaufen
coëm(p)tio Ankauf, Eheschließung dch. Scheinkauf [coëmptio
coēm(p)tionātor Ehegatte bei
coena (Haupt-)Mahlzeit
coenaculārĭa Zimmervermieten
coenaculārĭus Mieter eines Stockwerks
coenacŭlum Speisezimmer, Stock-
coenāre speisen [werk
coenatĭcum Kostgeld für die Soldaten
coenatĭo Speisezimmer
coenatorĭus Tisch-...
coenobīta Mönch
coenōsus schmutzig
coenum Kot, Schmutz
coepisse beginnen, begonnen haben
coeptum Unternehmen
coërcēre zusammen-, in Schranken halten, beschränken, strafen
coërcitĭo Strafe, Recht zu strafen
coërrāre zusammen umherirren
coetus Versammlung [treiben
cogĕre sammeln, zusammendrängen,
cogĭtare durchdenken, beachten
cogitatĭo Denken, Gedanke, Plan, Meinung
cognatĭo Bluts-Verwandtschaft, -Verwandte
cognātus Blutsverwandter [chung
cognitĭo Erkennen, Untersu-
cognitionālis zur Untersuchung gehörig
cognitionalĭter durch Untersuchung
cognĭtor (förmlich bestellter) Prozeßvertreter, Richter
cognitorĭus den cognitor betreffend
cognitūra Stellung des cognitor
cognĭtus bekannt, bewiesen
cognōmen Beiname
cognomĭnāre benennen, nennen

cognoscens Richter
cognoscēre wahrnehmen, erkennen, untersuchen, billigen
cohaerēre zusammenhangen, bestehen
cohercitĭo s. coërcitio
cohēres Miterbe
cohĭbēre festhalten, zurückhalten, [verhindern
cohonestāre ehren
cohors Trupp, Abteilung, Gefolge
cohortalĭnus } zur Kohorte gehörig
cohortālis }
cohortāri ermahnen
cohortatĭo Ermahnung
coĭcēre zusammenstellen, legen
coinquĭnāre mitbesudeln
coīre sich vereinigen, sich verbinden, sich paaren
coitĭo Zusammenkunft, Verbindung
coĭtus Beischlaf
colēre bearbeiten, pflegen, hegen, ausschmücken, verweilen
collābi zusammenstürzen, stürzen in
collactanēus Milchbruder
collatĭo Zusammentragen, Beitrag, Zusammenlegen
collatīvum (Geld)beitrag
collātor Steuerzahler
collaudāre sehr loben
collectarĭus Geldwechsler
collectĭo Einlese, Einberufung, Rekapitulation
collēga Gefährte, Amtsgenosse [gat)
collegatarĭus Mitbedachter (im Le-
collegiātus Genosse einer niedern Zunft
collegĭum Verein, Korporation
collibertus Mitfreigelassener
collīdēre zerdrücken, zerschlagen
collĭgāre zusammenbinden, abmachen
collĭgēre sammeln, aufbringen, erwerben, umfassen, folgern
collīsus v. collidere
collŏcāre wohinsetzen, -legen, verwenden, übertragen, erwerben
collocatĭo Errichten
collŏqui besprechen, unterhandeln
colloquĭum Unterredung, Besprechung
colluctatĭo Ringen, Kämpfen
collūdēre spielen mit, Scheingeschäft schließen
colludĭum = collusio
collŭēre ausspülen, heranspülen
collum Hals
collusĭo geheimes Einverständnis
collūsor Helfer bei collusio
collusorĭe abgekarteterweise
colluvĭes } Spülicht
colluvĭo }
collyrĭum (flüssige) Salbe
colŏb(ĭ)um kurzärmeliges Unterkleid
colōna v. colonus
colonarĭus hörig [hörigkeit
colonātus Bauernstand, Grund-
Colōne Stadt in Messenien
colonĭa Landgut, Pachthof, Kolonie, Kolonisten
coloniarĭus aus einer Kolonie
colōnus Bauer, Pächter, Pflanzer
color, ōris Farbe, Schein, Ansehen
colōrāre färben, beschönigen, be- [arbeiten
colorātus angeblich
colorĭus farbig
cōlum Seihgefäß, Salbe
columba Taube
columbarĭum Taubenhaus
columna Pfeiler, Säule
comagēna s. commagenum

Comanensis aus Comāna in Cappa-
comātus langhaarig [docien
combūrĕre verbrennen
comĕdĕre aufessen, auffressen
comes, ĭtis Gefährte, Begleiter, Gefolge, hoher Beamter
comēsor Fresser, Vielfraß
comĭnus = commĭnus
comĭtāri begleiten, folgen [folge
comitatensis I. im kaiserlichen Ge-
— II. Leibgarde, Unterbeamter
comitātus Begleitung, Gefolge, Hof
comĭter freundlich, gefällig
comitĭa Volksversammlung
comitiālis die Komitien störend
— morbus Fallsucht, Epilepsie
comitiānus den comes Orientis betreffend
comitīva Würde des comes
comitĭum Versammlungsort(forum)
commacŭlāre beflecken, besudeln
Commagēne Provinz von Syrien
commagēnum Salbe aus Comma-
commănēre verbleiben [gene
commĕans beurlaubt
commĕāre hin und hergehen, führen
commeatālis Zufuhr betreffend, beurlaubt
commeātus Ab- und Zugang, Durchlaß, Urlaub, Zufuhr
commemŏrāre gedenken, erwähnen
commemoratĭo Erinnerung, Erwähnung
commendāre übergeben, empfehlen, darlegen
commendaticĭus Empfehlungs- . . .
commendatĭo Empfehlung
commendatorĭus Empfehlungs- . . .
commentariensis Sekretär, Kontrolleur
commentarĭus Notizbuch, Protokoll, Erklärung, Buch (Teil)
commentātor Erklärer
commenticĭus interpretiert, Schein- . .
commentīri ersinnen, lügen
commentum Lüge, Scheinabschluß
commentus v. comminisci
commercĭum Handel, Verkehrsfähigkeit, Geschäftsfähigkeit
commĕrēre verdienen
commilitĭum Kriegskameradschaft
commilĭto Kriegskamerad
commĭnāri drohen
comminatĭo Drohung, Androhung
comminisci ersinnen, vorschützen
comminŭere vermindern
commĭnus in der Nähe, nahe, sofort
commiscēre vermischen, sich paaren
commissorĭa lex Rücktrittsklausel (Kauf), Verfallklausel (Pfand)
commissum Verbrechen, Vergehen
commissus v. committere
committĕre verbinden, eingehen, streiten, verüben, verfallen, hingeben
commŏdāre darleihen, schenken
commodātor Verleiher
commodātum Leihe, Leihvertrag
commodĕrāre mäßigen
commodĭtas Angemessenheit, Nutzen
commŏdum Bequemlichkeit, Nutzen, Ertrag, Zinsen
commŏdus gehörig, passend, bequem
Commŏdus Kaiser, 180—192 n. Chr.
commonefăcĕre, commŏnēre } erinnern, mahnen
commonitĭo Erinnerung, Mahnung

commonitorium Mahnbrief, Auftragsschreiben
commonitorius Erinnerungs= . . .
commŏrāri verweilen
commŏri zusammen sterben
commotio Bewegung, Erregung,
commōtus v. commovere [Eingriff
commŏvēre bewegen, erregen
commundāre reinigen
commūne Gemeinwesen, Staat
communicāre teilen mit, teilen unter
communicatio Gemeinschaft
communio Gemeinschaft, Gemeinschaftlichkeit, Anteil
commūnire befestigen, unterstützen
commūnis gemeinsam, gemein, gewöhnlich
communitus versehen mit
commūtāre verändern, tauschen
commutatio Veränderung, Tausch
cōmoedus Schauspieler
compactum Vertrag
compar, ăris gleich(wertig)
compărāre zusammenbringen, vergleichen, gleichstellen, vereinbaren, erwerben
comparaticius zum Ankauf bestimmt
comparatio Vergleich, Kauf, Erwerb
comparātor Schriftvergleicher, Käu=
comparātus festgestellt, bestimmt [fer
compārēre erscheinen, vorhanden sein
compascĕre zusammen weiden
compascuus gemeinsame Weide be=
compăti mit leiden [treffend
compatrōnus Mitpatron
compĕdes Fesseln
compeditus gefesselt [treiben
compellĕre zusammentreiben, an=
compendiarius kurz
compendiōsus abgekürzt, kurz
compendium Ersparnis, Abkürzung, Gewinn [anrechnen
compensāre ausgleichen, aufrechnen,
compensatio Aufrechnung
comperendinus drittnächst
compĕrire entdecken, erfahren
compertus ertappt, sicher
compes s. compedes [schränken
compescĕre zusammenhalten, ein=
compĕtens passend, zuständig
competenter gehörig
compĕtĕre stimmen, gehören, fordern, zustehen.
competitio gerichtliche Forderung,
competitor Mitbewerber [Anrufen
compilāre plündern, berauben
compingĕre zusammensetzen
compitum Kreuzweg [gleich
complacitum Übereinkunft, Ver=
complacitus angenehm, nützlich
complānāre ebenen, niederreißen
complecti umschlingen, fassen
complementum Füllung, Ergänzung
complēre anfüllen, erfüllen
completio Erfüllung, Vollzug
complex Teilnehmer, Genosse
complexio Verknüpfung, Zusammenziehung
complexus Umfassen, Vereinigung
comploratio heftiges Weinen, Klage
complūres mehrere, sehr viele
compōnĕre zusammensetzen, vereinigen, verfassen, ordnen, aufbewahren, anordnen, ausgleichen
comportāre sammeln
compos, ŏtis mächtig, teilhaftig
compositio Zusammensetzung, Verbindung, Abfassung, Beilegung
compositor Verfertiger, Verfasser

compositum Vertrag
compraehendĕre / comprehendĕre { zusammen-, erfassen, begreifen, umschließen
comprimĕre zusammendrücken, unterdrücken, schänden
comprŏbāre gut heißen, beweisen, [bezeugen
compromissarius Schieds- . . .
compromissum Schiedsgerichtsvertrag
compromittĕre ein compromissum [schließen
compulsio Zwang, Mahnung
compulsor Steuermahner
compulsus gezwungen
compŭtāre berechnen, hinzurechnen, [bedenken
computatio Berechnung, Zahlung
conāmen Bemühung, Versuch
conāri versuchen
conātus Versuch
concamĕrāre umwölben
concameratio Wölbung
concēdĕre fortgehen, nachgehen, einräumen, erlassen
conceptacŭlum Behältnis
conceptio Abfassen, Empfängnis
conceptivus von ertapptem Diebstahl
conceptus I. v. concipere
— II. Empfängnis
concertatio Wettkampf, Rechtsstreit
concessio Erlaubnis, Zugeständnis
concha Muschel
conchylium Muschel, Purpurschnecke
conchy(lio)legŭlus Muschelsammler
concĭdĕre stürzen, fallen
concīdĕre zerhauen, zertrümmern
conciliabŭlum Sammel-, Marktplatz
conciliāre gewinnen, einigen
conciliātrix Kupplerin
concilium Versammlung, Rat, Gemeinde
concinnāre erdichten, andichten
concinnātor Urheber
concinnitas Lüge, Betrug
concio s. contio
concipĕre ergreifen, aufnehmen, schwanger werden, denken, abfassen, eintreten
concitāre aufregen, reizen
concitatio Erregung
concitātor Erreger
conclāmāre rufen, herbeirufen
conclamatio Geschrei
conclāve Gemach
conclericus Mitkleriker, Amtsbruder
conclūdĕre einschließen, einengen, abschließen, abfassen
conclusio Schluß, Bestimmung
concordāre übereinstimmen
concordia / concordium } Eintracht
concrĕmāre verbrennen
concrescĕre zusammenwachsen
concŭba / concubina } Beischläferin
concubinātus außereheliche Geschlechtsverbindung
concubitor Beischläfer
concubitus Beischlaf
conculcatio Zerstampfen, Ausdreschen
concumbĕre Beischlaf vollziehen
concupiscĕre verlangen nach
concurātor Mitkurator
concuriālis aus derselben Kurie
concurrĕre herbeilaufen, zusammentreffen, übereinkommen
concursus Zulauf, Auflauf, Zusammentreffen
concussio Erpressung

concŭtĕre erschüttern, zerrütten, erpressen
condĕcet es ziemt sich
condecŏrāre schmücken
condecuriālis Mitdekuriale
condemnāre verurteilen, jemandes Verurteilung betreiben
condemnatĭo Verurteilung
condĕre begründen, begraben, verbergen
condīcĕre verabreden, ankündigen, (auf dare oportere) klagen
condicĭo s. conditio
condicticĭus auf condictio bezüglich
condictĭo Rückforderung
condignus geeignet, passend
condiscĕre lernen, erfahren
conditĭo Lage, Zustand, Verhältnis, Bedingung, Gelegenheit
conditionālis I. bedingt
— II. zu einem Amt bestellt
condĭtor Urheber, Gründer
conditūra Würze, Eingemachtes
condĭtus gewürzt
condĭtus v. condere
condomonobŏlon eine Art Spiel
condōnāre beschenken
condūcĕre sammeln, mieten, pachten, bestellen
conducibĭlis nützlich

conductŭla } Miet-, Pacht-
conductĭo } vertrag, Dienst-, Werkvertrag

conductor Mieter, Pächter, Unternehmer
conductum = conductio
conectĕre = connectere
confarreatĭo Form der Eheschließung
confectĭo Anfertigung, Errichtung
conferre zusammenbringen, beitragen, vereinigen, vergleichen, wohinschaffen, bestimmen
confertus gedrängt
confessĭo Geständnis, Bekenntnis
confessorĭus Bekenntnis-, Anerkennungs-...
confessus geständig
confestim sogleich
confĭcĕre vollenden, zerstören
confidejussor Mitbürge
confidentĭa Vertrauen, Bekenntnis
confīdĕre vertrauen, sich verlassen
confīgĕre durchbohren
confingĕre verfertigen, ersinnen
confīnis I. benachbart
— II. Nachbar
confinĭum Nachbarschaft, Grenze, Ende, Bereich
confirmāre befestigen, bekräftigen
confirmatĭo Bestätigung
confirmātor Gewährsmann

confiscāre } einziehen
confiscāri }

confĭtēri eingestehen, aussagen
conflāgrāre brennen
conflāre schüren, erregen, einschmelzen
conflātor Einschmelzer

conflictatĭo } Kampf, Rechtsstreit
conflictus }

conflīgĕre kämpfen, streiten
conflŭĕre zusammenfließen, -treffen
confŏvēre pflegen, begünstigen
confringĕre zerbrechen
confŭga Flüchtling
confŭgĕre sich flüchten
confundĕre vermischen, vereinigen, verwirren, tilgen
confūse in Bausch und Bogen
confusĭo Vereinigung von Recht und Schuld in einer Person
confūsus v. confundere
confūtare widerlegen, überführen
congemiscĕre seufzen

congĕrĕre zusammentragen, aufhäufen, herbeiführen
congestĭo Aufhäufen
congiarĭum Gefäß, einen congius ($^1/_8$ amphora) fassend
conglomeratĭo Aufhäufung
conglutĭnāre zusammenkleben, [-fügen
congrĕdi verklagen
congrĕgāre sammeln, zurechnen
congregatĭo Sammlung, Vereinigung
congressus Zusammenkunft, Kampf
congrŭens schicklich, angemessen
congrŭĕre passen zu, stimmen
congrŭus = congruens
conĭcĕre = colcere
conjectāre erraten, vermuten
conjectĭo Vermutung, Zusammenstellung
conjectūra Vermutung
conīti = connīti
conjugālis Gatte
conjugatĭo = conjunctio
conjugĭum Ehe, Gatte
conjuncte } verbunden
conjunctim } verbunden
conjunctĭo Vereinigung, Verbindung, Ehe
conjunctīvus verbindend [dung, Ehe
conjunctus = conjunctio [berufen
conjungĕre verbinden, zusammen-
conjūrāre sich verschwören
conjuratĭo Verschwörung
conjurātus Verschworener
conjux, ŭgis Gatte
coniventĭa s. conniventia
conīvēre s. connivere
conlābi s. collābi
conlaudāre s. collaudare
connectĕre verknüpfen, verbinden
connexus verbunden

connīti streben, sich anstrengen
conniventĭa Nachsicht
connīvēre Augen schließen, drüber [wegsehen
connubĭum Ehe
connumĕrāre zuzählen
conquassāre erschüttern, zerstören
conquĕri sich beklagen
conquestĭo Beschwerde
conquiescĕre ruhen, aufhören
conquīrĕre zusammensuchen, verschaffen, untersuchen, begehen
conquisitĭo Auftreiben, Suchen
conrādĕre s. corradere
conrasus s. corrasus
conrĕus s. correus
conrīvāre s. corrivare
consānāre heilen [wandt
consanguinĕus bluts-, stammver-
consanguinĭtas Verwandtschaft
consceleratus verbrecherisch
conscendĕre besteigen, steigen
conscientĭa Mitwisserschaft, Gewissen, Bewußtsein
conscindĕre zerreißen
consciscĕre zufügen
— sibi manus sich selbst töten
conscĭus Mitwisser [schreiben
conscrībĕre aufschreiben, unter-
conscriptĭo Darstellung, Schriftsatz
consĕcrāre weihen
consecratĭo Weihe
consenescĕre alt werden
consensĭo } Zustimmung
consensus } Zustimmung
consentanĕus I. übereinstimmend
consentanĕus II. Genosse
consentīre zustimmen
consĕquens folgend, folgerecht
consequentĭa Folge, Folgerichtigkeit
consĕqui folgen, erreichen, erlangen

consĕrĕre I. säen, bepflanzen
— II. zusammenbringen
conserva Mitsklavin
conservāre erhalten, verwahren, [wahren
conservātor Erhalter, Wächter
conservus Mitsklave
consessus Versammlung, Sitz darin
considĕrāre besehen, erwägen, bedenken
consideratĭo Überlegung, Rücksicht
consīdĕre sich versammeln, Sitzung halten, zu Gericht sitzen
consignāre versiegeln, bezeichnen, aufschreiben, überweisen
consignatĭo Dokument
consiliāri um Rat fragen
consiliarĭus Ratgeber, Beisitzer
consilĭum Überlegung, Entschluß, Vorsicht, Rat
consimĭlis ganz ähnlich
consistĕre sich hinstellen, auftreten, verweilen, bestehen, beruhen auf
consistoriānus Beisitzer
consistorĭum kaiserlicher Rat
consobrīnus* Geschwisterkind
consŏcer Mitschwiegervater
consociatĭo Vereinigung
consocĭus Genosse
consōlāri trösten
consolatĭo Trost
consolĭdāri Nießbrauch sichern
consolidatĭo = confusio beim Nießbrauch
consonantĭa Harmonie
consŏnāre übereinstimmen
consŏnus entsprechend, passend
consororīnus = consobrīnus
consors Teilhaber, Genosse
consortĭo } Gemeinschaft, Geschlechtsgemeinschaft
consortĭum }

conspectĭo } Anblick, Überblick
conspectus I. }
— II. = conspicuus
conspĭcāri erblicken
conspĭcĕre sehen, betrachten, einsehen
conspicŭus auffallend, ansehnlich
conspīrāre sich vereinigen, -verschwören
conspiratĭo Verschwörung
constans fest, standhaft
constantĭa Beständigkeit, Ausdauer
Constantiānus nach Constantius
Constantinensis } nach Konstantin
Constantiniānus }
Constantinopolitānus aus Konstantinopel
Constantīnus Kaiser, 306—337 n. Chr.
constāre feststehen, stimmen, bestehen, kosten
consternere ausbreiten
constitŭere wohinstellen, aufstellen, errichten, feststellen, beschließen, akkordieren, setzen in
constitutĭo Einrichtung, Anordnung, Zustand
constitutionarĭus Konstitutionsregistrator
constitutorĭus zum Akkord gehörig
constitūtum Abkommen über schon bestehende Schuld, Akkord
constrātus verstreut, ausgebreitet
constringĕre zusammenbinden, -fassen, binden, verpflichten, beschränken
constructĭo Errichtung
construĕre errichten
consuĕre zusammennähen
consuescĕre sich gewöhnen
consuetudinarĭus gewöhnlich
consuetūdo Gewohnheit(srecht)
consuētus gewohnt
consuēvisse pflegen
consul oberster Magistrat

consulāris I. Konsul betreffend
— II. gewesener Konsul, Statthalter
consularitas Würde des consularis
consularius = consularis I.
consulātus Würde des Konsul
consulĕre um Rat fragen, überlegen, sorgen für, beschließen [mit
boni consulere sich zufrieden geben
consultāre um Rat fragen
consultatio Anfrage, Beratung
consultātor Ratsuchender
consulte } mit Überlegung, absichtlich
consulto }
consultor Ratgeber, Rechtsgelehrter
consultum Rat, Beschluß
consultus überlegt, befragt, gelehrt
consūmĕre verzehren, vernichten, durchbringen, aufheben, aufwenden
consummāre zusammenrechnen, zustande bringen [endung
consummatio Summierung, Voll-
consurgĕre aufstehen, entstehen
consūtum Kleid
consūtus zusammengenäht
contagio } Ansteckung
contagium }
contamināre beflecken, verderben
contaminatio Befleckung
contĕgĕre zu-, verdecken
contemnĕre verachten, verschmähen
contemplāri betrachten, berücksich- [tigen
contemplatio Beachtung
contem(p)tibilis verächtlich
contem(p)tio Verachtung
contem(p)tor Verächter
contem(p)tus = contemptio
contendĕre anstrengen, sich bemühen, streiten, klagen, sich binden
contentio Streit
contentiōsus streitsüchtig, streitig
contentus zufrieden
contĕrĕre abnutzen, aufbrauchen
conterminus benachbart
conterrēre erschrecken
conterritus erschrocken
contestāri zu Zeugen anrufen, vor Zeugen erklären
contestatio Zeugenaufruf, Erklärung, Abschluß des Prozesses in jure
contestāto vor Zeugen
contestatorius Zeugnis-...
contexĕre zusammenweben, -fügen
contextio Weben, Anfertigung
contextor Verfasser
contextus I. v. contexere
— II. Verbindung, Zusammenhang
conticēre } schweigen
conticescĕre }
contignatio Gebälk, Stockwerk
contigŭus berührend, angrenzend
continens zusammenhängend
ex continenti sofort
continenter in einem fort [gung
continentia Zusammenhang, Mäßi-
continēre enthalten, erhalten, zurückhalten, umfassen
continēri bestehen in, beruhen auf [treffen, widerfahren
contingĕre berühren, erreichen, be-
continuāre verbinden, fortsetzen
continuātim ununterbrochen
continuatio Folge, Fortsetzung
continŭo sofort, in einem fort
continŭus zusammenhängend, ununterbrochen
contio Versammlung
contra I. gegenüber, entgegen, um- [gekehrt
— II. gegen, betreffs

contractĭo Vermischung
contractor Vertragspartei
contractus Vertrag
contrādĕre = tradere
contradīcĕre widersprechen
contradictĭo Widerspruch
contradictor Gegner
contradictorĭus widersprechend, Gegen-...
contradictus bestritten
contrăhere zusammenziehen, begründen, abschließen
contrariĕtas Gegensatz
contrarĭum Gegenteil
contrarĭus entgegengesetzt, widersprechend
contrectāre berühren, entwenden
contrectatĭo Entwendung
contrectātor Dieb, Unterschlager
contribŭĕre zusammenlegen, gewähren
contributĭo Verteilung, Zuteilen, Beitrag
controversĭa Streit
contubernālis Zelt-, Bettgenosse
contubernĭum Zeltgemeinschaft, Sklavenehe, Konkubinat
contuēri ins Auge fassen, Rücksicht nehmen auf
contumacĭa Trotz, Ausbleiben vor Gericht
contŭmax trotzig, ungehorsam
contumelĭa Schmach, Schmähung
contumeliōsus schimpflich
contundĕre zerbrechen, zerstören
conturbāre verwirren
contus Spieß, Stange
contūtor Mitvormund
conubĭum s. connubium
convalescĕre gesunden, gültig werden
convectāre, convĕhĕre herbeischaffen

convellĕre losreißen, umstürzen
convenĭens passend
convĕnīre zusammenkommen, gehören zu, passen, schreiten zu, vereinbaren, angehen, verklagen
conventicŭlum Versammlung
conventĭo Versammlung, Vertrag, Anspruch, Klage
conventionālis vertraglich
conventus Versammlung, Tagung, Gerichtstag
conversāri verweilen, handeln
conversatĭo Gebrauch, Aufenthalt, Umgang, Geschäft
conversus Umdrehung
convertĕre umdrehen, abwenden, abändern, aufwenden
conveterānus Regimentskamerad, Mitveteran
convicānus Dorfnachbar
convicĭāri schmähen
convicĭum Schmähung
convincĕre überführen, beweisen
convīva Gast
convivĭum Mahl, Gastmahl
convŏcāre zusammenrufen
convocātus Berufung
convocĭam gemeinsames Geschrei
convŏlāre fliegen, laufen nach
coopĕrīre zudecken, verdecken
coopertorĭum Decke
cooptāre hineinwählen
copĭa Menge, Macht, Gelegenheit
copiāta Totengräber
copula Band, Verbindung, Ehe
copŭlāre verbinden
copulatĭo Verbindung, Verwandtschaft
copulatīvus verbindend
coquĕre kochen, braten
coquinatorĭus s. cocinatorius
coquus s. cocus

cor Herz, Sinn, Verstand
coracīnus rabenschwarz
coram vor, in Gegenwart
corbis Korb [land
Corinthĭus aus Korinth in Griechen=
corĭum Fell, Leder
Cornelia lex s. Abschn. II.
Cornelius s. Abschn. II.
cornicularĭus Adjutant, Assistent
cornicŭlus Amt des cornicularis
cornu Horn
cornuarĭus Hörnerfabrikant
corōna Kranz, Krone
corōnāre krönen, bekränzen
coronarĭus zur Krone bestimmt
coronātus gekrönt, tonsiert
corporālis körperlich, körperschaftlich
corporatĭo Körperschaft
corporātus Körperschaft betreffend
corpus, ŏris Körper, Leichnam; Person, Substanz, Text, Ganzes, Körperschaft; körperliche Tätigkeit
corpŭsculum Körperchen [kratzen
corrādĕre zusammenscharren, ab=
correctĭo Zurechtweisung
corrector Landvogt, Statthalter
correptĭo Ergreifen [beklagter
corrĕus Mitschuldner, Mit=
corrigĕre gerade richten, bessern,
corripĕre ergreifen [strafen
corrivāre zusammenleiten
corrobŏrāre stärken, bekräftigen
corruĕre zusammenstürzen
corrumpĕre zerbrechen, zerstören, beschädigen, verführen, bestechen
corruptēla Verführung, Bestechung
corruptĭo Verderbnis
corruptor Verführer, Bestecher
corruptus v. corrumpere

Coruncanius s. Abschn. II.
Corsĭca Insel vor Italien
cos Schleifstein
costamōmum, costum } wohlriechendes Kraut
cotarĭa, cotōrĭa } Schleifsteingrube
cottidiānus (all)täglich
cottidĭe täglich
crabattus Lotter=, Ruhebett
cras morgen
crassus dick, derb, grob
cratēr Mischkrug, Kessel
craticĭus aus Flechtwerk
creāre schaffen, erwählen
creatĭo Wahl
creātor Wähler
creber häufig
crebescere häufig vorkommen
credĕre glauben, vertrauen, leihen,
credibĭlis glaubhaft [kreditieren
credĭtor Gläubiger
credĭtum Darlehen
credulĭtas Leichtgläubigkeit
credŭlus leicht=, rechtgläubig
cremāre verbrennen
crematĭo Verbrennung
cremiālis zu Reisig bestimmt
cremĭum Reisig
crescĕre wachsen
creta Kreide
Creta Insel vor dem Ägäischen Meer
cretifodĭna Kreidegrube
cretĭo Erbschaftsantritt
cribrum Sieb [Beschuldigung
crimen Verbrechen, Anklage,
criminālis Verbrechen=.., Kriminal=
crimĭnāri beschuldigen
criminatĭo Beschuldigung, Anklage
criminōsus verbrecherisch

crinis Haar
crinum Liliensalbe
Crispus Sohn Konstantins
crithologĭa Getreidehebungsstelle
crocufantĭa / crocyfantĭa } Prachtkleid für Frauen
crucĭāre martern
cruciatĭo / cruciātus } Marter
crudēlis grausam, roh
crudelĭtas Grausamkeit
crudus blutig, unreif
cruentus blutbedeckt
cruor, ōris Blut
cruālis Schienbein- . . .
crus Schenkel, Schienbein
crusta Rinde, Schale, Stuck, eingelegte Arbeit; Kleid
crux Kreuz
crypta Gewölbe, Keller
crystallĭnus kristallen
cubāre liegen
cubicularĭus Kammerdiener
cubicŭlum Schlafzimmer
cubīle Lager, Lagerstatt
cubĭtus Ellbogen, Elle
cucullus Kappe
cucŭma Kochgeschirr, Kessel
cucumella Kesselchen
cucurnĭa s. curcuma
cudĕre schlagen, prägen
culcĭta Kissen, Matratze
cullĕus / culĕus } Schlauch, Sack
culmen, ĭnis Gipfel, Hoheit
culpa Verschulden, Schuld
culpabĭlis schuldhaft
culpāre beschuldigen
cultellus / culter } Messer

cultĭo Bebauung, Verehrung
cultor Pflanzer, Anhänger
cultūra = cultio
cultus I. v. colere
— II. Pflege, Lebensweise, Verehrung
cum I. mit, samt; von — an
— II. wenn, obgleich, da, weil
cumque = quandocumque
cumŭlare aufhäufen, vermehren
cumŭlus Haufe, Höhe
cunabŭla Wiege, Ursprung, Anfang
cunctāmen Zögern
cunctāri zögern
cunctatĭo Bedenken
cunctus sämtlich, gesamt
cunĕus Keil, Keilformation
cunicŭlus Grube, Gang, Mine
cupa Kufe, Tonne
cupĕre begehren
cupidĭtas / cupīdo } Verlangen, Begierde
cupĭdus begierig, geldgierig
cupītus v. cupio
cuppa = cupa
cuppŭla kleine Tonne
cupressĕus von der Cypresse
cupressus Cypresse
cur warum, weil
cura Sorge, Obhut, Sorgfalt
curagendarĭus Aufseher
curapalatĭus Palastwächter
curāre sorgen für, sich kümmern um, leiten, berichtigen
curatĭo Sorge, Pflege, Heilung, Amt
curator Verwalter, Aufseher, Pfleger
curatoricĭus Aufseher- . . .
curatorĭus Pfleger- . . .
curax s. currax
curcŭma Gebiß

curĭa Abteilung, Senatssaal, Senat, Staatsrat
curiālis I. curia betreffend
— II. Mitglied der curia
curialĭtas Würde des curialis
curiātus in der Kurie beschlossen
curiosĭtas Neugier
curiōsus I. neugierig, sorgsam
— II. Polizeiagent
currax schnell (laufend)
currĕre laufen, eilen, gehen
curricŭlum Lauf, Laufbahn, Zeitlauf
cursitatĭo Staatspostfuhre
cursor Läufer
cursuālis postalisch
cursus Lauf, Post [sessel
curūlis Rennbahn-..., Amts-
curvatūra Krümmung
curvus krumm
cusĭo Prägung
cusor Münzer
cuspis Spitze
custodēla, custodĭa Bewachung, Verwahrung Haftung, Gewahrsam, Obhut
custōdīre bewachen, bewahren, ver- [hüten
custos, ōdis Wächter
Cyclădae Inseln im Ägäischen Meere
cydonēum Quittensaft, -wein
cylindrus Walze, Edelstein
cymbĭum Trinkgefäß
Cyprus Insel südlich von Kleinasien
Cyrēne Stadt in Afrika
Cyrenensis Bewohner von Cyrene
Cyzicenĭus aus Cyzĭcus in Mysien

D.

Dacĭa Provinz an der untern Donau
dactyliothēca Ringkästchen
daemon Gottheit, Teufel
dagogĭanus s. paedagogianus
Dalmatĭa Gegend von Illyrien
damnabĭlis verdammungswürdig
damnāre verdammen, verurteilen, verpflichten
damnas verpflichtet
damnatĭo Verurteilung, Formelteil per damnationem legare (zivilrechtlich) testamentarisch vermachen
damnātus verurteilt
damnifĭcāre schädigen, verurteilen
damnōsus schädlich
damnum Schaden, Sachbeschädigung, Geldbuße
Danubĭus Donau [ochĭa
Daphnensis bei Daphne zu Anti-
daps Opfermahl, Opfer [rer
dardanarĭus Getreide-, Warenwuche-
Dardanĭa Gegend Kleinasiens
dare geben, hingeben, zuweisen, übereignen, sich hingeben, nachgeben
Dasumianum s. Abschn. II.
datĭo Hingabe, Übergabe, Erteilung, Leistung, Entäußerung
datīvus bestellt, gegeben
datum gegeben
de von—her, aus, von—an, unter, über, betreffs, nach, gegen
dealbāre übertünchen
dealbātor Tüncher
deambŭlāre umhergehen
deambŭlatĭo Spaziergang
deaurāre vergolden
deaurātor Vergolder [dürfen
debēre schulden, verdanken, müssen, debēri gebühren
debĭlis schwach [stümmeln
debilĭtare schwächen, entkräften, ver-
debilĭtas Schwäche

debĭtor Schuldner
debĭtum Schuld
debĭtus v. debere
decanĭcum Sakristei
decantāre absingen, vortragen
decānus Gefolgsmann, Leichenträger
decaprōtia Würde des decaprotus
decaprōti zehn obersten Ratsherren
decargy̆rus Silbermünze
decĕdĕre weggehen, abgehen, räumen, verloren gehen
decem zehn
December Dezember- ...
decempedālis zehn Fuß lang
decemprimātus Würde der decemprimi
decemprĭmi = decaproti
decemvĭri Kollegium von Richtern, Ausschuß von Senatoren
decennalĭa alle zehn Jahre gefeiertes Fest
decennĭum Zeitraum von zehn Jahren
decenter ziemlich, geziemend
deceptĭo Betrug
deceptus v. decipere
decernĕre entscheiden, bestimmen, beschließen
decerpĕre abpflücken
decertāre streiten
decertatĭo Streit
decessĭo Abgang, Minderung
decessor Amtsvorgänger
decessus Rücktritt, Tod
decet es ziemt sich
decĭdĕre herabfallen, sinken, verfallen
decīdĕre abschneiden, prügeln, zerschneiden, entscheiden
decĭes zehnmal
d. (centena milia) Million
decĭma zehnter Teil
decĭmāre bestrafen
decimarĭus das Zehntel betreffend
decĭmus der zehnte
decĭpĕre täuschen
decisĭo Entscheidung
declāmāre vortragen, sich beschweren
declārāre zeigen, erklären, dartun
declīnāre abbiegen, abwenden, sich wenden
decoctĭo Verlust, Unterschlagung
decoctor Unterschlager
decollatĭo Enthauptung
decŏlor entstellt, häßlich
decolōrāre entstellen, beschimpfen
decŏquĕre durchbringen, unterschlagen
decōrāre schmücken
decōrus geziemend, zierlich, schön
decrescĕre abnehmen, sich mindern, abgehen
decrētālis durch Dekret
decrētum Entscheidung, Urteil Verordnung
decumbĕre sich niederlegen
decurĭa Stadtrat, urspr. die Zunft der Apparitoren
decuriālis Stadtrat, Kanzlist
decurĭo Ratsherr
decurionātus Amt eines decurio
decurrĕre herab-, ablaufen, sich entwickeln, verlaufen, gelangen, Zuflucht nehmen
decus, ŏris Schmuck, Zier, Würde, Ruhm
decŭtĕre abschütteln, beseitigen
dedecorandus } entehrend
dedecorōsus } entehrend
dedĕcus Schande
dedĕre übergeben
dedĭcāre weihen, widmen
dedignāri verschmähen, verweigern
dediscĕre verlernen

dediticīus unterworfen, niedere Klasse der Freigelassenen
deditīo Hingabe
dedītus v. dedere
dedūcĕre wegführen, abziehen, wohinbringen, verteilen, teilen, ausziehen
deductīo Abzug
deesse nicht da sein, fehlen, mangeln
defāmāre in Verruf bringen
defectīo Abfall, Verfall
defectus I. v. deficere
— II. Abfall, Aufhören, Mangel
defendĕre abhalten, verteidigen, schützen, beanspruchen
defensacŭlum Verteidigung
defensāre verteidigen
defensīo Verteidigung, Vertretung, Verfolgung, Verteidigungsmittel
defensor Verteidiger, Vertreter
defensus geschützt
deferre herbeibringen, feilhalten, übertragen, zuschieben, angeben
defervescĕre sieden
defessus ermüdet
defīcĕre entfernen, ab-, wegfallen, verlassen, mangeln, schwach werden, sterben
defīcīens, mangelnd, sterbend
defīgĕre einschlagen, aufschlagen, bannen, erschrecken
defīnīre begrenzen, bezeichnen, bestimmen, entscheiden
definitīo Begrenzung, Bestimmung
definitīvus bestimmend, End-...
definītum = definitio
defixus bestimmt
deflectĕre ablenken, abschwenken
deflēre beweinen
deflŭĕre herabfließen, zuströmen, anfallen, ablaufen
defŏdĕre eingraben
deformāre entstellen, beschimpfen
deformatīo Entstellung
deformis entstellt, häßlich
deformītas Verunstaltung, Schimpf
defossus v. defodere
defraudāre betrügen
defraudātor Betrüger
defringĕre abbrechen
defrūtum eingekochter Most
defŭga Flüchtling
defŭgĕre entfliehen, sich entziehen
defunctarīe oberflächlich
defunctus verstorben
defundĕre abgießen, eingießen, zahlen
defungi zu Ende bringen, loskommen
vita defungi sterben
degĕner ausgeartet, unecht, unwürdig
degĕre Zeit zubringen
deglăbrāre glätten, abschälen
degrădāre = regradare
degustāre kosten, berühren
degustatīo Probe
dehinc hierauf, danach
dehonestāre } entehren
dehonōrāre }
deīcĕre abwerfen, werfen, schlagen, herauswerfen, umwerfen
dejectīo Hinauswerfen, Absetzung
dejector Vertreiber
dejĕrāre = dejurare
dein = deinde
deinceps folgend, darauf, ferner
deinde danach
deītas Gottheit
dejudīcare entscheiden
dejūrāre beschwören
delābi herab-, zerfallen, verfallen

delatĭo Anklage
delātor Ankläger
delatorĭus zum Ankläger gehörig
delectāre erquicken
delectus I. v. deligere
— II. Auswahl, Wahl
delēgāre wohinschicken, überweisen, anweisen, übertragen
delegatĭo Anweisung, Steuersoll
delegātor Schatz-, Steuerbeamter
delegatorĭa Steueranschlag
delegātum } = delegatio
delegātus }
delenimentum Linderungsmittel
delēre zerstören, aufheben, vernichten, auslöschen
deleticĭus wieder überschrieben
deletĭo Vernichtung, Auslöschen
Delfĭa s. Delphica
delibatĭo Verminderung
delibĕrāre abwägen, überlegen
deliberatĭo Überlegung
delicātus üppig, zart
delicĭae Lust, Freuden
deliciōsus üppig, weichlich
delictum Vergehen, Ver-
delĭgĕre auswählen [brechen
delinimentum = delenimentum
delinquĕre verlassen, fehlen lassen, sich verfehlen
delitescĕre sich verstecken
Delphĭca (dreibeiniger) Putztisch
Delphus aus Delphi in Phocis
delūbrum Tempel [spotten
delūdĕre sein Spiel treiben, ver-
demānare entspringen
demandāre anvertrauen, übertragen
dematūrāre = maturare
demens wahnsinnig
dementĭa Wahnsinn

demĕre wegnehmen
demĕrēre sich verdient machen
demergĕre versenken
demetātor = temerator
demĭgrāre weggehen, übergehen
deminŭĕre mindern, schmälern
deminutĭo Verminderung [stützen
demittĕre herablassen, entlassen
demogrammatĕus Gemeindeschreiber
demōlīre } zerstören
demōlīri }
demolitĭo Zerstörung
demonstrāre zeigen, beweisen, bezeichnen, bestimmen, leiten
demonstratĭo Bezeichnung, Erklärung, Formelteil
demonstratorĭus erklärend
demŏrāri verweilen, aufhalten
demŏri sterben
demortŭus abgestorben
Demosthĕnes Redner in Athen, 384—322 v. Chr.
demŏvēre entfernen
demum (nun) erst, nur
dena je zehn [naren
denarismus Berechnung nach De-
denarĭus Silbermünze (4 Sesterzien)
Dendrophŏri eine Sekte
dendrophŏrus Zimmermann
denĕgāre verneinen, leugnen, ver-
deni je zehn [weigern
denĭque hiernach, endlich, sogar, kurz, z. B.
denomĭnāre benennen, vorschlagen
denominatĭo Vorschlag
denŏtāre kennzeichnen, beschimpfen
denotatĭo Kennzeichnung, Schimpf
dens Zahn
densĭtas Dichtigkeit, Andrang
densus dicht, häufig

dentātus gezähnt
denūdāre entblößen, plündern
denuntiāre verkündigen, ansagen, anzeigen, verbieten
denuntiatio Anzeige
denuntiātor Ankläger
denuo von neuem
deorsum abwärts
depacisci = depecisci
depactus v. depacisci
depangĕre Vertrag schließen
depascĕre abweiden lassen
depasci abweiden, aussagen
depecisci schimpflich vertragen
depectio schimpflicher Vertrag
depellĕre wegtreiben, entfernen, verstoßen
dependĕre bezahlen, verwenden
depensio Aufwendung
depensus v. dependere
deperdĕre zugrunde richten
deperdi verloren gehen
deperdītus verdorben [sterben
deperīre verderben, verloren gehen,
depingĕre (ab)malen, schreiben
deplōrāre klagen
deploratio Klage
deplorātus beklagenswert
depōnĕre wegstellen, niederlegen, abreißen, aufgeben, abgeben, hinter-
depopŭlāri verwüsten [legen
depopulatio Plünderung
depopulātor Plünderer, Marodeur
deportāre wegschaffen, verbannen
deportatio Verbannung [fuhr-...
deportatorius Einfuhr-..., Aus-
deportātus Verbannter
deposcĕre dringend fordern
depositarius Verwahrer

depositio Niederlegung, Hinter-
depositor Hinterleger [legung
depositum v. deponere
depraedāri ausplündern
depraedatio Plünderung
depraedātor Plünderer
deprāvāre entstellen, verderben
deprāvāri sich verschlechtern, sich bestechen lassen
depravatio Verunstaltung
deprĕcāri abwehren, fürbitten, abbitten, erbitten
deprecatio Fürbitte, Abbitte
deprehendĕre erfassen, ertappen, finden
deprehensio Ertappen, Finden
depressus niedergeschlagen
depretiāre herabwürdigen, entwerten
deprimĕre herabdrücken, senken
deprōmĕre herholen, erklären
deproperāre beschleunigen
deproperus eilig
depugnāre kämpfen
depūtāre abschätzen, wofür halten, beilegen, wofür bestimmen
derādĕre abschaben
derectarius = directarius
derelictus verlassen, herrenlos
derelinquĕre aufgeben, hin-
deridēre verlachen [terlassen
derigĕre = dirigere
deripĕre = diripere
derisorius spöttisch
derivāre ableiten, herleiten
derivatio Ableitung [ben
derogāre zum Teil aufhe-
derogatio teilweise Abschaffung
derogatorius aufhebend
desaevire wüten
descendens Abkömmling

descendĕre herabsteigen, sich einlassen, übergehen, abstam- [men
desciscĕre abfallen
describĕre abschreiben, beschreiben, einteilen, festsetzen
descriptĭo Darstellung, Verteilung
desĕcāre abschneiden, abhauen
desĕrĕre im Stich lassen, aufgeben
desertĭo Verlassen, Aufgabe, Fahnenflucht
desertor Aufgebender, Deserteur
desertus aufgeben, unbebaut
deservīre dienen
deses müßig [fragen
desidĕrāre verlangen nach, fordern,
desiderĭum Verlangen, Wunsch
desidĭa Trägheit
desidiōsus träge
designāre bezeichnen, anordnen
designatĭo Angabe, Wahl
designātor Kampfrichter
desĭnĕre ablassen, unterlassen
desistĕre sich entfernen, abstehen, ablassen
desōlāre verlassen, liegen lassen
desolātus öde
desolvĕre bezahlen
despērāre verzweifeln
desperatĭo Verzweiflung
despĭcĕre verachten, verschmähen
despolĭāre berauben
despoliatĭo Plünderung
despoliātor Plünderer
despondĕre verloben lassen
desponsāre verloben [absenden
destĭnāre bestimmen, beschließen,
destinatĭo Bestimmung
destĭtor Flüchtling
destituĕre wohinstellen, verlassen, aufgeben, vereiteln

destitutĭo Verlassen
destrictĭo Zwang
destrictus v. destringere
destringĕre abstreifen, zücken, binden
destringi verwickelt werden
destructĭo Zerstörung
destrŭĕre einreißen, zerstören
desūdāre schwitzen bei
desuetūdo außer Gebrauch
desultor Kunstreiter [kommen
detĕgĕre abdecken, enthüllen
detentāre zurückhalten
detentatĭo = detentio
detentātor = detentor
detentĭo Besitz
detentor Besitzer
detĕrĕre abnutzen
detergĕre abwischen
deterĭor schlechter
deteriōrāre verschlechtern
determĭnāre umgrenzen, bestimmen
determinatĭo Bestimmung, Begren- [zung
deterrēre abschrecken
deterrĭmus schlechtest
detestabĭlis verwünschenswert
detestandus abscheulich
detestāri verwünschen, überführen
detestatĭo Überführung
detestātus überführt
detexĕre abwehren [besitzen
detĭnēre ab-, fernhalten, festhalten,
detondēre abscheren [entziehen
detorquēre wegwenden, abwenden,
detractāre = detrectare
detractatĭo, **detractĭo** } Entziehung, Abzug
detrăhĕre abziehen, abreißen, entziehen, weglassen, widerrufen
detrectāre verweigern
detrectatĭo Verweigerung

detrimentum Abbruch, Scha-
detrītus v. detĕrere [den
detrūdĕre wegstoßen, verdrängen
detruncāre abhauen
deunx $^{11}/_{12}$ As
deūrĕre niederbrennen
deus Gott
devăgāri umherstreifen
devastāre verwüsten
devĕhĕre fortschaffen
devĕnīre wohinkommen
deversāri verweilen
deversorĭum Absteigequartier
devertĕre ablenken, einkehren
deverticŭlum Abweg, Nebenweg, Herberge
devĭāre vom Wege abbiegen
devincĕre völlig besiegen
devincīre festigen
devirgĭnāre entjungfern
devĭus abseits
devŏcāre ab-, wohinrufen, -führen
devolvĕre hinabwälzen
devolvi hinabfallen, anfallen
devorsorĭum = deversorium
devotĭo Ergebenheit, Steuer, Schuldanerkenntnis, Titel
devōtus ergeben
devŏvēre geloben
dextans $^{10}/_{12}$ As
dexter rechts
dextra rechte Hand
diabathrarĭus Drechsler
diacatochĭa Grundbesitz
diacatŏchus Grundbesitzer
diăcon = diaconus
diaconātus Würde des diaconus
diaconĭcum Sakristei
diaconissa Gehilfin
diacŏnus Gehilfe

diacŏpus Durchstich
diadōta Austeiler
diaeta Wohnung, Gartenhaus
diaetarĭus Hausmeister
diaetēta Schiedsrichter
dialectĭcus Dialektiker
Diālis dem Jupiter heilig
diamĕtrum = detrimentum
diarĭum Tageskost, -sold
diasōstes Offizier
diastolĕus Rechnungsrevisor
diatretarĭus Drechsler
diatrētus gedrechselt
dicāre widmen
dicatĭo Widmung, Ehre
dicātus geweiht [urteilen
dicĕre sagen, aussprechen, behaupten,
dichoneutus zweimal eingeschmolzen
dicĭo Botmäßigkeit
dicis gratiā zum Schein
dictāre vorsagen, diktieren, gebieten,
dictatĭo Diktat [bestimmen
dictātor unumschränkter Magistrat
dictĭo Vortrag, Botmäßigkeit
dictum Befehl, Wort, Bonmot
dictus erwähnt
didascălus Schüler
didūcĕre trennen, teilen [Milet
Didymaeus = aus Didўma bei
Diensis aus Dium in Macedonien
dies Tag, Termin
diffāmāre verleumden
differentĭa Unterschied
differre verbreiten, aufschieben, aufbewahren; sich unterscheiden
difficĭlis schwierig
difficultas Schwierigkeit
difficulter v. difficilis
diffidentĭa Mißtrauen

diffĭdĕre mißtrauen [tagen
diffindĕre spalten, unterbrechen, ver-
diffĭsus v. diffindere
diffĭtēri leugnen
difflŭĕre zerfließen
diffŭgĕre fliehen, sich entziehen
diffundĕre ausgießen, ausbreiten
diffūsus v. diffundere
digĕrĕre trennen, auseinandersetzen, ordnen, vorbringen
digerĭes Verdauung
digesta Schriftensammlung
digĭtus Glied, Finger, Zehe
digma Probe
dignāre würdigen
dignāri für wert erachten
dignatĭo Würdigung, Gnade, Würde
dignĭtas Würde
dignoscĕre unterscheiden
dignus würdig, wert
digrĕdi weggehen, sich trennen
dijudĭcāre beurteilen, urteilen
dijudicatĭo Entscheidung
dilābi zerfallen, auseinanderfließen
dilacĕrāre zerreißen
dilaceratĭo Zerreißen
dilanĭāre zerfleischen
dilapĭdāre verstreuen, verschwenden
dilapidatĭo Verschwendung
dilātāre ausdehnen, erweitern
dilatĭo Aufschub
dilatorĭus aufschiebend
dilectus Auswahl, Aushebung; Liebe
dilĭgens sorgsam, fleißig
diligentĭa Sorgfalt, Fleiß
dilĭgĕre lieben
dilucĭdus hell, deutlich
dilŭĕre auflösen, zerstören
diluvĭum Überschwemmung, Zerstö-
dimensĭo Maß, Umfang [rung

dimenstrŭus zweimonatlich
dimĭcāre kämpfen
dimidiātus } zur Hälfte
dimidĭus } zur Hälfte
diminŭĕre mindern
dimissorĭus Bericht an höhere Instanz enthaltend
dimittĕre fortschicken, entlassen, aufgeben, auflösen, lösen
dinoscĕre = dignoscere
dinumĕrāre abzählen, berechnen
dinumeratĭo Berechnung [dria
dinummĭum Einfuhrzoll in Alexan-
Diocaesariensis = Caesariensis
Dioclетiānus Kaiser, 204—305 n. Chr.
dioecesānus zur Diözese gehörig
dioecēsis Verwaltungsbezirk
dioecētes Verwalter
Dioscūrus Jünger des Apollinaris
diplōma } Empfehlungsschreiben
diplūma } Paß
dipondĭus, dipundĭus = dupondium
diptўchum Schreibtafel
dirae Verwünschungen
directarĭus Zimmerdieb
directo geradezu
directorĭum Reiseroute
directus gerade, geradezu
direptĭo Raub
direptor Räuber
direptus geraubt [den, bestimmen
dirĭgĕre richten, wohinlenken, -sen-
dirĭmĕre zerteilen, aufheben, schlich-
dirĭpĕre rauben, entziehen [ten
dirŭĕre zerstören
discēdĕre weggehen, zurücktreten, sich trennen, verloren gehen
discens Schüler
disceptāre streiten, entscheiden
disceptatĭo Rechtsstreit, Entscheidung

disceptātor Richter
discĕre lernen, kennen lernen
discernĕre unterscheiden, entscheiden
discerpĕre zerreißen
discessus Weggang
discidĭum Trennung, Abfall
discingĕre entgürten, entheben, lösen
disciplīna Unterricht, Lehre, Kenntnis, Satz, Vorschrift, Zucht, Charakter
discipŭlus Schüler
discŏlor bunt
discordāre verschiedener Ansicht sein
discordĭa Zwietracht
discrĕpāre nicht stimmen
discretĭo Unterscheidung, Trennung
discrētus v. discernere
discrīmen Unterschied, kritische Lage
discurrĕre sich zerstreuen, ablaufen
discursus Hin- und Herlaufen Botendienst, Verkehr
discus Teller
discussĭo Untersuchung, Verwaltung
discussor Revisor
discŭtĕre zerteilen, trennen, entscheiden, prüfen
disertus beredt
disĭcĕre zerstreuen
disjunctim zerstreut, getrennt
disjunctĭo Trennung
disjunctīvus getrennt, trennend
disjunctus v. disjungere
disjungĕre trennen
dismenstrŭus = dimenstruus
dispar, ăris ungleich
dispărāre zerteilen, trennen
dispendiōsus nachteilig
dispendĭum Nachteil, Ausgabe
dispensāre austeilen, auszahlen, verwalten

dispensātor Hausverwalter
disperdĕre vernichten [trennen
dispergĕre zerstreuen, verschwenden,
dispĕrīre zugrunde gehen
dispertīre verteilen
dispĭcĕre durchschauen, untersuchen
displĭcēre mißfallen, mit sich unzu-
dispolĭāre plündern [frieden sein
dispōnĕre verteilen, anordnen, einteilen
dispositĭo Anordnung
dispunctĭo Prüfung
dispungĕre durchgehen, prüfen
dispŭtāre streiten, Prozeß führen
disputātĭo Rechtsstreit
disquīrĕre untersuchen
disquisitĭo Untersuchen
disrumpĕre zerreißen
dissemĭnāre verstreuen
dissensĭo Uneinigkeit [mung
dissensus Nichtübereinstim-
dissentīre uneinig sein, aufheben
dissĕrĕre erörtern
dissĭdēre nicht übereinstimmen
dissidĭum Zwiespalt
dissimĭlis unähnlich
dissimilitūdo Unterschied
dissimŭlāre verheimlichen
dissimulatĭo Verstellung
dissĭpāre zerstreuen, zerstören
dissĭtus entfernt
dissocĭāre auflösen
dissolutĭo Lösung, Trennung
dissolūtor Zerstörer
dissolūtus v. dissolvere
dissolvĕre auflösen, zerstören
dissŏnans widersprechend
dissonantĭa Widerspruch
dissŏnus = dissonans
distantĭa Entfernung

distāre entfernt sein, sich unterscheiden
distendĕre ausdehnen
distermīnāre trennen
distinctīo Unterscheidung
distinguĕre unterscheiden, scheiden
distractīo Zerteilung, Verkauf, Hinterziehung
distractor Verkäufer, Wechsler
distractus Auflösung
distrăhĕre trennen, auflösen, einzeln verkaufen, fernhalten
distribuĕre verteilen
distributīo Verteilung
districtīo Schwierigkeit
districtus streng
distringĕre aufhalten, stören
disturbāre verwirren
ditāre bereichern
ditīo = dicio
ditīor reicher (dives)
diu lange
diurnarīus Tagebuchführer
diurnus bei Tage, täglich
diutīnus lange
diuturnītas Länge der Zeit
diuturnus lange
divăgāri umherstreifen
divālis göttlich, kaiserlich
divendĕre = vendere
diversāri verweilen, beschäftigt sein
diversītas Verschiedenheit, Entfernung
diversorīum = deversorium
diversus verschieden, entgegengesetzt
divertĕre sich trennen
diverticŭlum = deverticulum
dives reich
divīdĕre teilen, verteilen
dividuītas Teilung
dividŭus geteilt
divīnāre erraten, weissagen
divinatīo Weissagekunst
divinītas Gottheit, Majestät
divinītus von Gott, vom Kaiser
divīnus göttlich, kaiserlich, vortrefflich; höher
divisīo Teilung, Scheidung
divīsus geteilt
divitīae Reichtum
divortisse v. divertere
divortīum Ehescheidung
divulgāre veröffentlichen
divulgatīo Bekanntmachung
divus göttlich, hochselig
docēre lehren, bekanntmachen, beweisen
docīlis gelehrig
Docimēnus aus Docimīum in Phrygien
doctor Lehrer
doctrīna Unterricht, Wissenschaft, Kenntnisse
doctus gelehrt
documentum Beweismittel, Beweis
dodrans $^{9}/_{12}$ As
dogma Glaubenssatz
dolābra Beil
dolāre behauen
dolēre schmerzen
doliāris im Faß lagernd
doliarīum Wein-, Faßkeller
dolīum Faß
dolon Stockdegen
dolor Schmerz
dolōsus arglistig
dolus Arglist, Vorsatz
domāre zähmen
domesticātus Würde des domesticus
domestīcus I. zum Hause gehörig — II. Assistent des Statthalters
domicilīum Wohnung, Wohnsitz
domīna Herrin
domīnāri herrschen

dominatĭo Herrschaft
dominātus Eigentum
dominĭcus Eigentums- . . ., Vermögens- . . . [tum
dominĭum Herrschaft, Eigen-
dominŭlus junger Herr
domĭnus Herr, Eigentümer
Domitiānus Kaiser, 81—96 n. Chr.
domĭtus v. domare
domuncŭla Häuschen
domus Haus, Wohnung, Gebäude, Aufenthaltsort, Familie, kaiserliches Vermögen
donāre schenken, vergeben, überlassen
donarĭum Weihgeschenk
donatĭo Schenkung
Donatistae eine Sekte (im 4. Jahrh.)
donatĭvum Gnadengeschenk
donātor Schenker
donec bis, solange, als
donum Geschenk
dormīre schlafen
dormitorĭus Schlaf- . . .
dorsum Rücken
dos Mitgift, Zubehör
dotālis Mitgift betreffend
dotāre ausstatten
dotātus (reich) ausgestattet
Draco Gesetzgeber in Athen (7. Jahrh. v. Chr.)
draconarĭus Standartenträger
dromo Schnellsegler
dubiĕtas Ungewißheit, Zweifel
dubitanter zweifelnd, zögernd
dubĭtāre Bedenken tragen
dubitatĭo Zweifel, Bedenken
dubĭus zweifelhaft
ducātor Führer, Kapitän
ducātus Würde des dux
ducēna(rĭa) Würde eines ducenarius
ducenarĭus Hauptmann, Beamter
ducenti zweihundert
ducĕre führen, verleiten, wegleiten; berechnen, meinen
duciānus I. dux betreffend
— II. Begleiter des dux
ductĭo Führung, abführen
ductus v. ducere
dudum schon längst, vor geraumer
duĭtas Zweiheit [Zeit
duĭtor = dātor Geber
dulcēdo Süßigkeit
dulcĭa süße Speisen
dulcis süß
dulcitūdo = dulcēdo
dum während, wenn, wenn nur
dummŏdo wenn nur
dumdaxat genau, nur, mindestens
duo zwei [Jahren
duodecennĭum Zeitaum von zwölf
duodĕcim zwölf
duodecĭmus zwölfter
duodeviginti achtzehn
dupla doppelter Preis
duplāre verdoppeln
duplatĭo Verdoppelung
duplex doppelt
duplĭcāre s. duplare
duplicatĭo s. duplatio
duplicĭter doppelt
duplĭo das Doppelte
duplōma s. diploma
duplotĕnus bis zum Doppelten
duplus doppelt
dupondĭum Doppelas
dupondĭus { junger Fuchs / zwei Fuß }
durabilĭtas Dauer
duracĭnus hart [bleiben
durāre härten, kräftigen, ausharren,

duritia, durities } Härte, Abhärtung
Durrachium s. Dyrrachium
durus hart, streng
duumviralis auf duumviri bezüglich
duumviralitas, duumviratus } Würde der duumviri
duumviri Bürgermeister
dux Führer, Feldherr
Dyrrachinus aus Dyrrachium
Dyrrachium Stadt in Illyrien

E.

e = ex
eapropter deshalb
eatĕnus insoweit
ebibĕre austrinken
eborarius Elfenbeinkünstler
eborĕus elfenbeinern
ebriĕtas Trunkenheit
ebriōsus trunksüchtig
ebur Elfenbein
ecce siehe da
ecclesia Kirche, Gemeinde
ecclesiasticus kirchlich
echinus Seeigel
eculĕus = equulĕus
edax gefräßig
edĕra s. hedera
edĕre I. herausgeben, vorlegen, anzeigen
— II. essen
Edessēnus aus Edessa in Mesopotamien
edicĕre veröffentlichen, nennen, vorladen, befehlen
edictālis auf Edikt beruhend
edictum Bekanntmachung, Rechtshilfe, Rechtsquelle
ediscĕre lernen
editio Vorlegung
editor Vorleger
editus v. edere I.
edocēre lehren, bekannt machen, beweisen
edūcāre erziehen
educatio Erziehung
educātor Erzieher
edūcĕre vorführen, führen; erziehen
edūlis eßbar
edulitas = aedilitas
effectum, effectus } Wirkung, Erfolg
effemināre verweichlichen
efferre tragen, erheben, forttragen
effervescĕre aufbrausen
efficacia Wirksamkeit, Tätigkeit
efficacitas Wirksamkeit, Erfolg
efficax, ācis wirksam, geschäftsreich
efficĕre bewirken, vollführen, machen zu; betragen
effingĕre bilden
efflagitāre heftig fordern
efforatus blühend
effluĕre auslaufen, ablaufen
effodĕre ausgraben
effōrmāre = formare
effosio Ausgrabung
effractor Einbrecher
effractūra Einbruch
effrenātus zügellos
effringĕre erbrechen, einbrechen
effugĕre entfliehen, entgehen
effugium Flucht, Ausweg
effundĕre ausgießen, verschwenden, ausstoßen
effusio Vergießen, Verschwendung
effūsus v. effundere
egens bedürftig
egentia Dürftigkeit, Mangel
egēnus = egens
egēre bedürfen, arm sein
egĕrĕre herausschaffen, wegtragen
egestas = egentia

ego ich
egrĕdi herausgehen, überschreiten
egregiātus Würde eines egregius
egregīus „vortrefflich“ (Titel)
egressus Ausgang
eīcĕre herauswerfen, über Bord
werfen, entfernen, stranden
ejusmŏdi derartig [lassen
elābi entfallen, entgehen, ablaufen
elaeemporīa = elemporia
elatīo } Begräbnis
elātus }
electīo Auswahl
electrīnus aus electrum
electrum Bernstein, Metallmischung
electus v. eligere
elĕgans gewählt, geschmackvoll, fein
eleganter treffend, scharfsinnig
elementa Urstoffe
elemporīa Öleinkauf
elenchus Geschmeide, Perle
elephantus } Elefant
elĕphas }
elīcĕre hervorlocken, -bringen
elīces, um Abzugsgräben
elīdĕre ausstoßen, abweisen
elīgĕre auswählen, wählen
elīmāre ausglätten, ausfeilen, -lesen
elimātus ausgewählt
elimīnāre entfernen
elŏcāre verpachten
elocutīo Ausdruck
elogīum Ausspruch, Nennung, Be-
elŏquens beredt [richt, Testament
eloquentīa Beredsamkeit
elŏqui aussprechen
eloquīum Beredsamkeit, s. a. elogium
elūcĕre einleuchten, sich zeigen
elūdĕre abgewinnen, parieren, ver-
eiteln

elŭĕre ausspülen, -tilgen
elūgēre betrauern
eluscāre einäugig machen [gehen
emānāre hervorgehen, ergehen, ver-
emancīpāre aus dem mancipium
lassen [väterlichen Gewalt
emancipatīo Entlassung aus der
emănēre Ausbleiben
emansīo Ausbleiben über Urlaub
emansor wer Urlaub überschreitet
embamma Tunke, Brühe
embateutīcus = emphyteuticus
emblēmă(ta) eingelegte Arbeit
embŏla Einschiffung
emendāre verbessern, zurechtweisen
emendatīo Besserung
emendicātus erbettelt, gestohlen
emensus v. emetiri
ementītus erlogen
emĕre kaufen
emĕrēre } verdienen, ausdienen
emĕrēri }
emergĕre auftauchen, sich zeigen,
sich ergeben [tanien
Emeritensis aus Emerīta in Lusi-
emerītum Veteranensold
emerītus ausgedient
emētīri ermessen, ausmessen
emīcāre hervorleuchten
emīgrāre ausziehen, übergehen
emīnens hervorragend [Titel
eminentīa Erhöhung, Auszeichnung,
per eminentiam ganz besonders
emīnēre hervorragen
Emisēnus aus Emīsa in Phönizien
emittĕre herauslassen, erlassen
emolimentum Gebäude
emolumentum Vorteil
emŏri erlöschen
emortŭus v. emori

emphanistĭcum Weihgebühr
emphyteusis Erbpacht
emphyteuta Erbpächter
emphyteuticarĭus } auf Erbpacht
emphyteutĭcus } bezüglich
emplastrum Pflaster
emponēmă(ta) Verbesserung(en)
em(p)tĭo Kauf
em(p)tionālis Kauf=...
em(p)tor Käufer
em(p)torĭus Käufer=...
emundāre reinigen
enarrāre erzählen, herzählen
enasci hervorwachsen
enavĭgāre aussegeln
encaustum (rote) Tinte
encautarĭum Steuerliste
enchiridĭum Handbuch
Encratistae } eine Sekte
Encratītae }
endo = in
enervāre entnerven
enim denn, nämlich
enimvēro allerdings, freilich
enĭtēre hervorleuchten, sich hervortun
enĭti sich mühen, gebären
enixus v. eniti
enormis sehr groß
enormĭtas bedeutende Größe
enthēca Behältnis, Zubehör
Enthusiastae eine Sekte
enuclēāre entfernen, reinigen, erläutern
enumĕrāre aufzählen, zahlen
enumeratĭo Aufzählung
enuntĭāre erklären, aussprechen
enuntiatĭo Ausspruch, Ausdruck
enutrīre ernähren
eo da, dahin, bis dahin, darum
in eo esse ut in der Lage sein
usque eo in der Absicht

eōdem ebenda, ebendahin
Ephesīnus } aus Ephĕsus in Jonien
Ephesĭus }
epidemetĭcum Ausquartierungsgeld
epigramma Epigramm
epile(m)ptĭcus epileptisch, fallsüchtig
epimētrum Übermaß
epiphanĭa } Erscheinung Christi
epiphanĭae }
Epīrus Landschaft in Griechenland
episcopālis episcopus betreffend
episcopātus Würde des episcopus
episcŏpus Aufseher, Bischof
epistalma Befehl
epistŏla s. epistula
epistolāris s. epistularis
epistolarĭus s. epistularius
epistŭla Brief, Schein, Urkunde, Reskript, Gutachten
epistulāris Sekretär
epistularĭus Briefträger
epistomĭum = epitonium
epitomātus gekürzt
epitŏme Auszug
epitonĭum Hahn, Spund
epitrŏpus Aufseher, Steueraufseher
epŭlae Mahl
epŭlāri speisen, tafeln
epŭlum = epulae
equa Stute
eques Reiter, Ritter
equester Reiter, Ritter betreffend
equīnus Pferde=...
equĭtāre reiten
equitĭum Gestüt
equulĕus } Füllen, Folterwerkzeug
equŭlus }
equus Pferd
erādĕre auskratzen
erciscĕre s. herciscere

erectus v. erigere
eremodicĭum Abwesenheit (einer Partei)
ereptĭo = eruptio
erepticĭum, ereptorĭum } das zur Strafe Entzogene
erga gegen, zuwider, betreffend
ergasiotāni = ergositani
ergasterĭum Werkstatt, Laden
ergastŭlum Arbeitshaus
ergo also, folglich
ergolăbus Unternehmer
ergositāni Handwerker in Alexandrĭa
erĭgĕre aufrichten, errichten
erĭpĕre entreißen, entziehen
ero s. hero
erŏgāre ausgeben, aufwenden, preisgeben, verteilen
erogatĭo Aufwand, Verteilung
erogātor Austeiler, Ausgeber
errāre irren, umherirren
erro Landstreicher
error Irrtum
erubescĕre erröten
erŭdīre unterrichten, bebauen
eruditĭo Unterricht
erŭĕre herausholen, aufdecken
erumpĕre ausbrechen, hervorbrechen
eruptĭo Ausbruch
erus s. herus
esca Speise
escālis, escarĭus } Speise-...
escit = erit
escunt = erunt
esculentus eßbar
esse I. = edere II.
— II. sein, sich befinden, dasein, gehören, zustehen, gelten
esŭrīre hungern

esus Essen
et und, auch, aber, als
etĕnim denn
etĭam sogar, auch
etiamnum, etiamnunc } noch jetzt
etiamsi, etsi } auch wenn, obgleich
Euchētae, Euchītae } eine Sekte
Eunomiāni eine Sekte
eunuchus Verschnittener
Euphratensis am Euphrat gelegen
Euresĭus ein Ketzer
Eurōpa Gegend in Thrazien
Eutyches Sektierer
eutychĕum Lager des Statthalters zu Alexandrĭa
Eutychianistae eine Sekte
evacŭāre ausleeren, entkräften
evādĕre entgehen, werden
evăgāri umherstreifen, sich ausbreiten
evalescĕre vorherrschend sein
evanescĕre ungültig werden, erlöschen
evangelĭcus evangelisch
evangelĭum Bericht von Jesus
evectĭo Staatspost, Fahrschein
evĕhĕre ausfahren, herausheben
evellĕre ausreißen, entkräften
evĕnīre sich ereignen
eventus Ereignis, Zufall; Erfolg
everricŭlum Schleppnetz
eversĭo Umwerfen, Umsturz
eversor Zerstörer, Verschwender
evertĕre umstürzen, zerstören
evestigĭo sofort
evictĭo Entwehrung
evĭdens sichtlich, offenbar, deutlich
evincĕre entwehren, entziehen

eviscĕrare Eingeweide ausnehmen,
evītāre vermeiden, meiden [vertun
evitatĭo Vermeiden [laden
evŏcāre herausrufen, berufen,
evocatorĭa Aufforderung zur Au-
evŏlāre ausfliegen, hineilen [dienz
evolvĕre auswickeln, befreien
evolvi ablaufen
ex aus, von, von — an, nach, zufolge, wegen
exacerbāre verschärfen
exactĭo Vertreibung, Eintreiben
exactor Eintreiber
exactus v. exigere
exacŭĕre scharfmachen, reizen
exaedifĭcāre erbauen
exaequāre ausgleichen
exaequatĭo Ausgleichung
exaestŭāre aufwallen
exaggĕrāre aufhäufen
exagĭtāre aufregen, umhertreiben
exagĭum Wage, Wägen
exāmen, ĭnis Schwarm
examĭnāre abwägen, prüfen
examinatĭo Prüfung
examussim genau, sorgfältig
exanĭmāre töten
exărāre auspflügen
exardescĕre entbrennen
exarescĕre ausdorren
exarmāre entwaffnen, abtakeln
exaspĕrāre verschärfen
exauctōrāre verabschieden
exauctorĭtas Entlassung, Abschied
exaudīre erhören, verstehen
excaecātus verblendet
excandescĕre auffahren
excantāre herauszaubern
excăvāre aushöhlen [steigen
excēdĕre fortgehen, vergehen, über-
excellens hervorragend
excellentĭa „Excellenz" (Titel)
excellĕre hervorragen
excelsus erhaben
exceptĭo Ausnahme, Einrede
exceptor Nachschreiber, Sekretär
exceptorĭus zum Aufnehmen be-
exceptus v. excipere [stimmt
excerpĕre auswählen, ausziehen
excessus Untergang, Ablauf, Aus-
excĭdĕre entfallen [schweifung
excīdĕre ausschneiden
excidĭum Zerstörung, Verlust
excindĕre = excīdere
excĭpĕre heraus-, ausnehmen, aufnehmen, übernehmen, erhalten, verstehen, erfolgen
excĭtāre erregen
exclāmāre ausrufen
exclūdĕre ausschließen, entfernt halten, heraustreiben
exclusĭo Ausschluß [lich
exclusorĭus ausschließend, ausschließ-
excoctĭo Auskochen, Backen
excogĭtāre ausdenken [putzen
excŏlĕre sorgfältig bebauen, aus-
excommunĭcāre ausschließen
excŏquĕre auskochen, ausbrennen
excrescĕre heranwachsen, wachsen
excŭbāre Wache halten
excubatĭo, excubĭae } Wache
exculpĕre fordern
excūrāre, excurĭāre } = excusare
excurrĕre hinauseilen, auslaufen, übersteigen
excursĭo Ausflug
excursus Ausfall, Angriff, Ablauf
excusabĭlis zu entschuldigen

excūsāre entschuldigen, verteidigen, freisprechen
excusatĭo Entschuldigung
excussare, excūtĕre ausschütten, ausdreschen, wegnehmen, durchsuchen, ausklagen
execrabĭlis = exsecrabilis
executĭo = exsecutio
exĕdra Disputiersaal, Konversationszimmer
exemplār, exemplārĭum Vorbild, Beispiel, Urschrift, Exemplar
exemplum Probe, Beispiel, abschreckendes Beispiel, Muster, Abschrift, Nachahmung, Exemplar
exem(p)tibĭlis herausnehmbar
exem(p)tĭo Herausnehmen, Zurückhalten
exĕqui = exsequi
exercēre in Bewegung bringen, treiben, sich beschäftigen, ausüben
exercĭtāre üben, verhandeln
exercitatĭo Übung, Führung, Erfahrung
exercitĭo Ausübung, Verhandlung, Reederei
exercitĭum Ausübung, Arbeit
exercĭtor Lehrmeister, Gewerbtreibender, Reeder
exercitorĭus Geschäfts-, Reeder-...
exercĭtus Heer
exhaurīre erschöpfen
exhaustus v. exhaurire
exherēdāre enterben
exheredatĭo Enterbung
exhēres enterbt
exhĭbēre hinhalten, zeigen, vorlegen, herausgeben, verschaffen, unterhalten; vor Gericht stellen
exhibitĭo Herausgabe, Vorlegung, Unterhalt
exhibitorĭus Herausgabe-...
exhortāri ermuntern
exhortatĭo Ermunterung, Mahnung
exĭgĕre austreiben, hervorbringen, eintreiben, verlangen, ausführen
exiguĭtas Dürftigkeit
exigŭus wenig, gering
exilĭāre verbannen
exilĭum Verbannung
exĭmĕre aus-, wegnehmen, zurückhalten
eximĭus ausnehmend
exinānīre ausleeren, durchbringen, vereiteln
exinde von da, dann
exīre herausgehen, verlassen, verlaufen
existĕre = exsistere
existĭmāre beurteilen, abwägen, meinen
existimatĭo Urteil, Meinung, Ruf
exitĭum Verderben
exĭtus Ausgang, Fortgang, Ende, Mündung
exolēre, exolescĕre auswachsen, vergehen, Kraft verlieren
exonĕrāre entlasten, befreien
exōrāre bitten, erbitten
exorcĭzāre beschwören
exorcista Beschwörer
exordĭum Ausgangspunkt, Beginn
exŏrīri entstehen, sich wenden
exornāre verzieren
exōsus tödlich hassend, verhaßt
expavescĕre erschrecken, sich fürchten
expĕdīre losmachen, befreien, zustande bringen, nützen
expeditĭo Vollzug, Unternehmen, Feldzug
expeditĭonālis zum Feldzug gehörig
expedītus frei, unbehindert
expellĕre vertreiben, ausstoßen, -schließen
expellenta Steuereintreiber
expendĕre auszahlen, aufwenden

expensa(e) Aufwand, Kosten
expensāre auszahlen, bezahlen
expensĭo Ausgabe, Lieferung
expensus v. expendere [schreiben
expensum ferre sich beilegen, zu=
experĭens erfahren
experientĭa Versuch, Erfahrung
experimentum Versuch, Beweis
expĕrīre prüfen, versuchen, einklagen, erfahren
expers unteilhaftig, frei, unkundig
expĕtĕre verlangen
expĭāre sühnen
expiatĭo Sühne
expīlāre plündern
expilatĭo Plünderung
expilātor Plünderer
expirāre = exspirare
explānāre ausbreiten, erklären
explēre ausfüllen, vollenden; ent= leeren
explĭcāre entwickeln, befreien, voll= führen, darlegen
explōdĕre hinauswerfen, verwerfen
explōrāre ausforschen, prüfen, ver=
exploratĭo Spionieren [langen
explorātor Kundschafter
expolitĭo Anstrich, Ausschmückung
expolītus durchgebildet
expōnĕre herausstellen, aufstellen, abladen, aussetzen, zur Verfügung stellen, preisgeben, darlegen
exportāre wegschaffen
exposcĕre verlangen
expositĭo Erteilung, Darlegung
expostŭlāre verlangen, sich beschwe=
expressīm ausdrücklich [ren
expressĭo Ausdruck, Abdruck, An= ordnung
expressus ausdrucksvoll, deutlich

exprĭmĕre ausdrücken, auspressen, aussprechen, abzwingen
exprŏbrāre vorwerfen [aussprechen
exprōmĕre hervorholen, vorbringen,
expromissor Schuldübernehmer
expromittĕre Zahlung versprechen, Schuld übernehmen
expugnāre erobern, anfechten
expugnatĭo Eroberung, Sieg
expugnātor Eroberer
expulsĭo Vertreibung [ausstellen
expungĕre ausstreichen, entlassen,
expurgatĭo Rechtfertigung
exquīrĕre erforschen, suchen
exquisitĭo Untersuchung
exquisītus ausgesucht, gesucht
exscindĕre = excīdere
exsculpĕre = exculpere
exsĕcāre herausschneiden
exsecrabĭlis } verwünschenswert,
exsecrandus } verwünscht
exsecrāri verwünschen
exsecratĭo Verwünschung
exsecutĭo Vollzug, Verfolgung, Vollstreckung
exsecūtor Vollstrecker
exsĕqui verfolgen, ausführen vollstrecken
exsequĭae Leichenbegängnis, =zug
exsĕrĕre hervortun, zeigen
exsiccāre austrocknen
exsilĭāre = exiliare
exsilĭum = exilium
exsistĕre hervortreten, auftreten, eintreten, ausbrechen
exsolvĕre auslösen, einlösen, erfüllen
exsolutĭo Befreiung, Bezahlung
exsors frei [rücksichtigen
exspectāre erwarten, abwarten, be=
exspectatĭo Erwartung

exspīrāre Geist aushauchen, erlöschen
exspoliāre berauben
exspoliatīo Beraubung
exspondĕre versprechen
exstāre da sein, sich zeigen, be-
stehen, feststehen; eintreten
exstinctīo Aufhebung, Erlöschen
exstinctor Aufhebender [nichten
exstinguĕre auslöschen, tilgen, ver-
exstirpāre ausrotten
exstrinsĕcus = extrinsecus
exstructīo Bau
exstrūĕre erbauen
exsul = exul
exsulāre = exulare
exsultāre aufspringen, sich freuen
exsupĕrāre überragen, -steigen
exsurgĕre sich erheben
exta Eingeweide
extāre = exstare
extendĕre ausspannen, verbreiten,
ausdehnen, erstrecken
extensīvus erweiternd, zu erweitern
extenūāre verkleinern, vermindern
exter } außen, auswärtig, fremd
extĕrus }
extergĕre abwischen
extermĭnāre vertreiben, beseitigen
externus äußerlich, fremd
extimescĕre sich fürchten
extinguĕre = exstinguere
extollĕre errichten, erhöhen, erweitern
extorquĕre entwinden, abzwingen,
extorris vertrieben [erpressen
extra I. außen, außerhalb, außer
— II. außer, außerhalb
extrahĕre herausschleppen, hinaus-
schleppen, entziehen [gehörig
extranĕus fremd, nicht zur familia
extraordinarīus außerordentlich
extrarīus äußerlich, fremd
extrēmo zuletzt
extrēmus äußerst, letzt
extricātus nicht aufgezogen, lose
extrinsĕcus von außen, außerhalb,
extructīo = exstructio [außerdem
extrudĕre fort-, vertreiben
extrūĕre = exstruere [-steigen
exubĕrāre überströmen, -wiegen,
exūĕre ausziehen, abziehen, berauben
exul Flüchtling
exulāre in Verbannung leben
exundāre übertreten
exūrĕre verbrennen
exustīo Verbrennung
exūtus v. exuere
exvĕhĕre = evehere

F.

faba Bohne
faber Handwerker, Künstler
Fabia lex s. Abschn. II.
Fabiāna = Calvisiana
fabrīca Werkstatt, Bau, Handwerk
fabrīcāre verfertigen, schmieden
fabricarīus Zimmermann
fabricatīo Anfertigung
fabricensis Waffenschmied
fabrīlis Künstler- . . ., Werk- . . .
fabŭla Erzählung, Märchen, Gerede
facĕre tun, betreiben, machen, ab-
machen, bewirken, begehen, er-
zeugen, bereiten, bezahlen, schätzen,
darstellen
facessĕre verursachen
facīes, ēi Gesicht, Figur, Aussehen,
Anschein, Beschaffenheit
facīlis leicht, willig [reitwilligkeit
facilītas Leichtigkeit, Leichtsinn, Be-
facinorōsus verbrecherisch, lasterhaft

facīnus, ŏris Tat, Untat, Verbrechen
factĭo Errichtung, Fähigkeit; Gesellschaft, Partei, Abteilung
factionarĭus Vorsteher einer Abteilung
factiōsus Partei-...
factĭtāre oft tun
factor Täter
factum Geschehnis, Tatsache, Tat
facŭla Fackelspan
facultas Fähigkeit, Gelegenheit, Befugnis
facundĭa Beredsamkeit
facundus beredt
faenarĭus Heu-...
faenŏbris zinsbar, Zins-...
faenŏrāre auf Zinsen ausleihen
faenŏrāri sich gegen Zinsen leihen
faeneraticĭus Zins-...
faenerātor Geldverleiher, Wucherer
faenŏus Heu-...
faenum Heu
faenus Ertrag, Zins, Kapital
faex Hefe, Schmutz
Falcidia s. Abschn. II
Falernus aus dem Falernischen in Kampanien
fallacĭa Trug, Betrügerei
fallax betrügerisch
fallĕre täuschen, betrügen, entgehen
falsāre fälschen
falsarĭus Fälscher
falsĭtas Fälschung, Falschheit
falso v. falsus
falsum Fälschung
falsus falsch
falx Sichel, Sense
fama Gerücht, Gerede, Ruf
fames Hunger, Verlangen
familĭa Hauswesen, Hausgesinde, Familie, Truppe
familiarĭcus Sklaven-..., Haus-...
familiāris Haus-..., vertraut
res familiaris Vermögen
familiarĭtas Vertrautheit, Freundschaft, Bedienung
famosĭtas übler Ruf
famōsus berüchtigt, Schmäh-...
famŭlāri dienen
famulatĭo Dienerschaft
famulātus Dienst
famŭlus Diener
fanatĭcus schwärmerisch
fanum Tempel
far Spelt, Dinkel
fari sprechen, sagen
farīna Mehl
farrĕum } Spelt-, Opferkuchen
farrĕus }
fas Religionsgebot, Recht, rechtmäßig
fascĭa Binde, Gurt
fascis Bund, Bürde, Steuerrolle
fastidĭum Ekel
fastigĭum Giebel, Gipfel, hohe Würde
fastus Stolz, Verachtung
fatālis bestimmt, verhängnisvoll
fatalĭtas Verhängnis, Zufall
fatĕri gestehen, zugeben, einräumen
fatīgāre ermüden, überanstrengen
fatigatĭo Ermüdung, Anstrengung
fatiscĕre klaffen, verfallen
fatuĭtas Albernheit
fatum Schicksal, Zufall
fatus v. fari
fatŭus albern
fauces Schlund, Kehle
Faustīna Gemahlin des Antonīnus Pius
faustus glücklich
fautor Gönner
favēre begünstigen
Favia s. Abschn. II

Faviana actio Klage des erbberechtigten Patrons gegen das Testament des Libertus
favor Gunst, Begünstigung
favorābĭlis beliebt, günstig
favus Wabe, Honigscheibe
faux s. fauces
fax Fackel
febricĭtāre fiebern
febricŭla leichtes Fieber
febris Fieber
Februarĭus Februar-...
fecundĭtas Fruchtbarkeit, Nachkommen
fecundus fruchtbar
felicĭtas Glück
felix glücklich
femĭna Weib
feminĕus } weiblich
feminīnus } weiblich
fenarĭus s. faenarius
fenebris s. faenebris
fenĕrāre s. faenerare
feneraticius s. faeneraticius
fenestra Fenster
fenus s. faenus
fera wildes Tier
ferālis tödlich, verderblich
ferax ergiebig, fruchtbar
fere fast, etwa, größtenteils
Feretrĭus = Jupiter
ferĭa(e) Ferien
feriatĭcus Ferien-...
feriātus müßig
ferīre stoßen, schlagen, strafen
feritas Wildheit, Rohheit
ferocĭa Wildheit
ferox wild
ferramentum Eisenwerkzeug
ferrarĭus eisern, Eisenschmied
ferre tragen, bringen; forttragen, erlangen, (her)beibringen, abgeben, vorschlagen
ferrĕus eisern
ferrum Eisen, Waffe
ferrūmen Kitt, Bindemittel
ferrumĭnāre verbinden
ferruminatĭo Verbindung
fertĭlis fruchtbar
fertilĭtas Fruchtbarkeit
ferŭla Rute
ferus wild
fervēre sieden, toben
fervor Glut
fessus ermattet
festīnāre eilen
festīnatĭo Eile
festīnus eilig
festivĭtas Feierlichkeit
festūca Rute
festus festlich
fetus s. foetus
fibŭla Spange, Schnalle
ficticĭus nachgebildet
fictĭlis irden, tönern
fictĭo Annahme
fictitĭus s. ficticius
ficus Feige
fidedīcĕre bürgen, gutsagen
fideicommissarĭus I. Fideikommiß-...
— II. Fideikommißerbe
fideicommissum freies Vermächtnis
fideicommittĕre frei hinterlassen
fidejŭbēre bürgen
fidejussĭo Bürgschaft
fidejussor Bürge
fidejussorĭus Bürgschafts-...
fidēlis treu, zuverlässig
fidelĭtas Treue

fidepromissor Bürge
fidepromittĕre bürgen
fides Vertrauen, Kredit, Redlichkeit, Wort, Treu und Glauben, [Glaube
fidicĭna Lautenspielerin
fidicŭla Folterseil
fiducĭa Vertrauen, Sicherheit, Sicherungsübereignung, Übereignung mit Abrede der Remanzipation
fiduciarĭus fiducia, fideicommissum [betreffend
fiduciātus übereignet
fidus treu
fiĕri passivum v. facere
figĕre anheften, festsetzen
figlīna Töpferei
figlīnus Töpfer=...
figmentum Bildung, Erdichtung
figulīnus Töpfer=...
figŭlus Töpfer
figūra Gestalt, Natur, Form
figūrāre bilden, gestalten, ausdrücken, vorgeben
figuratĭo Gestaltung, Ausdruck
filĭa* Tochter
filiafamilĭas Haustochter
filĭus* Sohn
fimus Dünger, Schmutz
finālis Grenz=... [annehmen
fingĕre bilden, darstellen, vorgeben,
fini bis zuletzt
finīre abgrenzen, begrenzen, angeben, beendigen, enden
finis Grenze, Höchstgrenze, Ende
finitĭmus angrenzend
finitīvus bestimmt
firmamentum Stütze, Geltung
firmāre befestigen, bestätigen
firmĭtas Geltung
firmĭter v. firmus
firmitūdo Geltung
firmus fest, gültig
fiscālis I. dem fiscus gehörig
— II. fiskalischer Beamter
fiscus Korb, kaiserliche Staatskasse
fistŭla Röhre, Fistelgeschwür
fixus fest
flagellare peitschen
flagellum Peitsche
flagĭtāre verlangen, schänden
flagitatĭo Forderung, Mahnung
flagitiōsus schändlich
flagitĭum Schandtat
flagrāre brennen
flagrum Peitsche
flamen Priester
Flaminĭa Gegend Italiens
flaminĭum Priesterwürde
flamma Flamme
flammĕus flammend
flare blasen, gießen
flator Gießer, Geldpräger
flaturarĭus Metallgießer
flatus Wind
Flaviālis eine Art Prätoren
Flavius s. Abschn. II.
flebĭlis beklagenswert
flectĕre beugen
flēre beklagen
florens blühend
Florentinus s. Abschn. II.
florēre } blühen
florescĕre }
flos Blüte
fluctŭāre wogen, schwanken
fluctus Flut
fluentum Strömung, Abfluß
fluĕre fließen
flumen Fluß

fluviatĭlis Fluß=..., Strom=...
fluvĭus Fluß
fluxus Fließen, Strömung
focarĭa Haushälterin, Konkubine
focarĭus Küchenjunge
focus Herd
fodĕre graben
fodīna Grube
foedāre beschmutzen
foederātus verbunden
foedĭtas Scheußlichkeit
foedus I. scheußlich, häßlich
— II. Bündnis
foenarĭus s. faenarius
foenĕbris s. faenebris
foenĕrāre s. faenerare
foeneraticĭus s. faeneraticius
foenerātor s. faenerator
foenĕus s. faeneus
foenum s. faenum
foenus s. faenus
foetus Leibesfrucht, Junges
folĭum Blatt
follis Schlauch, Sack, Beutel
fomentatĭo Blähung
fomentum Umschlag
fomes Zunder
fons Quelle
fontānus Quell=...
forāmen Loch
forensis aufs Forum gehörig
fores Tür [ter
foricarĭus Rotunden=, Abtrittspäch=
forinsĕcus von außen, außerhalb
forma Gestalt, Körper, Form, Umriß, Regel, Charakter, Würde; Rahmen, Umfang; Kanal
formālis förmlich, feststehend
formāre formen, prägen, fassen
formensis Kanal=...

Formiānus aus Formiä in Latium
formidabĭlis } furchtgebietend
formidandus }
formīdāre fürchten, scheuen
formīdo Furcht, Scheu
formidolōsus furchtsam
formĭo = phormio
formŭla Formular, Formel
fornacarĭus Ofen=...
fornacātor Ofenheizer
fornax, ācis Ofen
fornicarĭus = fornacarius
fornicātor = fornacator
forsan }
forsĭtan }
fortasse } vielleicht
fortassis }
forte }
fortis stark, tapfer
fortitūdo Tapferkeit
fortuīto v. fortuītus
fortuītus zufällig
fortūna Geschick, Glück, Umstände, Vermögen, Amt
forum Markt, Gerichtsplatz, [=stand
fossa Graben
fossātum Graben, Grube
fossor, ōris Grabenarbeiter
Fotiniāni eine Sekte
fovĕa Fanggrube
fovēre hegen pflegen
fractūra Bruch
fractus v. frangere
fragĭlis zerbrechlich unsicher
fragilĭtas Schwäche
fragmentum Bruchstück
framĕa Lanze
Franci Franken
Francĭcus Justinian als Sieger der Franken

frangĕre zerbrechen, brechen, beugen
frater* Bruder, Vetter,
fraternĭtas Bruderschaft [Freund
fraternus brüderlich
fraudāre betrügen
fraudatĭo Betrug
fraudātor Betrüger
fraudatorĭus betrügerisch, Betrugs-..
fraudulenter betrügerisch, arglistig
fraudulentus } betrügerisch, arg-
fraudulōsus } listig
fraus Betrug, Hintergehung, Nachteil, Umgehung, Arglist
Frediāni eine Sekte
frenāre zügeln
frenum Zügel
frequens häufig, emsig
frequentāre besuchen, betreiben
frequentĭa Anzahl, Menge, Aus-
fretum Meerenge [dauer
fretus im Vertrauen auf
fribuscŭlum = frigusculum
frigĭdus kalt
frigus, ŏris Kälte [würfnis
friguscŭlum geringe Kälte, Zer-
frivŏlus geringfügig, armselig, schlecht
frivuscŭlum = frigusculum
frons Stirn, Vorderseite, Blick
fructĭfer fruchtbringend
fructuarĭus I. fruchtbringend, Nießbrauch-
— II. Nießbraucher
fructuōsus fruchtbar, nützlich
fructus Frucht, Ertrag, Nü-
frugalĭtas Sparsamkeit [tzung
frugalĭter mäßig
fruges s. frux
frugi maßvoll
frugĭfer fruchtbringend
frui genießen

frumentarĭus Getreide-...
frumentatĭo Getreideverteilung
frumentum Getreide, -spende
frustra vergebens
frustrāri verzögern
frustratĭo Verzug, Hinhalten
frustrātor Verzögerer
frustratorĭus verzögernd
frustum Bissen, Stück
frux Feld-, Erdfrucht, Erfolg, Wert,
fucāre färben [Tüchtigkeit
fucatĭo Färben
fucus Schminke
Fufia s. Abschn. II.
Fufidius s. Abschn. II.
fuga Flucht, Verbannung Meiden;
fugāre verjagen [Flüchtling
fugax flüchtig
fugĕre fliehen
fugĭens Beklagter
fugitivarĭus Sklavenfänger, -hehler
fugitĭvus flüchtig, entlaufen
fulcimentum Stütze
Fulcinius s. Abschn. II.
fulcīre stützen, unter die Arme
fulcrum Stütze [greifen
fulgĕre leuchten, glänzen
fulgor, ōris Blitz
fullo, ōnis Walker
fullonĭca Walkmühle
fulmen, ĭnis Blitz
fultūra Stütze
fultus v. fulcire
fumāre rauchen
fumĭgāre einräuchern
fumus Rauch, Dampf
functĭo Verrichtung, Beruf, Wert, Bezahlung
functus v. fungi
fundamentum Grundlage

fundānus genehmigt, anerkannt
fundāre begründen, befestigen
fundĕre ausgießen, zerstreuen, hervorbringen
fundĭtus von Grund aus
fundus Grund und Boden
funĕbris Trauer=...
funĕrāre bestatten
funerarĭus
funeratĭcĭus } Beerdigungs=...
funestāre beflecken
funestus tödlich, verderblich, traurig
fungi besorgen, verwalten, erfüllen, entrichten, genießen, gelten, einnehmen
funis Seil, Tau
funus, ĕris Leichenbegängnis
fur Dieb, Entweder
furca Gabel, Kreuz, Galgen
furĕre wahnsinnig sein
Furia lex s. Abschn. II.
furiālis wahnsinnig
furiōsus I wahnsinnig
— II. Geisteskranker
furnarĭus Bäcker
furnus Backofen
furor, ōris Wut, Wahnsinn
furtim heimlich
furtīvus Entwendungs=, entwendet
furtum Diebstahl, Entwendung
furvus dunkel, schwarz
fuscāre verdunkeln, schwärzen
fuscĭna Dreizack
Fusia s. Abschn. II.
fusĭo Guß, Abgabe
fusor, ōris Gießer, Formgießer
fustĭgāre prügeln
fustis Prügel
fustuarĭum Prügelstrafe
— supplicĭum Todprügeln

futūrum Zukunft
futūrus künftig

G.

Gabinĭus
Gabīnus } aus Gabii in Latium
Gades Cadix in Spanien
Gaditānus aus Cadix
Gajus s. Abschn. II
Galăta Bewohner von Galatia
Galatĭa Landschaft in Kleinasien
galbănum Galban (syr. Harz)
galĕa (Leder=)Helm
Gallĭa Gallien, Frankreich
Gallicānus gallisch
Galliciānus Steuerbeamter in Gallien
Gallĭcus aus Gallien
gallīna Henne
gallinacĕus Hühner=...
gallus Hahn
Gallus I. Gallier
— II. s. Abschn. II.
garum Fischbrühe
gaudēre sich freuen, genießen
gaudĭum Freude, Genuß
gemellus Zwilling
gemĭnāre verdoppeln
geminatĭo Verdoppelung
gemĭnus Zwilling
gemĭtus Seufzer
gemma Edelstein
gemmātus mit Edelsteinen geschmückt
gemmĕus aus Edelstein
gena Wange
genearchĭcus vom Stammvater
gener* Schwiegersohn
generālis allgemein
generalĭtas Allgemeinheit
genĕrāre erzeugen
generātim klassenweise, allgemein

generosĭtas Güte, edle Art
geniālis ehelich
genitālis angeboren
genĭtor Erzeuger
genĭtus v. gignere
genĭus Schutzgeist
geno = gigno, gignere
gens Geschlecht, Stamm
gentilicĭus Geschlechts=...
gentīlis Geschlechtsverwandter; Ausländer, Heide
gentilitĭus s. gentilicius
genuīnus angeboren
genus, ĕris Geschlecht, Stamm, Art, Gattung
geomĕtra Feldmesser
geometrĭa Feldmeßkunst
gerĕre herumtragen, zeigen, verrichten, ausüben, ausführen, tun, verwalten
geritĭo = gestio
Germanĭa Deutschland
Germanĭcus Justinian als Besieger der Germanen
Germānus Germane
germānus leiblich
gerontocomĭum Alteleuthospital
gerŭlus Träger
gesta Akten
gestāre tragen, verwalten
gestāri sich tragen lassen
gestatĭo Spazierfahrt, Allee
gesticŭlāri Gebärden machen
gestĭo Besorgen, Sichbenehmen
gestīre verlangen nach
gestor Geschäftsführer
gestum Tat, Akten
gestus Geschäftsführung
gibberōsus buckelig
gignĕre erzeugen, gebären
gladiātor Fechter, Schwertfeger
gladiatorĭus Fechter=...
gladĭus Schwert, Gewalt über Leben und Tod
glans Eichel
glarĕa Kies
glaucĭnum Schöllkrautsalbe
gleba Scholle, Feld, Grundsteuer
glebālis Grund=...
glebatĭo Grundsteuer
Glicia s. Abschn. II.
glomĕrāre ballen, ansammeln
glorĭa Ruhm
glorĭāri sich rühmen
glorifĭcus, gloriōsus ruhmreich
glos* Schwägerin (der Frau)
gnarus kundig
gnavĭter = naviter
Gothĭcus Justinian als Besieger der Gothen
grabātus = crabattus
Gracchi Volkstribunen, Reformer, 133—123 v. Chr.
gracŭlus Dohle
gradātim schrittweise, stufenweise
gradĭlis von den Stufen verteilt
gradus Schritt, Stellung, Stelle, Stufe, Reihenfolge, Rang
Graecĭa Griechenland
graecĭtas griechische Sprache
Graecus Grieche
gramen, ĭnis Gras, Kraut
grammatĭca Sprachlehre
grammatĭcus Sprachkundiger
grammatophylacĭum Archiv
granarĭum Kornboden, Silo
grandaevus hochbejahrt
grandis groß
grando, ĭnis Hagel
Granius s. Abschn. II.
granum Korn, Getreide

grassări sich umhertreiben, wegelagern, wüsten, wüten gegen
grassător Wegelagerer, Verächter
grassatūra Wegelagern
gratanter gern
gratĭa Gunst, Wohlwollen, Freundschaft, Kredit, Gefälligkeit, Begnadigung, Dankbarkeit
gratificanter zur Begünstigung
gratifĭcāri willfahren, begünstigen
gratificatĭo Begünstigung
gratiōsus begünstigt, parteiisch
gratis umsonst
gratuĭto v. gratuitus
gratuĭtus unentgeltlich
gratŭlări beglückwünschen, danken
gratulatĭo Huldigung, Dank
gratus lieb, dankbar
gravămen, ĭnis Beschwerde
gravăre beschweren
gravăte ungern
gravĭdus schwanger
gravis schwer, gewichtig, stark, schwanger, schwierig, hart
Graviscanus aus Graviscä in Etrurien
gravĭtas Stärke, Würde
gregălis } zur Herde oder Schar
gregarĭus } gehörig
gregatim herdenweise
Gregorianus s. Abschn. II.
gremiălis s. cremialis
gremĭum I. Schoß, Inneres
— II. s. cremium
grex Herde, Schar
gubernacŭlum Steuerruder
gubernăre steuern, lenken
gubernatĭo Leitung
gubernător Steuermann, Verwalter
gula Schlund, Kehle
gulōsus leckerhaft

gustus Geschmack, Kosten
gutturōsus kropfhalsig
gymnĭcus Ring=...
gymnaecēum Frauenhaus, Weberei
gymnaeciarĭus } Haremswächter,
gymnaecĭus } Weber

H.

habēna Zügel, Riemen
habēre haben, besitzen, halten, vermögen, benutzen, anwenden, enthalten
habĭlis geschickt, geeignet
habitacŭlum Wohnung
habĭtăre wohnen
habitatĭo Wohnung, Wohnsitz, Wohnungsrecht, Miete
habitător, ōris Bewohner, Mieter
habitūdo, ĭnis Beschaffenheit, Gestalt
habĭtus Aussehen, Natur, Lage, Kleidung
hactĕnus soweit, so
Hadriănus Kaiser, 117—138 n. Chr.
Hadrumētum Stadt in Afrika
haedus Böckchen
Haemĭmons } Landschaft in
Haemimontus } Thrazien
haerēre hangen, verbunden sein, umgeben, an=, innewohnen
haerĕsis Sektiererei; Beruf
haeretĭcus Ketzer
haesĭtăre zögern
haesitatĭo Zögern, Bedenken
hama Eimer
Haman s. Aman
hamus Angelhaken
harēna = arēna
harenarĭus = arenarius
harenifodīna = arenifodīna
harenōsus = arenosus
hariŏlus Wahrsager
harpăgo (Enter=)Haken

harundinētum = arundinetum
harundo = arundo
haruspex Opferdeuter [schau
haruspicīna Opferdeutekunst, Opfer-
hasta Lanze, Stange
sub hasta zwangsweise
hastīle Lanzenschaft
haud nicht
haurīre schöpfen
haustus Schöpfgerechtigkeit
have! sei gegrüßt!
hebĕtāre schwächen, entkräften
hedĕra Efeu
Helĕna Tochter Konstantins
Helenopontus Provinz im Pontus
heliocamīnus Sonnenbad
Heliopolitānus aus Heliopolis in Ägypten
Hellenopontus s. Helenopontus
Hellespontus Landschaft am Hellespont [thynien
Heracleānus aus Heraclēa in Bi-
herba Gras, Kraut, Halm
herbŭla Kräutchen
herciscĕre (Erbschaft) teilen
hereditarĭus Erbschafts-. . .
herēdĭtas Erbschaft
heres Erbe (nach Zivilrecht)
heri gestern
herīlis dem Herrn gehörend
hermaphrodītus Zwitter
Hermodōrus vornehmer Epheser, z. B. der zwölf Tafeln [Chr.)
Hermogeniāni eine Sekte (200 n.
Hermogeniānus I. nach Hermogenes benannt, der ein großes Gestüt — s. Abschn. II. [hatte
hero Sack, Schlauch aus Grasart
herus Herr
heurematĭca Ratschläge

hibernacŭla Winterquartiere
hibernus winterlich
hic, haec, hoc dieser, diese, dieses
hīc hier, jetzt
hiemālis = hibernus
hiemāre überwintern
hiem(p)s, ĕmis Winter, Regenwetter
Hierapŏlis Hafen in Phrygien
Hierapolitānus Bewohner von Hiera- [polis
hiereus jüdischer Priester
hierophanta Oberpriester
hierophylăcus, hierophylax } Tempelhüter
Hierosolymitānus Jerusalemer
hilăris heiter, froh, rein
hinc von hier, hieraus
hippīce ein Spiel
Hippo Stadt in Numidien
hippocentaurus Pferdmensch
hippocŏmus Pferdknecht
Hippocrătes griechischer Arzt (5. Jh.
hippodrŏmus Rennbahn [v. Chr.
hircōsus stinkend
hispadōnes Beiname der Eunomiani
Hispanĭa Spanien
Hispānus spanisch
histapŏdes = hispadones
historĭa Geschichte
histrĭo Schauspieler
histrionĭcus Schauspiel-. . .
hoc s. hic
hodie heute, jetzt, von jetzt an
hodiernus heutig
hoedus = haedus [(geschrieben)
holográphus eigenhändig
holoserĭcus ganz seiden
holovērus ganz echt, ganz purpurn
holus = olus
Homerĭcum Homervers
Homērus griechischer Dichter

Homerītae arabischer Volksstamm
homicīda Mörder, Totschläger
homicidĭum Mord, Totschlag
homo Mensch, Mann, Sklave,
homolŏgus Grundhöriger [Beamter
honestamentum Schmuck, Titel
honestāre ehren
honestas Ehrenhaftigkeit
honestus ehrenhaft, ehrenvoll
honor, ōris Ehre, Ehrenbezeugung, Ehrenamt, Ehrengeschenk
honorabĭlis ehrenvoll, ehrwürdig
honōrāre ehren, bedenken
honorarĭum Ehrengeschenk, Honorar
honorarĭus ehrenhalber, Amts-..
honorātus ehrenvoll, beamtet
Honoriānus nach Honorius benannt
Honorĭas Gegend an Paphlagoniens Grenze
honorificentĭa Ehrbezeugung
honos = honor
hora Stunde, Uhr
hordearĭus Gersten-...
hordĕum Gerste
hordiarĭus = hordearius
horologĭum Uhr
horrearĭus Speicherpächter
horreatĭcus im Speicher lagernd
horrens = horridus
horrēre schaudern
horrescĕre fürchten
horrĕum Speicher
horrĭdus schauerlich, wild
horror, ōris Schauer, Entsetzen
hortamentum Ermunterung
hortāri ermuntern
hortātor, ōris Ermahner
hortātus Mahnung
Hortensia s. Abschn. II.
hortulānus Gärtner
hortŭlus Gärtchen
hortus Garten
hospes, ĭtis Fremder, Gast, Wirt
hospitacŭlum Herberge
hospitāle Gastzimmer
hospitālis gastlich
hospitalĭtas Gastfreundschaft
hospĭtāri (gastlich) einkehren
hospitiŏlum kleine Herberge
hospitĭum Gastfreundschaft, Herberge
hostĭa Schlachtopfer
hosticŏlum } feindliches Gebiet
hostĭcum } feindliches Gebiet
Hostilia s. Abschn. II.
hostīlis feindlich
hostilĭtas feindliche Herrschaft
hostis Feind, Landesverräter
huc hierher, dahin
hucusque bis hierher
hujusce(mŏdi) } derart
hujusmŏdi } derart
humanĭtas Menschlichkeit, Gnade
humanĭter v. humanus
humanĭtus v. humanus
humānus menschlich, mild
humāre beerdigen
humatĭo Beerdigung
humerāle Schulterkleid
humĕrus Schulter
humĭdus feucht
humĭlis niedrig, gering
humilĭtas Niedrigkeit
humor, ōris Feuchtigkeit
humus Erde
Hunni Hunnen
hȳacinthĭnus = ianthinus
hyacinthus blauer Edelstein
hydraula Wasserorgelspieler
hydromĕli Honigwasser
Hydroparastātae eine Sekte

hydrophȳlax Wasserleitungsaufseher
hypaethrum Söller [schuß
hyperŏcha Überrest, Über=
hypocaustum Dampfbad
hypodiacŏnus Unterdiakon
hypodĭum = hypopodium
hypomnetogrăphus Sekretär
hypopodĭum Fußbank, =schemel
hypothēca Pfandabrede, (besitzloses) Pfand
hypothecarĭus Pfand= . . .
hysgĭnum dunkelroter Farbstoff

J, I.

jacēre liegen
jacĕre werfen, legen, wegwerfen
jactantĭa Prahlerei
jactāre werfen, hin= und herbewegen, wegwerfen, ausstoßen, aussprechen
jactatĭo Prahlerei [Aufwand
jactūra Verlust, Wegwerfen,
jactus v. jacĕre
jacŭlāri schleudern
jaculatorĭus Wurf . . ., Schieß= . . .
jacŭlum Wurfspieß
jam schon, nun [Brüder
janitrīces* Frauen zweier
ĭanthĭnus violett
janŭa Tür, Eingang, Zugang
Januarĭus Januar betreffend
Janus altitalischer (Sonnen=)Gott
Javolēnus s. Abschn. II.
ibi da, dort, dann
ibīdem daselbst
icĕre schlagen, stoßen [nien
Iconiensis aus Iconium in Lykao=
icosaprōti zwanzig Obmänner
icosaprotīa Amt der icosaproti
ictus I. v. icere
— II. Schlag, Stoß

id s. is
idcirco deshalb
idem derselbe
identĭdem mehrmals
idĕo deshalb
idiocheirum } eigenhändige
idiochīrum } Urkunde
idōlum Götzenbild
idonĕus geeignet, tüchtig
Idus der Dreizehnte, bzhgsw. Fünfzehnte im Monat (milmo)
jecur, ŏris Leber
jejunĭtas Nüchternheit
jejunĭum Fasten
jejūnus nüchtern, mager, trocken
igĭtur daher
ignārus unkundig
ignavĭa Trägheit, Feigheit
ignāvus träge, feige
ignis Feuer
ignobĭlis unedel
ignominĭa Schmach, Schande
ignominiōsus schimpflich
ignōrans = ignarus
ignorantĭa Unwissenheit
ignōrāre nicht wissen
ignoratĭo = ignorantia
ignoscĕre verzeihen, nicht anrechnen
ignōtus unbekannt
ilĭco = illico
Iliensis aus Troja
illacrĭmāri weinen, beweinen
illaesus unverletzt
illatĭo Beisetzung, Begehung, Abgabe, Zuschiebung
illātus v. inferre
ille jener, derjenige
illecĕbra Lockung
illectus nicht gesammelt
illegitĭmus ungesetzlich, illegitim

illibātus unverkürzt, unversehrt
illic dort
illĭcĕre anlocken, verleiten
illicĭtus unerlaubt
illĭco auf der Stelle, sogleich
illīdĕre anstoßen, werfen
illĭgāre anfügen, verbinden, ver-
illo = illuc [pflichten
illōtus ungewaschen, unrein
illuc dorthin, dahin
illūcēre beleuchten, sich zeigen
illucescĕre erhellen, anbrechen
illūdĕre Scherz treiben, betrügen
illŭĕre = allŭere
illumĭnāre erleuchten, aufklären
illūsor Verspotten, Spötter [zeichnen
illustrāre aufhellen, verklären, aus-
illustrātus Würde eines illustris
illustris berühmt, erlaucht
illuvĭes Schmutz, Schande
Illyric(ĭ)ānus aus Illyricum
Illyrĭcum Gegend am adriatischen
Illyrĭcus aus Illyrien [Meere
imaginarĭus Schein- . . .
imāgo, ĭnis Bild, Schein, Analogie
imbecillis = imbecillus
imbecillĭtas Schwäche
imbecillus schwach, haltlos
imber Regenguß
imbĭbĕre einsaugen
imbŭĕre einweihen, unterweisen
imĭtāri nachahmen, analog anwenden
imitatĭo Nachahmung, Analogie
imitātor Nachahmer, Fälscher
immānis ungeheuer, übermäßig
immanĭtas ungeheuere Größe
immatūrus unreif
immĕmor uneingedenk
immemorĭa Vergessenheit
immensĭtas Übermaß

immensus unbegrenzt, übermäßig
immĕrens unverdient, unschuldig
immergĕre einsinken, sich verstricken
immerĭto v. immeritus
immerĭtus unverdient
immĭnēre angrenzen, (be)drohen,
bedrängen, schweben
imminŭĕre vermindern
imminutĭo Verkürzung
imminūtus unverkürzt
immiscēre einmischen, mischen
immissĭo Einlassen, Zuführen
immissor wer einläßt, zuführt
immītis streng, grausam
immittĕre hineinwerfen, hinein-
treiben, (hin)einlassen, einsetzen
immo im Gegenteil, sogar
immobĭlis unbeweglich, unveränder-
immoderatĭo Anmaßung [lich
immoderātus unmäßig
immodestus unbescheiden
immodĭcus maßlos, übermäßig
immŏlāre opfern
immolatĭo Opferung
immolītus aufgebaut [harren
immŏrāri sich aufhalten, beharren,
immŏri darin versterben
immortālis unsterblich, ewig
immortalĭtas Unsterblichkeit
immunditĭa(e) Schmutz
immundus schmutzig
immūnis frei (von Lasten)
immunĭtas Lastenfreiheit
immurmŭrāre (hin)murmeln
immutabĭlis unveränderlich
immūtāre verändern
immutatĭo Änderung
immutilātus unverstümmelt, unver-
imo = immo [kürzt
impactus v. impingere

impar, ăris ungleich, zu schwach
impatĭens ungeduldig
impatienter voreilig
impatientĭa Ungeduld
impedimentum Hindernis, Troß
impĕdīre hindern, verhindern
impelĭa = impilia
impellĕre treiben, antreiben
impendēre schweben, überhangen, drohen [wenden
impendĕre wägen, schätzen, auf=
impendĭum } Aufwand, Kosten
impensa
impensus reichlich, bedeutend, groß
impĕrāre befehlen
imperatīvus befehlend
imperātor Befehlshaber, Kaiser
imperatorĭus kaiserlich [men
imperfectus unvollendet, unvollkom=
imperiālis kaiserlich, Imperi= um= . . . [nis
imperitĭa Unerfahrenheit, Unkennt=
imperītus unerfahren, unkundig
imperĭum Befehl, Befehlsgewalt, Herrschaftsbereich,
impersonalĭter unpersönlich [Reich
impertīre } zukommen lassen, zu= teilen
impertīri
impertitĭo Erteilung
impetiginōsus räudig, flechtenkrank
impetīgo, ĭnis Räude, Flechte
impetrabĭlis erreichbar
impĕtrāre erlangen
impetratĭo Erlangung
impetrātor Erlangender
impĕtus Andrang, Angriff, Heftigkeit
impiĕtas Lieb=, Gottlosigkeit
impĭger, ĕra unverdrossen
impilĭa Filzschuhe
impingĕre wohinwerfen

impĭus lieblos, gottlos
implacabĭlis unversöhnlich
implēre anfüllen, befriedigen, voll= enden, vollführen
implĭcāre verwickeln, verbinden
implicĭtus v. implicare
implōrāre anflehen, erbitten
impōnĕre hineinstellen, =setzen, bei= legen, auferlegen, voranstellen machen
importāre einführen, verursachen
importunĭtas Ungelegenheit
importunus unbequem, ungelegen
impositicĭus angehängt, zugeschrie=
impositĭo Blei=, Auflegung [ben
imposĭtus v. imponere
impossibĭlis unmöglich
impossibilĭtas Unmöglichkeit
impostor Betrüger
impostūra Betrügerei
impotenter schwach; zügellos
impotentĭa Schwäche, Zügellosigkeit
impraesentiārum gegenwärtig
impraestatĭo = praestatio [schen
imprĕcāri anwünschen, Böses wün=
impressĭo Eindrücken, Bedrückung
impressus v. imprimere
imprĭmĕre eindrücken
improbabĭlis tadelnswert, verwerflich
imprŏbāre tadeln, verwerfen
improbatĭo Tadel, Beweis
improbĭtas Schlechtigkeit
imprŏbus schlecht, unredlich
improfessus nicht angegeben, hinter=
improprĭe uneigentlich [zogen
improvidentĭa Unvorsichtigkeit
improvĭdus unvorsichtig
improvīsū unvorhergesehen
imprūdens unvorsichtig, unklug, un= kundig

imprudentĭa Unwissenheit
impūbes unmündig, nicht mannbar
impŭdens unverschämt
impudentĭa Unverschämtheit
impudicitĭa Unkeuschheit, Unzucht
impudīcus unkeusch, unzüchtig
impugnāre anfechten, verstoßen
impugnatĭo Bekämpfung
impulsĭo Antrieb, Andrang
impulsus v. impellere
impūne ungestraft
impunĭtas Straflosigkeit
impunītus straflos
impūrus befleckt, schändlich
impŭtāre anrechnen, berechnen, zurechnen
imputatĭo Berechnung
imus unterster
in in, auf, an, unter, zu, nach, in — hinein, gegen
inaedifĭcāre erbauen, anbauen
inaequālis } ungleich
inaequus }
inaestimabĭlis unschätzbar, untaxierbar
inaestimātus unabgeschätzt
inānis leer
inaptus = ineptus
inărāre einpflügen, beackern
inardescĕre entbrennen
inargentāre versilbern, mit Silber einfassen
inargūtus geistlos
inaudītus unerhört, ungehört
inaugĕre weiter verhandeln
inaugŭrāre Götter befragen, weihen
inaurāre vergolden, mit Gold mischen
inaures Ohrgehänge
inb . . . s. imb . . .
incalescĕre erglühen
incantāre bezaubern
incantātor Zauberer
incassum vergeblich

incautus unvorsichtig
incēdĕre einherschreiten, kommen
incendĕre anzünden
incendiarĭus Brandstifter, Feuer- . . .
incendĭum Feuersbrunst, Brand
incensītus nicht eingeschätzt
incensor Brandstifter
incensus v. incendere
incertus ungewiß
incessanter unablässig
incessĕre angreifen, verfolgen
incestāre schänden
incestum } Blutschande
incestus I. }
— II. blutschänderisch
inchŏāre beginnen
incĭdĕre hineinfallen, -geraten, fallen unter, begegnen, eintreten
incīdĕre einschneiden, verschneiden
incīle Abzugsgraben
incĭpĕre anfangen
incisĭo Einschnitt, Schnitt
incĭtāre anregen
incivīlis ungebührlich, billig
inclāmāre anrufen, aufrufen
inclamatĭo Ruf, Aufruf
inclēmens schonungslos, grob
inclīnāre wohin neigen, -beugen
inclĭtus = inclutus
inclūdĕre einschließen, verschließen, einsetzen, einbringen
inclūtus } berühmt, bekannt
inclȳtus }
incogitabĭlis undenkbar
incognĭtas Unkenntnis
incognĭtus anerkannt, unbekannt
incŏla Einwohner
incolātus Wohnsitz
incŏlĕre wohnen

incolonātus = incolatus
incolorāte unbeschönigt, ohne Angabe des Grundes
incolŭmis unversehrt [heit
incolumĭtas Unversehrtheit, Sicher-
incommŏdāre lästig sein, hindern
incommodĭtas Unannehmlichkeit,
incommŏdum Schaden [Schaden
incommŏdus beschwerlich, ungünstig, unpassend
incompetenter unpassend, ungerecht
incomposĭtus unordentlich, ungere-
inconcussus unerschüttert, fest [gelt
incondĭtus ungehörig
incongrŭens unangemessen
incongrŭus ungereimt, ungehörig, unzuständig [Ungenauigkeit
inconsequentĭa ungenaue Folge,
inconsideranter unüberlegt
inconsiderātus unbedacht
inconstans unbeständig
inconstantĭa Wankelmut
inconsulto unüberlegt
inconsultus nicht befragt, unbedacht
incontinenti, in continenti sofort
inconvenĭens unpassend
inconventus unverklagt
inconvulsus unerschüttert, -zerstört
incorporālis unkörperlich
incorpŏrāre einverleiben
incorporatĭo Einverleibung
incorruptus unverletzt, unverfälscht
increbescĕre sich verbreiten
incredibĭlis unglaublich
incredibilĭtas Unwahrscheinlichkeit
incredulĭtas Unglaube
incrementum Wachstum, Zuwachs, Zunahme, Zusatz, Ertrag
increpāre schelten
increscĕre wachsen, zunehmen

incrustāre überziehen
incrustatĭo Überzug [ergreifen
incŭbāre liegen auf, streben nach,
incubatĭo fehlerhafter Besitz [Besitzer
incubātor unrechtmäßiger
inculpanter } tadellos
inculpātim }
inculpātus untadelig
incultus unbebaut
incumbĕre liegen auf, obliegen, sich stützen auf, beaufsichtigen
incunctabĭlis unverzüglich
incunctanter ungesäumt [gung
incurĭa Sorglosigkeit, Vernachlässi-
incuriōsus unbekümmert, nachlässig
incurrĕre laufen in, fallen in, einfallen, vorfallen, eintreten, verfal-
incursĭo Angriff, Überfall [len
incursus = incursio
incus Ambos
incusabĭlis beschuldigenswürdig
incūsāre beschuldigen
incusātor Ankläger
incustodĭtus unbewacht, unverwahrt
indāgāre nachspüren, aufspüren
indagatĭo Erforschung, Untersuchung
indāgo Umstellen, Nachforschung
inde von da, darauf
indebĭto v. indebitus
indebĭtus nicht schuldig, ungehörig
indĕcens unschicklich
indecōrus unanständig
indefense unverteidigt
indefensus unbeschützt
indefessus unermüdet
indemnātus nicht verurteilt
indemnis schadlos
indemnĭtas Schadloshaltung
indeptĭo Erwerb

indeptus v. indipisci erlangen
indĕre hineinlegen, einverleiben, geben
indevotĭo Gewissenlosigkeit, Untreue
indevōtus untreu, gewissenlos
index Angeber, Titel, Inhaltsangabe
indĭcāre anzeigen, anführen, darlegen
indicatĭo Anzeige, Behauptung
indīcĕre ansagen, auferlegen
indicium Anzeige, Angeberlohn, Kennzeichen, Beweisgrund
indictĭo Ansage, Auflage, Steuer- [anschlag
indictum Vorschrift
Indĭcus indisch
indifferenter unterschiedslos
indigĕna Eingeborner
indĭgēre bedürfen
indignāri entrüstet sein, verschmähen
indignatĭo Entrüstung [verdient
indignus unwürdig, unschicklich, un-
indiligentĭa Nachlässigkeit
indipisci erlangen
indiscrēte, indiscrētim } unterschiedslos
indiscrētus ungeschieden, gleich
indisscussus unerörtert, unbedacht
indistincte ohne Unterschied, ohne klare Bestimmung
indĭtus beigefügt
individŭus unteilbar, ungeteilt
indivīsus ungeteilt, unteilbar
indoctus unkundig, ungeschickt
indotātus mitgiftlos
indubitabĭlis unzweifelhaft
indubitanter zweifelsohne
indubitātus unbezweifelt
indubĭus unzweifelhaft
indūcĕre hineinführen, ein-, anführen, anleiten, zuführen, zulassen, überziehen, aufheben

inducĭae = indutiae
inductĭo Einführung, Ausstreichen
indŭĕre anlegen, annehmen
indulgens nachsichtig, gütig
indulgentĭa Nachsicht, Erlaß
indulgēre nachsehen, erlauben, gewähren
indultum Erlaubnis, Nachsicht
indumentum Kleidung
industrĭa Fleiß, Tätigkeit
industrĭus fleißig [Augenblicke
indutĭae Waffenstillstand, lichte
indutorĭus zur Kleidung gehörig
indūtus Kleidung
inedĭa Fasten, Hungern
ineffectus, inefficax } unwirksam
ineffrenātus zügellos
inelĕgans geschmacklos, unzutreffend
inelegantĭa Unebenheit
ineluctabĭlis unvermeidlich
inem(p)tus ungetauft
ineptĭa Albernheit, Possen
ineptus ungeeignet, unpassend, albern
inermis unbewaffnet, wehrlos
iners untätig, unwirksam
inertĭa Trägheit, Untätigkeit
inesse innewohnen, stecken
inexcusabĭlis unabwendbar, unab-
inexhaustus unerschöpflich [lehnbar
inexorabĭlis unerbittlich, unvermeid-
inexpiabĭlis unsühnbar [lich
inexplētus unersättlich
inexplicabĭlis, inextricabĭlis } unentwirrbar
infactus = infectus [verleumden
infāmāre in üblen Ruf bringen,
infamĭa Schimpf, Schande, Ehrlosigkeit [schimpflich
infāmis berüchtigt, ehrlos,

infandus unsäglich, unerhört
infans Kind unter sieben Jahren
infantĭa Kindheit
infantīlis Kinder=...
infaustus unglückselig, unglückbedeutend
infavorabĭlis ungünstig
infectĭo Färbung
infectus ungeschehen, unbearbeitet, unvollendet
infecundus unfruchtbar
infelicĭtas Unglück
infēlix unglücklich
inferĭor unterer, niederer, späterer
inferre wohinbringen, bestatten, beitragen, eintragen, anbringen, antun, veranlassen, beantragen
infestāre angreifen, beunruhigen
infestus feindlich, feindselig
infĭcĕre hineinstecken, benetzen, färben, mischen, verderben
inficĭāri } s. infitiari
inficĭas ire }
inficiatĭo s. infitiatio
infictus v. infingi
infidēlis } untreu, unzuverlässig
infĭdus }
infīgĕre (ein)schlagen, einprägen
infĭmus der unterste, niederste, fernste
infindĕre zerschneiden, schneiden
infingi = infigi (v. infigere)
infinĭtas Unbestimmtheit
infinītus unbegrenzt, unbestimmt
infirmāre entkräften, ungültig machen
infirmĭtas Schwäche
infirmus schwach
infitĭari } leugnen, ableugnen
infitĭas ire }
infitiatĭo Leugnen
infixus v. infigere
inflammāre entzünden
inflāre aufblasen, steigern
inflexus krumm, von hinten her
inflictĭo Auferlegen
inflictus v. infligere
inflīgĕre zufügen, auferlegen
influĕre hineinströmen
infŏdĕre eingraben, vergraben
infoecundus = infecundus
informāre darstellen, anlegen, bilden
infortunĭum Unglück
infra unten, unterhalb
infractus v. infringere
infrenātus zügellos
infrĕquens selten angewandt
infringĕre brechen, entkräften
infructuōsus unfruchtbar
infūla Binde, Priesterbinde
infundĕre hineingießen, =schütten
ingenĭtus angeboren
ingenĭum Beschaffenheit, Sinnesweise, Fähigkeit, Talent
ingens außerordentlich groß
ingenuĭtas Stand des Freigeborenen
ingenŭus freigeboren
ingĕrĕre darbringen, anlegen, auflegen; eingeben, einreichen
ingestĭo Einguß
ingestus ungeschehen
inglorĭus unberühmt
ingratitūdo Undankbarkeit
ingrātus undankbar, unangenehm
ingrăvāre beschweren
ingravatĭo Beschwerung
ingrăvis = gravis
ingrĕdi hineingehen, be=, antreten
ingressus Eintritt, Eingang, Anfang
ingrŭĕre hereinbrechen, anbrechen
inhabĭlis unbrauchbar, unfähig
inhabĭtāre bewohnen

inhabitātor Bewohner
inhaerēre anhalten, zusammenhängen, enthalten sein, obliegen
inhīāre gierig sein, begehren
inhiatīo Begehren
inhībēre zurück-, aufhalten, hindern
inhibitīo } Verbot
inhibītum }
inhonestus unehrenhaft
inhumanītas Unmenschlichkeit
inhumānus unmenschlich, unbillig
inīcēre hineinwerfen, überwerfen, Hand anlegen, einfügen, beifügen
injectīo Anlegen, Einwendung
inimicitīa Feindschaft
inimīcus Feind
iniquītas Ungleichheit, Unbilligkeit
inīquus ungleich, unrichtig, ungünstig, ungerecht
inīre eingehen, betreten, antreten, übernehmen
initīāre anfangen, einweihen
initīum Anfang
injunctīo Auferlegung, Amt
injungēre hinzufügen, auferlegen
injurīa Unrecht, Ungerechtigkeit Verschulden, Nachteil, Beleidigung [schädlich
injuriōsus widerrechtlich,
injussu ohne Geheiß, ungeheißen
injustitīa Ungerechtigkeit
injustus ungerecht, unrechtmäßig
inl... = ill...
inm... = imm...
innasci entstehen
innātus ein-,angeboren, eigenerzeugt
innectēre verwickeln, verbinden
innīti sich stützen [schuldig
innŏcens unschädlich, unsträflich, un-
innocentīa Unbescholtenheit
innocūus unschädlich, unschuldig
innōdāre verknüpfen
innotescēre bekannt werden
innŏvāre erneuern, ändern
innovatīo Änderung
innovātus unverändert
innoxīus unschädlich, unschuldig
innūbēre heiraten
innumerabīlis } unzählig
innumērus }
innupta v. innubere
innutrītus wo ernährt, erzogen
inoffensus ununterbrochen
inofficiōsus pflichtvergessen
inolescēre anwachsen, entstehen
inolītus v. inolescere
inopīa Mangel, Not
inopīnans unvermutet
inopināto v. inopinatus
inopinātus unvermutet
inopīnus = inopinatus
inopportūnus ungelegen
inops, ŏpis bedürftig, arm
inordinatīo Unordnung
inp... = imp...
inquam ich sage
inquiētāre beunruhigen
inquietātor Störenfried
inquietūdo Belästigung
inquilinātus Stand des inquilinus [höriger
inquilīnus Mieter, Grund-
inquīnāre beflecken, beschmutzen
inquīrēre aufsuchen, untersuchen
inquisitīo Erforschung, Nachsuchung, Untersuchung
inquisītor Untersucher, Einnehmer
inquit v. inquam
inr... = irr...
insanīa Wahnsinn

insānus wahnsinnig
insatiabĭlis unersättlich
inscĭens unwissend
inscientĭa Unkenntnis
inscĭus = insciens
inscrībĕre auf=, ein=, über=, unter= schreiben
inscriptĭo Inschrift, Titel, Brandmarkung, Eintragung
insculpĕre einmeißeln, =graben
insectāri verfolgen
insectatĭo Verfolgung
insĕmel = semel
insepultus unbegraben
insĕqui folgen, verfolgen, eintreten
insĕrĕre I. einpflanzen, =fügen
— II. einfügen, hinzufügen
inservīre dienen, verrichten
insīdĕre sitzen in, =auf
insidĭae Hinterhalt, Hinterlist
insidĭāri nachstellen
insidiātor Auflaurer
insidiōsus hinterlistig, gefährlich
insigne Kennzeichen, Ehren=, Abzeichen
insignīre aus=, bezeichnen
insignis ausgezeichnet
insimŭlāre beschuldigen
insimulatĭo Anklage
insinŭāre bekannt geben, kund tun, einreichen [Protokoll zu
insinuatĭo Erklärung
insinuātor Überbringer
insistĕre bestehen, drängen
insitĭo = emphyteusis
insĭtus v. inserere
insŏlens ungewöhnlich, unverschämt
insolentĭa Unverschämtheit
insolescĕre übermütig werden
insolĭtus ungewohnt
insons unschuldig

inspectāre berücksichtigen
inspectatĭo Rücksichtnahme
inspectĭo Ansicht, Untersuchung
inspector Besitzer, Aufseher
insperātus unverhofft
inspĭcĕre ansehen, betrachten, berücksichtigen, erwägen
instabĭlis nicht rechtsgültig
instanter eindringlich
instantĭa Ausdauer, Kraft
instar Vorbild, Bild, Schein
instāre betreten, bevorstehen, betreiben
instaurāre erneuern
instauratĭo Wiederherstellung
insternĕre bedecken, überdecken
instīgāre anregen, aufhetzen
instigatĭo Anreizung
instigātor Anreizer, Aufwiegler
instigātus = instigatio
instimŭlāre = instigare
instinctus Antrieb
instĭtor Geschäftsführer, =leiter
institorĭus Geschäftsführungs= . . .
institŭĕre einsetzen, errichten, unternehmen, übernehmen, anfangen, stützen, unterrichten
institutĭo Einsetzung, Unterricht, Einführung
institūtum Einrichtung, Vorschrift, Gewohnheit, Einführung
instringĕre zücken
instructĭo Errichtung, Stützen, Ordnung, Unterweisung
instructum } Einrichtung, Ausrüstung, Vorrat
instructus }
instrŭĕre errichten, ausrüsten, ausbilden, ordnen, verschaffen, zufügen
instrumentum Gerät, Zubehör
insubtīlis = insuptilis
insūdāre schwitzen

insuĕre ein-, aufnähen
insuētus ungewohnt [lich
insufficiens ungenügend, unzuläng-
insŭla Insel, Haus, Mietshaus
insularius Mieter, Hausmann
insultāre verspotten, verhöhnen
insūmĕre verwenden zu, aufwenden
insum(p)tio Aufwand
insŭper oben, obendrein
— habēre geringschätzen, verachten
insuptīlis unfein, grobsinnig
insurgĕre sich erheben
intactus unberührt, unversehrt
intĕger unverletzt, vollständig,
ungeschwächt, unverändert
ex intĕgro von neuem
intĕgrare erneuern, vervollständigen
integratio Erneuerung
integrītas Unverletztheit, Unbescholtenheit
integritūdo Unbescholtenheit
intellectus Wahrnehmung, Begriff,
Verständnis, Einsicht
intelligentia Einsicht, Kenntnis
intellĕgĕre einsehen, wahrnehmen,
verstehen, annehmen
intemerātus unbefleckt, unverletzt
intemperanter maßlos
intemperantia Maßlosigkeit
intemperātus unmäßig, übermäßig
intempestīvus unzeitig
intendĕre anspannen, anstrengen,
zielen, aufstellen, beanspruchen
intentāre aufstellen, erheben, anklagen, drohen
intentio Anstrengung, Absicht,
Angriff, Anklage, Klageformel,
-satz, Einwand
intentus aufmerksam, angestrengt
inter unter, zwischen, innerhalb

inter sicarios wegen Mordes anklagen
interaddūcĕre einführen [zung
interaestimatio einstweilige Schätzung
intercălāre einschalten
intercalāris Schalt-...
intercapēdo Unterbrechung, Zwischenraum
intercēdĕre dazwischen kommen,
-liegen, -verlaufen, -treten, sich
verbürgen, einschreiten
intercessio Eintritt, Schuldübernahme, Vollziehung
intercessor Schuldübernehmer, Vollzieher
intercessus = intercessio [zieher
intercĭdĕre verloren gehen, erlöschen
intercīdĕre zerschneiden, zerstören,
abbrechen
intercĭpĕre auffangen, wegnehmen,
entziehen, verhindern
interclūdĕre absperren, hindern
intercolumnium Säulenweite
intercurrĕre = intervenire
interdīcĕre widersprechen, verbieten,
Verbot beantragen [bannen
aqua et igni interdicere verbannen
interdictio, interdictum } Verbot des Prätors, einstweilige Verfügung
interdiu tagsüber
interdum zuweilen, unterdessen
interĕa unterdessen [gang
interem(p)tio Beseitigung, Untergang
intĕresse dabei-sein, dran gelegen
sein, angehen, zukommen, verschieden sein
intĕrest es ist von Interesse, es
ist ein Unterschied
interfīcĕre töten, auflösen
interfrigescĕre erkalten, einschlafen

interjăcens dazwischenstehend
interjectus dazwischenliegend
intĕrim unterdessen, einstweilen, zuweilen
interīmĕre wegnehmen, töten
interĭor innerer, geheimer
interīre untergehen
interĭtus Untergang
interlĭnĕre korrigieren, ausstreichen
interlocutĭo Zwischenurteil
interlŏqui Zwischenurteil erlassen
intermĭnāri androhen
interminatĭo Androhung
intermĭnus unbegrenzt, unbestimmt
intermiscĕre bei-, einmischen
intermissio Unterbrechung, Nachlassen
intermittĕre unterlassen, unterbrechen, aufhören
intermŏri absterben, aufhören
intermutatĭo Veränderung
interna v. internus
internecīvus Mord- . . .
internoscĕre unterscheiden
internuntĭus Unterhändler, Bote
internus innerlich, innerer
interpellāre ansprechen, angehen, mahnen, vorladen, beantragen, unterbrechen, hindern
interpellatĭo Störung, Klage, Gesuch
interpellātor Störer
interpŏlāre zurichten, zustutzen
interpŏlus aufgeputzt
interpōnĕre dazwischensetzen, -liegen, eintreten, eingehen, begehen, erteilen
interpositĭo Erteilung, Dazwischenstellen
interposĭtus Zwischen- . ., Mittel- . .
interpres Vermittler, Dolmetsch, Erklärer
interprĕtāri auslegen

interpretatĭo Auslegung, Einschränkung
interpretātor Erklärer
interpretĭum Mäklerlohn
interrŏgāre befragen, verhören
interrogatĭo Frage, Stipulationsfrage, Verhör, Untersuchung
interrogātor Frager in jure
interrogatorĭus mit Fragen in jure verbunden
interrogātus = interrogatio
interrumpĕre unter-, abbrechen
interruptĭo Unterbrechung
intertrimentum, intertritūra } Verlust, Schaden
interusurĭum Zwischenzinsen
intervallum Zwischenraum, -zeit
intervĕnīre dazwischenkommen, -treten, eintreten, da sein, zustoßen, verhindern
interventĭo Schuldübernahme
interventor Schuldübernehmer
interventus Dazwischenkunft, Eintritt, Übernahme, Vermittlung
interversĭo Entwendung, Unterschlagung
interversor Unterschlager
intervertĕre wegleiten, entziehen, unterschlagen, übervorteilen
intestabĭlis zeugnis-, testamentsunfähig
intestāto (ab-) v. intestatus
intestātus testamentslos
intestinarĭus Tischler, Drechsler
intestīnus inwendig, innerlich
intexĕre hineinweben, -fügen
intīmāre vortragen, bekanntgeben
intimatĭo Verkündung, Anzeige

intĭmus innerst, vertraulichst
intingĕre eintauchen, benetzen
intolerabĭlis } unerträglich
intolerandus }
intŏnāre widersprechen
intra innerhalb
intrāre eintreten, =dringen
intrepĭdus unerschrocken
intribŭĕre beisteuern
intributĭo Abgabe
intrīcāre verwirren
intrinsĕcus innerlich, im Innern
introdūcĕre einführen, anführen, herbeiführen
introductĭo litis = contestatio litis
introīre eintreten, betreten
introĭtum Heeresabgabe
introĭtus Eingang, Eintrittsgebühr
intromittĕre hineinbringen, anbrin=
introvŏcāre = advocare [gen
intuēri betrachten, berücksichtigen
intuĭtus Betracht, Rücksicht
intus inwendig, drinnen
inultus ungerächt, ungestraft
inumbrāre beschatten, verstecken
inundāre überschwemmen
inundatĭo Überschwemmung
inurĕre einbrennen, eindrücken
inusitātus ungewöhnlich, ungebräuchlich
inustus gekennzeichnet, behaftet
inutĭlis unnütz, untauglich, ungültig; schädlich
inutilĭtas Unverwendbarkeit
invādĕre eindringen, aufkommen, er=
invalescĕre erstarken [greifen
invalĭdus schwach
invasĭo Besitzstörung
invāsor Besitzstörer
invāsus v. invadere

invectus v. invehere
invĕhĕre einbringen, =führen
invendĭtus unverkauft
invĕnīre finden, erfinden, erlangen
inventarĭum Bestandver=
inventor Finder [zeichnis
inventum Erfindung
inverecundus unverschämt
investīgāre aus=, aufspüren, finden
investigatĭo Untersuchung
investigātor Erforscher
inveterātus alt, eingewurzelt
invĭcem wechselweise, einander, da=
invictus unbesiegt [gegen
invĭdēre beneiden, mißgönnen
invidĭa Neid, Haß, Schimpf, Verbot
invidiōsus } gehässig, verhaßt
invĭdus }
invigĭlāre wachen, wachsam sein
invinctus = vinctus
inviolabĭlis unverletzlich
inviolātus unverletzt [rufen
invītāre einladen, auffordern, be=
invitātor Kammerdiener
invītus ungern, wider Willen
invĭus unwegsam
invŏcāre anrufen
invocātor Bittsteller, Anrufender
invŏlāre losstürzen auf, wegnehmen
involūcrum Hülle, Decke, Behältnis
involvĕre einwickeln, bedecken
jocus Scherz
ipse } selbst, unmittelbar, eben
ipsus }
ira(cundĭa) Zorn, Jähzorn
iracundus jähzornig
irātus zornig [gehen
ire gehen, herangehen, antreten, ein=
irenarcha Provinzialpolizeimagi=
irrationabĭlis unvernünftig [strat

irrecusabīlis unweigerlich
irreligiōsus gottlos
irrēpĕre einschleichen
irreprehensus untadelig
irreptor Erschleicher
irrētīre verstricken
irrevĕrens unehrerbietig
irreverentĭa Unehrerbietigkeit
irrevocabīlis unwiderruflich
irrīdēre verlachen, verspotten
irrĭgāre bewässern, berieseln
irrigatĭo Bewässerung
irrigŭus bewässert, bewässernd
irrisĭo Hohn, Spott
irrītāre reizen, erbittern
irrĭtāre ungültig machen
irrītātus Aufreizung, Reizung
irrĭtus ungültig, wertlos
irrŏgāre beschließen, verhängen, auferlegen, zufügen
irrŭĕre einbrechen, -dringen
irrumpĕre einbrechen
irruptĭo Eindringen
is, ea, id der, die, das; er, sie, es; dieser, diese, dieses; derjenige usw.
eo quod deshalb weil
it est das heißt (d. h.)
Isauri Bewohner von Isauria
Isaurĭa Landschaft in Kleinasien
isgĭnum = hysgĭnum
iste dieser, jener
istic da, dort, hier
ita so, dann
Italĭa Italien [Baetica
Italicensis aus Italica in Hispania
Italiciānus Italien betreffend
Italĭcus } italisch
Italĭus }
Itălus Italiener, Italer
ităque und so, daher

item ebenso
iter Weg, Reise, Gehen, Wegerecht, Wasserleitung
itĕrāre wiederholen
iterāto wiederum [gegen
itĕrum wiederholt, wiederum, dagegen
itĭdem gleichfalls [ermächtigen
jubēre befehlen, verordnen, ermächtigen
jucundus angenehm
Judaeus Jude
Judaĭcus jüdisch
judex Richter, Laienrichter, Unter-, Schiedsrichter
judĭcans Beurteiler
judĭcāre richten, entscheiden, verfügen, annehmen
judicatĭo Urteil, Gerichtsbarkeit
judicātus rechtskräftig entschieden
judiciālis gerichtlich, richterlich
judicarĭus Gerichts-..., richterlich
judicĭum Prozeßbeginn, Prozeß, Urteil, Entschluß, Satz, Klage, Gericht, Gerichtsbarkeit, Gerichtsstätte
jugālis Gattin [Gerichtsstätte
jugatĭo } ein Morgen Land, Grundsteuer
jugeratĭo }
jugĕrum ein Morgen Land
jugis beständig, ununterbrochen
jugĭtas Dauer
jugŭlāre erstechen
jŭgum Joch, Gespann, Morgen
Julia s. Abschn. II.
Juliānus I. Kaiser, 360—363 n. Chr. — II. s. Abschn. II.
Julĭus Juli betreffend, nach Cäsar oder Augustus benannt
jumentarĭus vom Zugvieh getrieben
jumentum Zugvieh, Lasttier
Juncianum s. Abschn. II.
junctor Anspanner

junctūra Verbindung, Zusammensetzung, Schmuck, Gespann
junctus v. jungere
jungĕre verbinden
Junia lex s. Abschn. II.
Juniānus auf lex Junia bezüglich
junĭor jünger, Rekrut
Junĭus I. Juni betreffend
— II. s. Abschn. II.
Juno Gemahlin Jupiters
Jupĭter oberster Gott
juramentum Eid
jurāre schwören, beschwören
jurāto unterm Eide
juratorĭus eidlich
jurātus verteidigt
jurgāre zanken, streiten
jurgĭum Zank, Streit, Prozeß
juridĭcus I. Gerichts-...
— II. Bezirksrichter
jurisconsultor } Rechtsgelehrter
jurisconsultus }
jurisdictĭo Rechtsprechung, Gerichtsbarkeit, Ediktsrecht
jurisperĭtus } Rechtsgelehrter
jurisprūdens }
jurisprudentĭa Rechtswissenschaft
jus Recht, Gesetz, Rechtssatz, Rechtswissenschaft, Gericht, Rechtsverhältnis, Anspruch
jusjurandum Eid
jussĭo } Befehl, Ermächtigung
jussum }
jussus v. jubere
Justiniānus Kaiser, 527—565 n. Chr.
Justiniānus novus Rechtsstudent im ersten Jahr (dupondius)
justitĭa Gerechtigkeit
justus gerecht, rechtmäßig, rechtlich recht, richtig
juvāmen Hilfe, Unterstützung
juvāre helfen
juvencus junger Stier
juvenīlis } jugendlich
juvĕnis I. }
— II. Jüngling
Juventianum s. Abschn. II.
juventus Jugend
juxta daneben, neben, nach

K.

Kalendae der Monatserste
kalendarium = calendarium

L.

labāre wanken, Einsturz drohen
labārum Reichskriegsfahne
labefactāre erschüttern, schwächen
labefactatĭo Gefährdung
Labeo s. Abschn. II.
labes Einsturz, Verderben, Seuche, Flecken, Schmach
lābi fallen, herabfallen, verfallen, enteilen, gleiten, fehlen
labĭum Lippe
lābor, ōris, Arbeit, Mühe, Schwierigkeit
labōrāre arbeiten, sich mühen, leiden, in Not sein
laboriōsus mühevoll, arbeitsam
labōrum = labārum
labrum Becken, Wanne
lac Milch
laccarĭus = laquearius
laccus = lacus
Lacedaemon Sparta im Peloponnes
Lacedaemonĭus Spartaner
lacĕrāre zerreißen, verlästern, verderben
laceratĭo Zerfleischen

lacerta Eidechse; Art Seefisch
lacessĕre reizen, auffordern, angreifen
lacrimōsus tränenvoll
lacūna Lücke, Verlust, Schaden
lacūnar, āris getäfelte Decke
lacus Kufe, Tonne; See, Teich
laedĕre verletzen, beschädigen, kränken, beeinträchtigen
Laelius s. Abschn. II.
laesĭo Verletzung, Schaden
laetāri sich freuen
laeti Hörige (auf Staatsland)
laetĭcus auf die laeti bezüglich
laetitĭa Freude, Genuß
Laetoria lex s. Abschn. II.
laevus links
lagēna Flasche
laĭcus Nichtpriester, Laie
lamĭna, lamna } Blech, Münze, Barre
lampadarĭus Fackelträger
lana Wolle
lanātus wollig
lancĕa Lanze
lanĕus wollen
languĕre krank sein
languescĕre ermatten, erkranken
languor Schwäche, Krankheit
laniāre zerreißen, zerschneiden, zerstören
lanificĭum Wollspinnerei
lanifĭcus Wollspinner
lanĭger wolletragend
lanĭo Metzger, Fleischer
lanipendĭa Wollezuwägerin
lanista Gladiatorenfechtmeister
lanistatūra Stand des lanista
lanĭus = lanio
lanx Schüssel, Schale
Laodicēa Stadt in Syrien
Laodicensis, Laodicēnus } aus Laodicea
lapicidīna = lapidicina
lapidarĭus Steinmetz
lapidatĭo Steinregen, Hagelwetter
lapidĕus steinern
lapidicīna Steinbruch
lapillus Steinchen, Edelstein
lapis, ĭdis Stein, Edelstein, Baustein, Steinbau, Grenz-, Meilenstein
lapsus Ablauf, Unklugheit, Versehen
laquearĭus Deckentäfeler
laquĕus Strick, Schlinge, Band
lār Hausgott, Herd
lardum = laridum
Largianum s. Abschn. II.
largīri beschenken, verleihen, zustehen, reichen
largĭtas Freigebigkeit, Gnade
largĭter reichlich
largitĭo = largitas
largitiōnes kaiserliche Kasse
largitionālis I. Staatsschatz betreffend — II. Kassenrendant
largus reichlich, groß
larĭdum Speck, Schweinefleisch
lascivĭa Ausgelassenheit, Scherz
laser, ĕris Saft von silphium (Gewürz)
lassāre ermüden
lassitūdo Müdigkeit
latĕbra Schlupfwinkel
latens verborgen
later Ziegel, Ziegelstein
laterālĭa, laterarĭa } Satteltasche, Reisesack
laterculensis Vorsteher des laterculum
laterculum Ämter- und Würdenrolle
latēre verborgen, unbekannt sein
latibŭlum = latebra

laticlavīus mit breitem Purpurstreif
laticlāvus breiter Purpurstreif
latinītas Stand der Latini
Latīnus I. Latium-, Latein betreffend
— II. Freier, nur mit commercium
latīo = promulgatio
latītāre verborgen sein, sich versteckt halten
latitatīo Verstecken
latitūdo Breite, Umfang
Latīum I. Gegend in Italien
— II. Rechtsstellung der Latini
latomīae = lautumiae
lator = legislator
latrīna Abort
latro Straßenräuber
latrocīnāri Straßenraub treiben
latrocinīum Straßenraub
latrunculātor Kriminalrichter für Straßenraub
latruncūlus = latro
lătus Seite, Teil, Seitenlinie
lātus breit, groß, weit
laudabīlis lobenswert, löblich
laudabilītas Wohllöblichkeit (als Ehrentitel)
laudāre loben
laudātor Lobpreiser
laureātus lorbeergekrönt
laurentes eine Genossenschaft
laus Lob
laute freigebig
lautumīae Steinbrüche
lautus rein, glänzend
lavācrum Bad
lavāre waschen, baden
lavatīo Bad, Badezeug
laxamentum Erleichterung, Nachlassen, Aufschub, Nachsicht
laxāre lösen, erleichtern, gewähren,
laxītas Erleichterung, Freiheit
laxus locker, weit, frei
lectarīus = laquearius
lectīca Sänfte
lecticarīus Sänftenträger
lectīo Lesen, Stelle, Satz
lector Vorleser
lectūlus = lectus
lectum, lectus Bett
lectus v. legere
legālis gesetzmäßig, volljährig
legalīter den Gesetzen gemäß
lēgāre letztwillig verfügen, letztwillig zuwenden
legatarīus Vermächtnisnehmer
legatīo Gesandtschaft
legatīvum Reisegeld der Gesandten
legatum Vermächtnis, letztwillige Verfügung
legatus Gesandter, Statthalter, Vertreter des Statthalters, Legionskommandeur
legĕre lesen, zusammenlesen, sammeln, ausheben
legibīlis lesbar
legīo Legion (10 Kohorten)
legionarīus Legions-...
legis actīo s. actio
legislātor Gesetzgeber, Rechtsgelehrter
legitīmus gesetzmäßig, rechtmäßig, gesetzlich, Gesetzes-...
legūlus Einleser
legūmen Hülsenfrucht, Bohne
lena Kupplerin
lenīre mildern
lenis I. mild, sanft
— II. eine Art Geschirr
lenītas, lenitūdo Milde
leno Kuppler

lenocinīum Kuppelei
lentāre biegen, hinzögern
lentus langsam, spät
leo Löwe
Leo Kaiser 457—474 n. Chr.
Leoniānus nach Leo benannt
leonīnus Löwen=...
leporīnus Hasen=... [Leptis
Leptimagnensis aus dem größern
Leptis zwei Städte in Tripolis
Leptitānus aus Leptis
lessus Geheul, Totenklage
letālis tödlich
lethīfer } todbringend
letīfer }
letum Tod
levāmen Erleichterung [kahnes
levamentarīus Führer eines Leichter=
levamentum = levamen
lĕvāre erheben, erleichtern, befreien, eintreiben
levir* Mannesbruder, Schwager
lĕvis leicht, geringfügig, leichtsinnig
levītas Leichtsinn
lex Gesetz, Rechtssatz, Bestimmung, Wesen, Satz
Libanensis (Provinz) am Libanon
libāre spenden, ausgießen
libella kleine Silbermünze
libellensis Registrator der Eingaben
libellus Buch, Schrift, Denk=, Bittschrift, Gesuch, Klage, [Brief
libens gern
līber Buch, Band, Schrift
līber I, frei, unbelastet
— II. Sohn [würdig
liberālis Freiheits=..., eines Freien
liberalītas Freigebigkeit, Gnade
libĕrāre befreien, freigeben, entlassen, befriedigen
liberatīo Befreiung
libĕre frei [Gewaltunterworfene
libĕri Kinder, Abkömmlinge,
libertas Freiheit, Freilassung
libertinītas Rechtsstellung des libertinus
libertīnus Freigelassener, ihn betreffend
libertus Freigelassener (im Verhältnis zum Herrn)
libet es gefällt, beliebt
libidinōsus wollüstig, frech
libīdo Begehren, Begier, Wollust
libitīna Beruf des libitinarius
libitinarīus Totengräber
libītus Belieben
Libonianum s. Abschn. II
libra Pfund, Wage
librālis ein Pfund schwer [Ebene
libramentum, Gewicht, Gleichheit
librāre wägen, erwägen
librarīus Buchführer, =abschreiber,
libratīo Abwägen [Schreiblehrer
librātor Abwäger
librīpens Wagehalter
Libȳa Teil Afrikas
Libȳcus aus Libyen
licenter beliebig
licentīa Willkür, Macht, Fähigkeit, Erlaubnis, Frechheit
licēre gestattet, möglich sein
licēri bieten, taxieren
licet I. v. licēre
— II. obgleich, immerhin
Licinia lex s. Abschn. II
Licitāni = Lucentini
licītari = licēri
licitatīo Gebot
licīto v. licitus
licītus erlaubt, rechtmäßig

licĭum Gurt, Schürze
lictor Amtsdiener
lictorĭus aus Liktoren bestehend
ligāmen Band, Bewachung
ligāre binden
lignarĭus Tischler
lignĕus hölzern
lignum Holz, Stock
ligo Hacke
ligustĭcum Liebstöckel [Sizilien
Lilybaetanus aus Lilybaeum auf
limāre feilen, ausspinnen
limātus fein
limen Schwelle, Grenze, Anfang
limenarcha Hafenmeister
limes Grenzsteig, Grenze, Linie,
limitanĕus Grenz-... [Weg
limĭtāre begrenzen, bestimmen
limitatensis = limitaneus
limitotrŏphus } zur Verproviantierung der Grenzwachen bestimmt
limitrŏphus
imus Schlamm
linarĭus Leineweber
linĕa Faden, Richtschnur, Linie
lines = linis II.
linĕus leinen
lingua Zunge, Rede, Sprache
linifarĭus = linyfarius
linquĕre verlassen
linteāmen = linteum
lintearĭus I. Leinwand-..., leinen
— II. } Leinweber
lintĕo
lintĕum Leintuch, Decke, Plane
lintĕus leinen
lintrarĭus Kahnführer
linum Lein, Leinfaden, Leinwand
linyfarĭus } Leinweber
linȳfus

lippitūdo Triefäugigkeit
liquāmen Brühe
liquefactus } geschmolzen, flüssig
liquens
Liquentĭa Fluß im Gebiet der Veneter
liquēre klar sein
liquescĕre schmelzen, flüssig werden
liquĭdo offenbar
liquĭdum Gewißheit
liquĭdus flüssig, klar, offenbar
līs Rechtsstreit, Streitgegenstand
litanĭa öffentliches Gebet
litāre opfern, sühnen
litĭgāre vor Gericht streiten
litigātor Prozeßpartei
litigiōsus streitig, prozessua- [lisch
litigĭum = lis
littera; litterae Buchstabe; Schrift, Brief, Reskript, Wissen-
schaften [gehörig
litterarĭus zum Lesen und Schreiben
litteratūra wissenschaftliche Arbeit
litterātus schreibenskundig, schrift-kundig, gebildet, gelehrt
litūra Ausstreichen einer Schrift
liturgus Staatsdiener, Subaltern-
litus Meeresküste [beamter
litŭus Krummhorn, Zinke
livor Mißgunst, Neid
lixa Marketender
loca v. locus
locālis örtlich, Orts-... [dingen
locāre vermieden, verpachten, ver-
locatĭo conductio Miet-, Pacht-, Dienstvertrag
locātor Vermieter, Verpächter, Besteller
locātum = locatio
locŭlus Schränkchen, Kästchen
locŭples besitzend, reich

locuplētāre bereichern
locus Ort, Stelle, Gegend, Ortschaft, Stück, Land, Anstalt, Stellung, Lage
— est edicto hier kommt das E. zur
locutio = elocutio [Anwendung
locarium kleine Rechnung
logista Stadtkämmerer
logogrāphus Rechnungsführer
logothēta Rechnungsrevisor
lolium Lolch, Trespe
longaevus hochbejahrt, langjährig, langwierig
longinquitas Länge, Weite
longinquo v. longinquus
longinquus weit, weitentfernt, lang
longitūdo Länge
longus lang, weit, weitläufig, groß
loqui reden, bestimmen
lorica Panzer
loricatio Über-, Verkleidung
lorum Riemen, Peitsche, Zügel
lotus v. lavare
lubricum schlüpfrige Stelle, Unsicherheit, Oberflächlichkeit
Lucania Landschaft in Unteritalien
lucellum geringer Gewinn
Lucentinus aus Lucentum in Hispania citerior
lucerna Lampe
lucia = lycium
lucidus hell, klar [Chr.
Lucius Kaiser Verus, 161—169 n.
lucrāri Gewinn suchen, gewinnen
lucrativus gewinnreich
lucrifăcĕre gewinnen
lucrōsus gewinnbringend
lucrum Gewinn
luctāmen Ringkampf, Kampf
luctāri ringen
luctuōsus traurig, betrübt
luctus Trauer
lucubratio Nachtarbeit
luculentus lichtvoll, hell
lucus Hain
lucusta Heuschrecke
lūdĕre spielen, spotten
ludibriōsus spöttisch, zum Gespött
ludibrium Spiel, Spott, Schande
ludicrus zur Kurzweil dienend
ludificāre verspotten, foppen
ludificatio Aufziehen, Foppen
ludificatorius zum Spott dienend
ludus Spiel, Schauspiel, Schule
luĕre büßen, bezahlen, einlösen
lues Seuche, Verderben
Lugdunensis aus Lugdūnum in Gallien
lugēre trauern, beklagen
lugūbris traurig, Trauer-...
luitio Bezahlung, Einlösung
lumen Licht, Leuchte, Fenster, Auge,
luminār(e) Kerze, Lampe [Glanz
lunaticus mondsüchtig
lupānar } Bordell
lupanarium } Bordell
lupinus Wolfsbohne, Lupine
lupus Wolf
luscitio Tagblindheit
luscus einäugig
Lusitania Portugal
Lusitānus Bewohner von Lusitania
lusor Spieler, Spötter
lusoriae Kreuzer, Schnellfahrer
lusorie zum Schein, hinterlistig
lusorius spielend, scherzhaft
lustrālis jedes lustrum stattfindend
lustramentum Reinigungs-, Reizmittel
lustrāre reinigen, schmücken

lustrum Zeitraum von fünf Jahren, Sühneopfer
lusus Spiel, Scherz, Spott
lutulentus schmutzig
lutum Kot
lux Licht, Tag, Leben
luxurĭa } Fülle, Verschwendung,
luxurĭes } Ausschweifung
luxuriōsus verschwenderisch
luxus = luxuria
Lybĭa = Libya
Lycaonĭa Landschaft in Kleinasien
lychnus Lampe
Lycĭa Landschaft in Kleinasien
lycĭum Arzneisaft lycischer Sträucher
Lycĭus lycisch, Lycier
Lydĭa Landschaft in Kleinasien
lympharĭus = linteo
lytae Rechtsstudenten im vierten Studienjahr

M.

Macedonĭa Landschaft in Griechenland
Macedonianum s. Abschn. II.
Macedoniānus I. das SC Macedonianum betreffend
— II. Sektierer
Macedonĭcus aus Mazedonien
macĕrāre entkräften, schwächen
maceratūra Einweichen, Wässern
macerĭa Umgehung, Mauer
machĭna Maschine, List
machinamentum Werkzeug, Ränke, List
machĭnāri im Schilde führen gegen
machinarĭus Maschinen-...
machinatĭo Kunstgriff, List
machinātor Urheber, Anstifter
macĭes Magerkeit, Dürftigkeit
mactāre schlachten, opfern, hinrichten
macŭla Flecken, Schandfleck
macŭlāre beflecken, entehren
maculōsus befleckt, schmachvoll
madefactus durchnäßt
madĕfiĕri naß werden
madēre naß sein
madescĕre = madefieri
Maenaenum = Moenoenum
maeniānum Vorbau, Erker, Altan
maeror Trauer
maestus traurig
magĭca Zauberkunst
magĭcus zauberisch
magis I. mehr, desto mehr, vielmehr
— II. Schüssel
magister Vorsteher, Führer, Aufseher, Lehrer, Lehrmeister
magisterĭa Würde eines magister
magisteriānus Diener des magister officiorum
magisterĭum Amt des magister
magisterĭus den magister betreffend
magistra v. magister
magistratĭo Unterricht, Schule
magistrātus Amt, Behörde, Beamter
magistriānus = magisterianus
magnanimĭtas Großmütigkeit
magnifăcĕre hochschätzen
magnificentĭa Hochherzigkeit, Pracht, Titel
magnifĭcus glänzend, prächtig
magnitūdo Größe, Hoheit
magnopĕre sehr
magnus groß, hoch, weit, voll, bedeutend, alt, Groß-...
magus Zauberer
majestas Hoheit, Majestät
major v. magnus
majorĭnus größer gestaltet
majūma Fischerstechen
Majus Mai betreffend
mala Kinnlade, Wange

malabăthrum Baum, der Salböl liefert
male übel, schlimm
maledīcĕre schelten, schmähen
maledictum Schmähwort
maleficĭum Übeltat, Vergehen, Zauber
malefĭcus unrecht tun, gottlos
malevŏlus übelwollend, gehässig
malignĭtas Bosheit
malignus boshaft, böse, neidisch
malĭtas Übel
malitĭa Bosheit, Schlechtigkeit
malitiōsus boshaft, schlecht
malle lieber wollen, wollen
malleātus geklopft, geschlagen
mallĕus Hammer, Schlägel
malum Übel, Untat
mălus schlecht, verderblich, unglücklich
mālus Mastbaum
mam(m)illa Brust
mam(m)illāre Busen-, Brusttuch
mānāre fließen, entstehen
manceps Käufer, Pächter, Staatspost-, Staatsbäckereiaufseher
mancĭpāre übereignen, fassen, übergeben, ausstatten, widmen
mancipatĭo Übereignung durch Scheinkauf
mancipātus Pacht, Amt des manceps
mancĭpi zur mancipatio geeignet
mancipĭum förmliche Übereignung, Stellung des Übereigneten, Sklave
mancus verstümmelt
mandāre auftragen, befehlen, anvertrauen, bevollmächtigen
mandatēla Auftrag, Treuhand
mandatĭo Auftrag
mandātor Auftraggeber, Anstifter
mandatorĭus den Auftraggeber betreffend
mandātu v. mandatum
mandātum Auftrag
mandragŏras Alraun
mandūcāre kauen, essen
māne frühmorgens
mănēre bleiben, verbleiben, fortdauern, bevorstehen
mānes Seelen der Verstorbenen
mango Sklavenhändler
manĭca Ärmel, Handschelle
Manichaei eine Sekte (3. Jhd. n. Chr.)
Manichaĭcus auf die Manichäer bezüglich
manifestāre offenbaren, klären
manifestarĭus offenbar
manifestatĭo Kundgebung, Darstellung
manifesto v. manifestus
manifestus offenbar, ertappt
Manilius s. Abschn. II.
manipularĭus gemeiner Soldat
mansĭo Aufenthalt, Rastort, Nachtlager, Beilager
— mala Folterbank
mansĭtāre sich aufhalten
mansuefactus gezähmt
mansuetūdo Milde, Gnade, Titel
mansuētus gezähmt, sanft, mild
manuāle Handbuch
manuarĭus Hand- . . .
manubĭae Beutegeld, Beute, Raub
manucaptus = manu captus
manucoeptus = manu coeptus
manufactus = manu factus
manumissio Freilassung
manumissor Freilasser
manumittĕre freilassen, aus der väterlichen Gewalt u. a. entlassen
manupretĭum Arbeits-, Macherlohn

manus Hand, Handarbeit, Handschrift, Tätlichkeit, Macht, Eigenmacht, Schar, Gewalt
mappa Tuch, Mundtuch
Marcelliāni eine Sekte
Marcellus s. Abschn. II.
marcēre matt, welk sein
Marcia lex s. Abschn. II.
Marcianistae } eine Sekte
Marcionistae }
Marcianus s. Abschn. II.
Marcus (Aurelius) Kaiser, 161 bis 180 n. Chr.
mare Meer
margarīta } Perle
margarītum }
margo Rand
marīnus Meeres=...
maritālis ehelich
marītāre verheiraten
maritīmus Meeres=..., See=...
marītus Gatte
marmor Marmor, =werk
marmorarīus Bildhauer
marmorēus marmorn
Marōci Volk in Afrika
Mars Kriegsgott, Entscheidung, Ausgang
Martiālis dem Mars geweiht
Martīus dem Mars heilig, März
martyr Blutzeuge
martȳres Reliquien
martyrīum Martyrergrab
Martyropōlis Stadt in Armenien
Martyropolitānus aus Martyropolis
mas Mann, Männchen
masculīnus männlich
mascūlus = mas
massa Masse, Klumpen, Haufe
mastigophōrus Büttel
māter* Mutter
materfamilīas Hausmutter, Hausfrau
materīa Grundstoff, Stoff, Eigenschaften
materīes = materia
maternus mütterlich
matertēra* Mutterschwester
— magna* Großmutterschwester
mathematīcus I. Sterndeuterei betreffend
— II. Sterndeuter
matricarīus Feuerwehrmann
matricūla Verzeichnis, Liste
matrimonīum Ehe
matrix Haupt=, Speiserohr
matrōna ehrwürdige Frau
matronālis matronenhaft
matruēlis* Mutterbruderkind
matūla Geschirr, Topf
matūrāre beschleunigen, zur Reife bringen
maturītas Reife, Vollendung, Beschleunigung
matūrus reif, zeitig, frühzeitig, schleunigung
matutīnus morgendlich
Mauricianus s. Abschn. II.
Mauritanīa Landschaft in Afrika
Maurus Bewohner von Mauritanien
maxilla Kinnbacken
maxīme am meisten, besonders, durchaus, gerade
maxīmus v. magnus
Maxīmus I. Paulus Fabius, Konsul, 11 v. Chr.
— II. Kaiser, 383—388 n. Chr.
meātus Gehen, Gang, Röhre
mechanīcus Maschinenbauer
mēcum = cum me
medēla Heilung, Heilmittel
medēri heilen, helfen
mediānum Mittelstück, Mitte
mediastīnus I. = medius
— II. Handlanger (Sklave)
mediātor Mittelsperson, Vermittler

medīca v. medicus
medicāmen Heil=, Arzneimittel
medicamentarĭus Giftmischer
medicamentum Arznei
medicīna Heilkunst, =mittel, Mittel
medĭcus I. dienlich, heilend
— II. Arzt
medĭe mittelmäßig, ziemlich
mediĕtas Mitte, Hälfte, Mittelweg
mediŏcris mittelmäßig, gering
mediocrĭtas Mittelmäßigkeit, Kleinheit, Mittelmaß, Maß
Mediolānum Mailand
medĭtāri denken
meditatĭo Nachdenken, Übung
meditātus durchdacht, überlegt
mediterranĕus binnenländisch
medĭus mitten, mittler, halb, unentschieden, mittelmäßig
medogrammatĕus = demogrammateus
mel Honig
Mela, Fabius s. Abschn. II.
melancholĭcus schwermütig
melĭnum Quittensalbe, =farbe
melĭor besser
meliōrāre bessern, aufbessern
melioratĭo Verbesserung
melloproximātus Würde des melloproximus
melloproxĭmus Anwärter auf den proximatus scriniorum
membrāna Häutchen, Pergament
membranĕus pergamenten
membranŭla Schriftstück
membrum Glied, Teil, Mitglied
memĭnisse sich erinnern, erwähnen
memor eingedenk
memorabĭlis denkwürdig
memŏrāre erwähnen
memorātus oben erwähnt
memorĭa Gedächtnis, Erinnerung
memoriālis I. denkwürdig
— II. Kanzleibeamter
Menaenum = Moenoenum
Menander s. Abschn. II.
mendacĭum Lüge
mendax lügnerisch
mendīcāre betteln
mendicĭtas Bettelei
mendum Fehler
meniānum = maenianum
mens Sinn, Sinnesart Herz, Geist, Verstand, Meinung
mensa Tisch, Tafel, Bank
Mensia s. Abschn. II.
mensis Monat
mensor Abmesser, Abstecker, Quartiermeister
menstrŭum Monatsunterhalt, =sold
menstrŭus monatlich, Monats=...
mensularĭus Wechsler
mensūra Messung, Maß, Umfang, Größe
mentĭo Erwähnung
mentīri lügen
mercālis käuflich
mercāri kaufen, handeln
mercatĭo Handel, Angebot
mercātor Käufer, Händler, Kaufmann
mercatūra Handel
mercātus Handel, Messe
mercedŭla geringer Lohn
mercennarĭus I. gemietet
— II. Mietling, Tagelöhner
merces Verdienst, Lohn, Preis, Zins
mercimonĭum Warenhandel
merens würdig, wert
merēre, merēri verdienen, wert sein, erwerben, dienen (als Soldat)
meretricĭus Dirnen=...
merĕtrix Dirne
mergĕre versenken

meridiānus Mittags-...
meridĭes Mittag
merĭto verdientermaßen, mit Recht
meritorĭum Mietlokal
merĭtum Verdienst, Lohn, Preis, Wert, Wichtigkeit, Würde, Würdigkeit, Wohltat
merĭtus wohlverdient
mĕrum unvermischter Wein
mĕrus rein
merx Ware
mesonauta mittleres Schiffsamt
Mesopotamĭa Land zwischen Euphrat und Tigris
Messaliāni eine Sekte
messis Ernte, Ernten
Messius s. Abschn. II.
messorĭus Ernte-...
mēta Spitzsäule, Ziel, Grenze, Kegel
metallarĭus Bergarbeiter
metallĭcus I. Bergwerks-...
— II. Bergarbeiter
metallum Metall, Bergwerk
metatĭo Abmessung, Einquartieren
metātor Quartiermeister
metātum Quartier
metaxa rohe Seide
metaxarĭus Seidenhändler
meticulōsus furchtsam
metīri messen, abmessen, ermessen, zuteilen
metoecus Schutzgenosse
metrēta Maß, Tonne (39 ⅓ l)
metrocomĭa Mutterort
metroĭcus = metoecus
metropŏlis Mutter-, Hauptstadt
metropolīta } Erzbischof
metropolitānus I. } Erzbischof
— II. Hauptstadt betreffend
metuĕre fürchten
metus Furcht
meum mein Eigen
meus mein
migrāre wandern, ausziehen, schreiten
mihi v. ego
miles, ĭtis Soldat, Beamter
Milesĭus aus Milet in Jonien
miliarĭum I. Warmwassergefäß
— II. Meilenstein
milĭes tausendmal
milĭtāre dienen, Kriegsdienste leisten, Amt bekleiden
militāris militärisch, Soldat
aes militare Sold
militĭa Kriegsdienst, Beamtenstellung
milĭum Hirse
mille tausend
millēni je tausend
millesĭmus tausendster
milliarĭum = miliarium II.
millĭes = milies
mimus Kunsttänzer, Schauspieler
minae Drohungen
mināre treiben
mināri drohen
minax drohend
Minerva = Pallas Athene
Minicia lex s. Abschn. II.
minicularĭus = minuscularius
minĭme ganz und gar nicht
minĭmus kleinst, geringst
minister Diener, Gehilfe, Helfershelfer
ministeriālis } Kammerdiener
ministeriānus } Kammerdiener
ministerĭum Dienst, Bedienung, Dienstleistung, Amt, Pflicht, Hilfe, Gebrauch, Geschirr
ministrāre dienen, reichen
ministrātor Bedienter, Aufwärter
minitāri drohen

minor kleiner, weniger, jünger, minderjährig
minōrāre vermindern
Minturnae Stadt in Latium
minŭĕre vermindern, verkleinern, herabsetzen
minus weniger, geringer, nicht genügend
minuscularĭus I. Steuer-, Einzelpächter
— II. } etwas klein, sehr klein
minuscŭlus
minutātim stückweise, nach und nach
minutĭa Kleinheit, Kleinigkeit
minutĭo Verringerung, Veränderung
Minutius s. Abschn. II.
minutŭlus ganz klein, sehr klein
minūtus v. minuere
mirabĭlis wunderbar, außerordentlich
mirandus bewundernswert
mirāri sich wundern, bewundern
mirus wunderbar, erstaunlich
miscellus gemischt, vermischt
miscēre mischen, vermischen, vermengen, sich einmischen, sich binden
miser elend, arm, traurig
miserabĭlis } beklagenswert
miserandus
miseratĭo Mitleid, Bedauern, Klagen
miserĭa Elend, Not, Unglück
misericordĭa Barmherzigkeit, Mitleid
miserĭcors mitleidig
missa Erlassen, Messe
missibĭle Wurfgeschoß, -spieß
missilĭa ausgeworfenes Geld
missĭo Einsetzen, Entlassung
mitescĕre sich beruhigen
mitĭgāre besänftigen
mitis sanft, mild
mitra Kopfbinde, Haube
mittendarĭus Sendbote
mittĕre schicken, verweisen, senden, werfen, legen, lassen, entlassen, lösen
mixtūra Mischung, Vermischung
mixtus v. miscere
mobĭlis beweglich
mobilĭtas Beweglichkeit, Flattersinn
moderāmen Leistung, Bestimmung, Mäßigung
modĕrāre } regulieren, einrichten
modĕrāri } Maß halten, mäßigen
moderatĭo Milderung, Schutz, Gnade
moderātor Lenker, Leiter
moderātus gemäßigt, mäßig
modestĭa Bescheidenheit
Modestinus s. Abschn. II.
modestus bescheiden, züchtig
modiatĭo Messen nach Scheffeln
modĭcus mäßig, bescheiden, gering
modiŏlus Gemäß, Kanne
modĭus Scheffel ($8 \frac{3}{4}$ l) [jetzt
modo nur, wenn nur, wofern nur,
modŭlus Maß, Maßrohr
modus Maß, Umfang, Größe, Höhe, Betrag, Grenze, Mäßigung, Verhältnis, Auflage
moecha Ehebrecherin
moenĭa (Stadt- u. a.) Mauern
moeniānum = maenianum
Moenoenum Kastell in Palästina
moeror = maeror
Moesĭa Gegend an der Donau
moestus = maestus
mola Mühle
molendarĭus Mühl- . . .
mŏlĕre mahlen
mōles Masse, Last, Bau, Damm, Wehr
molestāre belästigen, belasten
moleste ungern
molestĭa Beschwerde
molestus lästig

molīmen Anstrengung, Unterneh-
mung [aufführen
molīri sich bemühen, unternehmen,
molitĭo Unternehmung, List
molītor Müller
molītus v. moliri [lichen
mollīre erweichen, mildern, verweich-
mollis weich, zart, mild
mollĭter verweichlicht
momentanĕus } augenblicklich
momentarĭus }
momentum Ausschlag, Gewicht, Be-
deutung, Punkt, Augenblick, Gegen-
monăcha Nonne [wart
monachĭcus Kloster- ...
monachĭum Kloster
monăchus Mönch
monasterĭum Kloster
monastĭcus Kloster- ...
monastrĭa Nonne
monăzon Mönch [klagen
monēre erinnern, mahnen, ver-
monēta Münzort, Münze,
Münzen, Geldstück
monetālis Münz- ...
monetarĭus Münzer
monīle Halsband, -kette
monitĭo Ermahnung, Warnung
monĭtor Aufseher, Steuerbote
monitorĭus warnend
monĭtus Erinnerung, Anzeichen
monobŏlon Springspiel
monocontĭa Waffe
monopolĭum Alleinverkauf
monozon = monazon
mons Berg
monstrāre zeigen, beweisen
monstrōsus seltsam, unnatürlich
monstrum Unnatur, Wider-
natürliches

monstruōsus = monstrosus
Montanistae eine Sekte
Montenses = Donatistae
monumentum Denkmal, Ur-
kunde [schub, Pause
mora Verzögerung, Verzug, Auf-
morāri verzögern, aufhalten, hin-
dern, verweilen [zugs- ...
moratorĭus aufschiebend, Ver-
morbōsus krank, siech
morbus Krankheit
mordēre beißen
mori sterben, absterben, erlöschen
morĭo Tor, Narr
morōsus mürrisch, launisch
mors Tod, Erlöschen, Untergang
morsus Biß, Schmerz, Kränkung
mortālis sterblich, vergänglich, Er-
löschungs- ...
mortalĭtas Sterblichkeit
mortĭfĕr(us) tödlich
mortŭus tot
mos Gebrauch, Herkommen,
Sitte, Gewohnheit, Betragen,
Charakter, Art und Weise, Regel
motĭo Entfernung, Ausschluß, List
motus Bewegung, Erregung, Ge-
mütsbewegung, Antrieb, Belangen
movens bewegend, beweglich
movēre bewegen, erschüttern, ent-
fernen, wegschaffen; beunruhigen,
erregen, unternehmen, veranlassen
mox bald
mucĭdus schimmelig
Mucius s. Abschn. II.
mucor, ōris Schimmel, Kahm
mula v. mulus
mulcta = multa
mulctāre = multare
mulctatĭo = multa

mulctaticĭus = multaticius
mulĭĕbris weiblich
mulĭer Weib, Frau
muliercŭla Weibchen, Weibsbild
mulierculārĭus Weiberfreund
mulĭo, ōnis Maultiertreiber
mulomedĭcus (Maul=)Tierarzt
mulsum Honigwein
multa Strafe
multāre strafen
multatĭo = multa
multaticĭus Straf= . . .
multifarĭam vielfältig
multimŏdus mannigfach
multiplex, ĭcis vielfach
multiplĭcāre vervielfältigen
multiplicatĭo Vermehrung
multitūdo, ĭnis Menge
multo v. multus
multotĭens vielmals
multum vielfach, sehr, lange
multus viel, groß
mulus Maultier
mundānus weltlich
mundāre reinigen
mundum Reinschrift
mundus I. rein, sauber, zierlich
— II. Schmuck, Toilettenstück, Gerät; Weltall, Welt
munĕrāre } schenken,
munĕrāri } beschenken [kampfes
munerarĭus Veranstalter eines Wett=
muneratĭo Schenkung
munĭa Geschäft, Pflichten, Rechte
munĭceps Bürger eines municipium
municipālis I. Munizipal= . . .
— II. Ratsherr
municipĭum Stadt mit römischem Bürgerrecht
munĭfex, ĭcis diensttuend, Soldat
munificentĭa Mildtätigkeit
munificĭum Steuerpflicht
munifĭcus I. freigebig, mildtätig
— II. diensttuend, steuerpflichtig
munīmen } Schutzmittel,
munimentum } Schutz, [schützen
munīre befestigen, verwahren, bedecken
munis = munificus II.
munitĭo Befestigung, Schutzmittel,
munītus befestigt, sicher [Schutz
munus, ĕris Dienst, Amt, Pflicht, Abgabe, Geschenk, Fest
munusculārĭus = minuscularius
munuscŭlum kleines Geschenk
mura = murra
murālis Mauer= . . .
murex, ĭcis Purpurschnecke
murĭa Salzlake
murilegŭlus Purpurschneckenfischer
murr(h)a kostbarer Stein
murrĕus } aus murra bestehend
murrīnus }
murus Mauer, Schutz
mus Maus
musarĭus Mosaikarbeiter
musĭcus musikalisch
musivarĭus = musarius
mustum Most
mutabĭlis veränderlich
mutāre verändern, ändern
mutatĭo Veränderung, Umstand, Pferdewechsel
mutatio militiae Degradation
mutatūra Umlage
mutescĕre verstummen
mutĭlāre verstümmeln, verkürzen, schwächen, verwüsten
mutĭlus verstümmelt
Mutĭna Stadt in Gallia cisalpīna

Mutinensis aus Mutĭna
mutŭāre } leihen, borgen, entlehnen
mutŭāri }
mutuatĭo Entlehnung
mutŭo gegenseitig, dagegen
mutus stumm
mutŭum Darlehen
mutŭus geborgt, wechselseitig, gegen=
myops kurzsichtig [seitig
myrrha wohlriechende Pflanze, Harz
Mysĭa Landschaft in Kleinasien
Mysiăcus aus Mysia
mysterĭum Geheimnis, Gottesdienst

N.

naevus Fleck, Schande
nam } denn, nämlich
namque }
nancīri } erlangen, bekommen
nancisci }
Napocensis aus Napŏca in Dacien
napus Steckrübe
Narbonensis aus Narbo in Gallien
nardum Narde, Nardenbalsam
narratĭo Erzählung, Vortrag
nasci geboren werden, entstehen, sich erheben
Nasĭca, C. s. Abschn. II.
nassa Fischreuse
natāles Geburt, Stand, Herkunft
natalicĭus } Geburtstags=, Gründungs=...
natālis }
natātus Schwimmen
natĭo Volksstamm
nativĭtas Geburt [lich
natīvus geboren, angeboren, natür=
natūra Natur, Wesen, Naturordnung, Welt, Kreis der Dinge, Verhältnis, Naturrecht

naturālis leiblich, natürlich, unehelich, naturrechtlich, wirklich
natus geboren, geboren zu
nauarchĭa Schiffahrtsbetrieb
nauarchus Schiffskapitän
naucella = navicula
nauclērus Schiffsherr, =patron
naufragĭum Schiffbruch, Wrack, Strandgut
naufrăgus schiffbrüchig
naulum Schiffslohn, Fährgeld
naupēgus Schiffszimmermann
nauta Schiffer, Seemann, Matrose, Reeder
nautĭcus Schiffs=..., Schiffer=...
navāle Schiffswerft, Docks
navālis Schiffs=...
navarchĭa = nauarchia
navarchus = nauarchus
navāre betreiben
navicella = navicula
navicŭla Schiffchen, Boot
naviculāris Schiffahrts=...
navicularĭus I. Schiff=...
— II. Schiffsherr, =führer
navigabĭlis schiffbar
navĭgāre befahren, schiffen
navigatĭo Schiffahrt
navigĭum Schiffahrt, Schiff
navis Schiff
navĭta = nauta
navĭter eifrig, ganz und gar
nē nicht, nicht mal, damit nicht, daß
nĕ ob (Fragepartikel) [nicht
nebŭlae Unbestimmtheit, Weitschweifigkeit
nec und nicht, auch nicht, nicht
necāre töten
necdum und noch nicht

necessarius notwendig, nötig, unweigerlich; verwandt
necesse nötig
necessitas Unvermeidlichkeit, Notwendigkeit, Müssen, Not
necessitudo Notwendigkeit, Verwandt- oder Schwägerschaft
necne oder nicht
necnon und auch, und doch
nectere knüpfen, verbinden, verpflichten, verpfänden, herbeiführen
nefandus gottlos, schändlich
nefarius gottlos, verrucht
nefas Unrecht, Frevel
nefastus geschlossen, verboten
negare verneinen, leugnen, verweigern, verbieten
negatio Leugnen
negativus, negatorius verneinend, leugnend, Freiheits-...
Negidius Name für Beklagten
neglectus Vernachlässigung
neglegens nachlässig
neglegentia Unachtsamkeit, Fahrlässigkeit, Nachlässigkeit
neglegere außer Acht lassen, vernachlässigen, versäumen, hintansetzen, übergehen
negotiari Geschäfte, Handel treiben
negotiatio Erwerbs-, Handelsgeschäft
negotiator Gewerbetreibender, Kaufmann, Geschäftsführer
negotiatrix Handelsfrau
negotiosus geschäftig
negotium Geschäft, Rechtsgeschäft, Rechtssache, Prozeß, Handelsgeschäft, Handel
nema Fäden, Gespinst
nemesiaci Wahrsager
nemo niemand, kein
nempe freilich, nämlich
Neocaesarea Stadt in Kappadocien
nepos* Enkel
neptis* Enkelin
nequam nichtswürdig, unbrauchbar
nequaquam ganz und gar nicht
neque = nec
nequire nicht können, dürfen
nequissimus v. nequam
nequitia Schlechtigkeit
Neratius s. Abschn. II.
nere spinnen
Nero Kaiser, 54—68 n. Chr.
Neronianum s. Abschn. II.
Neronianus nach Nero benannt
Nerva I. Kaiser, 96—98 n. Chr.
— II. s. Abschn. II.
nervus Nerv, Hauptsache
nesciens unwissend, unkundig
nescire nicht wissen
nescius = nesciens
Nestorius Sektierer
netus v. nere
neuter keiner von beiden
neutiquam keineswegs
neve und daß nicht
nex Tod, Verderben, Schaden
nexum Formgeschäft (per aes et liberam), Darlehnsgeschäft
nexus I. Schuldner
— II. Band, Verbindlichkeit
ni wenn nicht
Nicaeensis, Nicaenus aus Nicaea in Bithynien
Nicensis = Nicaeensis
Nicomedensis aus Nicomedia
Nicomedia Stadt in Bithynien

Nicopŏlis Städte im Orient
nicostratēgus = nyctostrategus
nidor Dampf, Wohlgeruch
nidus Nest
niger schwarz
Nigidĭus = Negidius
nihil nichts, nicht
nihilomăgis ebensowenig
nihilomĭnus trotzdem, ebensosehr
nihilosetĭus nichtsdestoweniger
nihĭlum = nihil
Nilotĭcus Nil= . . .
Nilus Nil in Ägypten
nimiĕtas Übermaß
nimĭrum unstreitig, freilich
nimis / nimĭum } zu sehr, zuviel, allzu
nimĭus zugroß, zusehr, zuviel, sehr groß
Niphānus aus einer bestimmten Gegend Italiens
nisi wenn nicht, außer
Nisĭbis Stadt in Mesopotamien
nisus Anstrengung
nitēre glänzen
niti sich anstrengen, sich mühen, ankämpfen, sich stützen
nitor Glanz
nivarĭus Schnee= . . .
nivarĭum colum Schneefilter, Weinkühler
nives Schneemassen
nix Schnee
nobĭlis bekannt, berühmt, edel
nobilissĭmus Titel
nobilĭtāre adeln
nobilĭtas Ruhm, Vortrefflichkeit
nocens schädlich, schuldig
nocēre schaden, schädigen, hindern
noctu nachts
nocturnus nächtlich
nodōsus knotig
nodus Knoten, Schwierigkeit
nolle nicht wollen
nomen, ĭnis **Name**, Person, Geschlecht, Stand, Vermögen, **Forderung**, Schuldverhältnis, **Vorwand**
nomenclātor / nomenculātor } Namennenner
nomĭnāre nennen, benennen, bezeichnen, **wählen**, verkündigen, **anklagen**
nominātim namentlich
nominatĭo Benennung, Ernennung, Wahl
nominātor Wähler, Ernenner
nominatorĭus Namens= . . .
nomisma = numisma
non nicht, gar nicht, nicht nur, noch nicht
Nonae der Fünfte, bzhgsw. Siebente des Monats
nonaginta neunzig
nondum noch nicht
nongenti neunhundert
nonnĭhil etwas
nonnisi nur
nonnullus einer, irgend einer
nonnumquam manchmal
norma Regel, Maß, Höhe
nos wir
noscēre kennen lernen
nosmet(ipsi) wir selbst
noscocomĭum Krankenhaus, Hospital
noscocŏmus Krankenpfleger
nosse = novisse
noster unter
nota Merkmal, Zeichen, Siegel, Schrift, **Anmerkung**, Brandmal, **Schandfleck**, Schimpf
notabĭlis auffallend, berüchtigt
notabilĭter zur Schande

notāre bezeichnen, anmerken, tadeln, infamieren
notarĭus Schnellschreiber, Sekretär
notatĭo Bemerkung, Mahnung
notĭo Kenntnis, Kenntnisnahme, Untersuchung
notitĭa Bekanntschaft, Kenntnis, Verzeichnis
notorĭa, notorĭum } Anzeige, Denunziation
notus bekannt
novāle, novālis } Jungland, Brachland
novāre erneuern, verändern, umwandeln (novieren)
Novatiāni eine Sekte
novatĭo Umwandlung einer Forderung in eine neue
novellētum, novellum } Baumschule, Pflanzschule
novellus neu, jung
novem neun
November November betreffend
noverca* Stiefmutter
novercālis stiefmütterlich
novicĭus Neuling
novisse kennen, wissen
novissĭme ganz kürzlich, endlich
novĭtas Neuheit, Unerfahrenheit Gegenwart
novĭter ungewöhnlich
novus neu, jung, ungewöhnlich, unerhört
nox Nacht
noxa Schaden, Verschulden, Schuld, Schadensersatz
noxālis Schadens=..., Schadensersatz
noxĭa = noxa
noxĭus schädlich, schädigend, schuldig
nubĕre sich verheiraten (als Frau), sich preisgeben
nubes Wolke, Dunkelheit, Unklarheit
nubĭlis mannbar, heiratsfähig
nuclĕus Kern
nudāre entblößen, entkleiden, enthüllen, berauben
nudĭtas Blöße, Mangel
nudus bloß, arm, nackt, mittellos, ohne
nugatorĭus läppisch, nichtig
nullatĕnus auf keinen Fall
nullus kein, niemand, nicht vorhanden, nichtig
num ob
Numa Pompilĭus zweiter römischer König
Numantīnus aus Numantia in Spanien
numen, ĭnis Gottheit, Majestät
numĕrāre zählen, rechnen, zahlen
numerarĭus Rechnungsführer
numeratĭo Zahlung
numerātor, ōris Zähler
numerātus I. in Geld berechnet
— II. Amt des numerarius
Numerĭus s. Negidius
numerosĭtas große Anzahl
numerōsus zahlreich
numĕrus Zahl, Menge, Abteilung, Rang, Stelle, Verzeichnis
Numĭda Bewohner von Numidien
Numidĭa Landschaft in Afrika
numisma Münze, Geld
nummarĭus Geld=..., käuflich
nummularĭus I. Wechsel=...
— II. Geldwechsler
nummŭlus etwas Geld, Geld
nummus Münze, Geldstück, Geld
numquam niemals
numquid ob etwa
nunc jetzt, nun
nuncĭāre = nuntiare

nunciatio = nuntiato
nunciātor = nuntiator
nuncius = nuntius
nuncŭpāre vor Zeugen benennen, -erklären, zum Erben einsetzen, bezeugen
nuncupatio (mündliche) Testamentserrichtung
nundinae Markttag, Markt, Marktrecht, Reisekosten, Unterschlagung, Erkaufen
nundināri handeln, schachern, sich erkaufen lassen
nundinatio Handel, Marktpreis, Bestechung Unterschlagung
nunquam = numquam
nuntiāre melden, anzeigen, ankündigen, verbieten
nuntiatio Verkündung, Anzeige
nuntiātor Bote, Angeber
nuntius Bote, Angeber, Nachricht, Befehl, Scheidebrief
nuper kürzlich
nuperrimus eben geschehen
nupĕrus neulich, neu
nupta Braut, Neuvermählte
nuptalicius hochzeitlich
nuptiae Hochzeit, Ehe
nuptiālis Hochzeits- . . .
nuptus = nuptiae
nurus* Schwiegertochter
nusquam nirgends
nutāre nicken, wanken, wackeln
nutricia } Ammenlohn
nutricium }
nutrimentum Nahrung
nutrire säugen, nähren, mehren
nutritor Ernährer
nutrix Amme
nutus Nicken, Wink, Verlangen
nux Nuß
nyctostratēgus Präfekt der Nachtpolizei
nymphaeum Springbrunnen, Kaltbad
Nyssēnus aus Nissus im Pontus

O.

Oasēnus zu Oasis gehörig
Oăsis Verbrecherkolonie in Libyen
ob wegen, zu, betreffs, nach — hin
obcantāre bezaubern
obclaudĕre verschließen
obdormire einschlafen
obdūcĕre überziehen, umgehen
obdūrāre verhärten, hart sein, ausdauern
obedientia = oboedientia
obedire = oboedire
oberrāre umherirren
obesse hinderlich sein, schaden
obex, icis Riegel, Hindernis
obferre = offere
obficĕre = officere
obfulgēre = offulgēre
obicĕre vorwerfen, preisgeben, entgegenstellen, einwenden
obici im Wege stehen, hindern
objectio Vorwurf, Einwand
objectum Einwand
objectus I. v. obicere
— II. = objectio
obire herangehen, unternehmen
obire mortem sterben
obiter im Vorbeigehen
obitus Tod, Untergang
objurgāre tadeln, zurechtweisen
oblaticius freiwillig dargeboten
oblatio Darbieten, Überreichung, Darbringung, Stellung
oblātus v. offerre

oblectamentum } Ergötzen, Ergötz-
oblectatĭo } lichkeit
oblīdĕre zudrücken, unterdrücken
oblīgāre verbinden, schließen, verpflichten, verhaften, verpfänden
obligatĭo Verbindlichkeit, Schuldverhältnis, Anspruch, Schuldschein, Pfandschein
obligatorĭus verbindlich
oblĭnĕre bestreichen, beschmieren
oblīquus schräg, seitwärts, Seiten-..
oblitĕrāre ausstreichen, aufheben
oblitescĕre sich verstecken
oblivĭo Vergessenheit, Vergeßlichkeit
oblivisci vergessen
oblŏqui dreinreden, widersprechen
obmutescĕre verstummen
obnīti sich widersetzen, widerstreben
obnoxiĕtas Verpflichtung [pfändet
obnoxĭus unterworfen, schuldig, ver-
obnubĕre verhüllen, bedecken
oboedientĭa Gehorsam
oboedīre gehorchen
obŏlus Mäßchen
obrēpĕre heranschleichen, betrügen
obrepticĭus erschlichen
obreptĭo Erschleichung
obreptīvus durch Erschleichen
obrŏgāre teilweise aufheben
obrŭĕre versenken
obrȳza geläutertes Gold
obryzātus } aus reinem Golde
obryziăcus }
obscenĭtas = obscoenitas
obscēnus = obscoenus
obscoenĭtas Unzüchtigkeit
obscoenus unzüchtig, häßlich
obscūrāre verdunkeln, verwischen, verwirren

obscurĭtas Ungewißheit, Niedrigkeit
obscūrus dunkel, unklar, unbekannt, heimlich [liches Gebet
obsecratĭo inständige Bitte, öffent-
obsecundāre willfahren, gehorchen
obsecundatĭo Nachgiebigkeit, Gehor-
obsecundātor Diener [sam
obsēpīre verzäunen, verschließen
obsĕqua Gefolge
obsequēla Nachgiebigkeit
obsĕquens gehorsam [dienen
obsĕqui willfahren, gehorchen, ab-
obsequĭum Gehorsam, Dienst
observantĭa Befolgung, Herkommen, Religion
observāre beobachten, erfüllen, berücksichtigen, gehorchen, beaufsichtigen, behandeln
observatĭo Wahrnehmung, Beachtung, zu beachtende Vorschrift, Verehrung, Obacht, Sorgfalt
observātor Beobachter, Aufseher
obses, ĭdis Geisel
obsiānus = obsidianus
obsīdēre belagern, ablauern
obsidiānus schwarzer Edelstein
obsidĭo Belagerung
obsignāre versiegeln
obsignatĭo Versiegelung
obsistĕre widerstreben, hindern
obsonātor Zukostkäufer
obsonĭum Zukost, Fische, Fleisch-
obstacŭlum Hindernis [spende
obstāre entgegenstehen, hindern, ausschließen
obstĕtrix Hebamme
obstinacĭtas } Beharrlichkeit, Hart-
obstinatĭo } näckigkeit, Starrsinn
obstinātus hartnäckig
obstrĕpĕre unterbrechen, stören

obstringĕre verstricken, verpflichten, verpfänden
obstructĭo Verbannung, Vorbau
obstrŭĕre verbauen, versperren
obstrūsus verborgen
obtĕgĕre bedecken, verbergen
obtempĕrāre gehorchen
obtentus Vorwand, Schein
(sub) obtentu angesichts
obtĕrĕre zerreiben, zermalmen
obtĭnēre innehaben, beibehalten, behaupten, sein Recht behaupten, gelten, erlangen
obtingĕre treffen, zuteil werden, eintreten
obtrectātor Neider, Tadler
obtūrāre verstopfen, verbauen
obtūtus Hinblick, Anblick, Gegenwart
obumbrāre verhehlen, verbergen
obumbratĭo Beschattung, Verdunkelung
obvagŭlāre laut fordern
obvĕnīre begegnen, zuteil werden
obventĭo Einkünfte
obvĭam entgegen
obvĭāre entgegen gehen
obvĭus begegnend
occasĭo Gelegenheit, Ursache, Zufall
occāsus Untergang, Ende, Tod
occentāre Spottlied singen
occidentālis abendländisch
occĭdĕre untergehen
occīdĕre töten
occidŭus untergehend
occĭpĕre anfangen, beginnen
occisĭo Tötung, Ermordung
occlūdĕre = obclaudere
occŭlĕre verdecken, verbergen
occultāre verbergen, verhehlen
occultatĭo Verbergen
occultātor Verhehler

occulto v. occultus
occultus verborgen, versteckt, heimlich
occŭpāre sich aneignen, ergreifen, anfüllen, einnehmen, beschäftigen, zuvorkommen, erlangen
occupatĭo Beschäftigung, Innehaben
occupātor Aneigner
occurrĕre begegnen, entgegentreten, treffen, vorkommen
occursus Begegnung, Ereignis
ocĭter schnell, rasch
octāva Achtel, Achtelabgabe
octavarĭus I. Achtelzoll betreffend
— II. Achtelzolleinnehmer
Octōber Oktober betreffend
octoginta achtzig
oculātus sichtbar
ocŭlus Auge
odiōsus verhaßt
odĭum Haß, Abneigung
odo = udo
odor, ōris Geruch, Wohlgeruch
odōres Spezereien, Gewürze
odōrāri beriechen, wittern
Odyssēa, Odyssīa Homers Odyssee
oeconomātus Amt des oeconomus
oeconŏmus Kirchenrendant
oenomĕli Honigwein
oenophŏr(ĭ)um Weinkrug
offendĕre anstoßen, anschlagen, treffen, verletzen, schädigen
offensa Verstoß, Übertretung, Haß, Entrüstung
offensĭo Verstoß, Widerwille
offensus beleidigt
offerre entgegenbringen, anbieten, darbringen, übergeben, weihen, preisgeben
jus offerendi Auskaufsrecht gegen den Pfandgläubiger

officĕre entgegenstehen, hindern, scha[den]
officiālis I. Amts=, Dienst=..
— II. Amtsdiener [Ablage
officīna Werkstatt, Laden, Kontor,
officiōsus dienstfertig, pflichtgemäß
officium Dienstleistung, Gefälligkeit, Leistung, Pflicht, Amt, Behörde, Amtspersonal
offulgēre erscheinen
Ofilius s. Abschn. II.
olĕa Olive, Ölbaum
oleaginĕus aus Ölbaumholz
oleārius Öl=...
olēre riechen, stinken
olĕum Öl
olfăcĕre beriechen
olim einst, sonst, jemals
olītor Küchengärtner
olitorius Küchen=..., Gemüse=...
olīva Olive, Ölzweig, Ölgarten
olivarius = olearius [garten
olivētum Ölbaumpflanzung, Öl=
Ollinia lex Gesetz unbekannten Inhalts
olus, ĕris Kohl, Gemüse
ominōsus bedeutungsvoll, unheilkündend
omittĕre fahrenlassen, aufgeben, übergehen, unberücksichtigt lassen, ablassen, unterlassen
omnifariam überall
omnimŏdis allerlei
omnimŏdo auf jede Weise, jedenfalls
omnīno gänzlich, überhaupt
omnipŏtens allmächtig
omnis all, jeder ganz
onĕrāre belasten, verpflichten, belästigen, erschweren, verteuern
onerarius Last=..., Fracht=..
onerōsus lästig, belastend
onus, ĕris Last, Ladung, Beschwerde, Mühe, Dienst, Verbindlichkeit
onustus bepackt, beladen
onyx gelblicher Edelstein
opācus schattig
opĕra Mühe, Arbeit, Dienst, Gebrauch, Arbeiter
opĕrāri beschäftigt sein, machen, leisten, dienen zu
operarius I. Arbeits=..., Dienst=...
— II. Lohnarbeiter
opercŭlum Deckel
opĕrīre zudecken, bedecken
operōsus wirksam, mühsam
opertus v. operire
operŭla Dienst, Bemühung
opes Reichtum, Schätze
Ophītae eine Sekte
opifex Handwerker
opilio = ovilio
opīmus fett, fruchtbar
opīnāri meinen, vermuten
opinātor Getreideeinnehmer (Amt)
opinio Annahme, Ansicht, Ansehen, Einschätzung, Bericht, Überzeugung [schrieben
opistogrăphus auf der Rückseite be=
opitŭlāri helfen, beistehen
opitulatio Hilfeleistung
oportēre nötig sein, müssen, sollen, dürfen, recht sein, gebühren
oppĕrīre abwarten, erwarten
oppidanĕus städtisch
oppidum Stadt
oppignŏrāre verpfänden
opplēre erfüllen, voll sein
oppōnĕre entgegensetzen, einwenden, vorstellen, voranstellen [Zeit
opportunitas Bequemlichkeit, rechte
opportūnus gelegen, günstig

oppressus Druck, Unterdrückung
opprīmĕre nieder=, unterdrücken, überfallen, ergreifen, erschlagen
opprobriōsus schimpflich
opprobrīum Vorwurf, Schimpf
oppugnāre angreifen, widerstreben
oppugnatīo Angriff
oppugnātor Angreifer
ops Macht, Beistand
opsonātor = obsonator
opsonīum = obsonium
optabīlis wünschenswert
optāre auswählen, wünschen
optātus erwünscht
optentus = obtentus
optīme bestens, sehr [züglicher
optīmus bester, vollkommener, vor=
optīnēre = obtinere
optingĕre = obtingere
optīo I. Wahl
— II. Gehilfe, Adjutant
optīvus Wahl=...
opulentāre bereichern
opulentīa Reichtum
opulentus wohlhabend, reich
opus I. ĕris Arbeit, Tat, Geschäft, Werk, Bau, Kunst
opus II. nötig
ora Küste [Spruch
oracŭlum göttlicher, kaiserlicher
orāre sprechen, verhandeln, ersuchen, bitten, beten
oratīo Rede, Antrag, Bitte, Gebet
orātor Redner, Verteidiger
oratorīum Bethaus, Kapelle
oratorīus Rede=, Gebets=...
orbāre berauben, verwaisen
orbis Kreis, Erdkreis, Erde, Reich
orbītas Kinderlosigkeit, Verwaistheit
orbus kinderlos, verwaist
orcīnus durch Testament freigelassen (dem Toten dienstbar)
ordīnāre ordnen, vorbereiten, einleiten, verordnen, errichten
ordinarīus I. ordnungsgemäß, gewöhnlich
— II. eine Art der Unterrichter
ordinatīo Ordnung, Verordnung, Errichtung
ordinātor Ordner
ordo Ordnung, Regel, Reihenfolge, Klasse, Stand, Abteilung, [Reihe
Orfitianum s. Abschn. II.
orīens Osten
orientālis morgenländisch
originālis ursprünglich, echt, ein=, angeboren [gehörig
originarīus eingeboren, geburtsan=
orīgo, īnis Ursprung, Herkunft, Familie, Heimat
orīri entspringen, abstammen
oriundus stammend
ornamentum Schmuck, Zierat, Ehrenzeichen
ornāre ausrüsten, schmücken
ornātrix Kammerzofe
ornātus Schmückung, Auszeichnung
Orontes Fluß in Syrien
orphānus Waise
orphanotrophium Waisenanstalt
orphanotrŏphus Waisenvater
Orphitianum s. Abschn. II.
orthodoxus rechtgläubig
ortus Entstehung, Anfang
ōs, ōris Mund, Gesicht, Gestalt,
ŏs, ossis Knochen [Sprache
oscītāre gähnen, faullenzen
oscŭlāri küssen
oscŭlum Kuß

Osdroëne nördlicher Teil Mesopotamiens
ospratūra = pratūra
Osroëne = Osdroëne
ossuarĭum Aschenurne
ostendĕre zeigen, bezeichnen, darlegen, beweisen
ostensĭo Sehenlassen
ostentāre = ostendere
ostentatĭo = ostensio
ostentum Wunderwesen, Mißgeburt
Ostĭa Hafen des Tiber
ostiarĭus Türhüter
Ostiensis aus Ostia
ostĭum Tür, Mündung
otĭāri müßig gehen, ruhen
otiōsus müßig, frei, unnütz, überflüssig
otĭum Muße, Ruhe
ovĭle Schafstall
ovilĭo Schäfer
ovīlis Schaf=...
ovis Schaf
oxyblatta = blatta

P.

pabŭlum Futter
pacātus beruhigt, ruhig
Pacensis aus Pax Julia in Lusitanien
pacifĭcus friedlich
pacīre = pacisci
pacisci sich vertragen, vereinbaren
pactĭo Vertrag, formlose Abmachung, pactum de non petendo
pactum Vertrag, Vereinbarung
Pactumejus s. Abschn. II.
paedagogiānus Pagenmeister
paedagogĭum Erziehungsanstalt
paedagōgus Hofmeister, Pagenmeister
paene fast
paenit... s. poenit...
paenŭla = penula
paganĭcus = paganus II.
paganĭtas Heidentum
pagānus I. Landmann, Heide, Zivilist
— II. heidnisch, nichtmilitärisch
pagĕre = pangere
pagĭna Seite, Blatt
pagus Dorf
Palaestīna Landschaft in Syrien
Palaestīnus aus Palästina
palaestra Ringplatz, =schule
palam vor aller Welt, offenbar
palāris Pfahl=...
palatīnus Palast=..., kaiserlich
palatĭum kaiserlicher Palast
palĕa Spreu
palla Frauenmantel
palliŏlum = pallium
palliotunĭca Kapuzenmantel für Frauen
pallĭum Mantel
pallor Blässe, bleiche Farbe
palma Palme, Dattel, Siegespreis
palmarĭum Honorar für gewonnenen Prozeß
Palmatĭus aus dem Gestüt des Palmatius in Kappadocien
Palmyrēnus aus Palmȳra in Syrien
palpāri streicheln, liebkosen
palus, i Pfahl
palus, ūdis Sumpf
palustris sumpfig
Pamphylĭa Landschaft in Kleinasien
pancratĭum Wettkampf (Ringen, Boxen)
Pandectae = Digesta
pandĕre ausbreiten, öffnen
pangĕre verabreden, vereinbaren
panificĭum Brotbäckerei
panis Brot

panniculāria Lumpenbündel
panniculārius Lumpen= . . .
Pannonia Landschaft an der Donau
pannus Tuch, Lappen
pantapola Geschäftsführer
panthēra Panther, Netz
panthēum Jupitertempel in Rom
pantomīmus Ballettänzer
papa Papst
Paphlagonia Landschaft in Klein= [asien
Papia lex s. Abschn. II.
Papianistae eine Sekte
Papinianistae Rechtsstudenten im dritten Studienjahr
papinianus s. Abschn. II.
Papirius s. Abschn. II.
papȳrum Papyrusstaude
pār gleich, gewachsen, angemessen, ausgeglichen, verbunden
parabalānus = parabolanus
parabolānus Krankenpfleger, =wärter
paracharactes Falschmünzer
paragauda Borte, Besatz
paragogia Wasserleitung
paramerium kurzes Schwert, Stilett
parangaria(e) außergewöhnliche Fronden
parapessia } Schuppen, Wetterdächer
parapetasia }
parapeteuma Getreidemarke
parapherna Frauengut außer der dos
parapompica Durchfuhrzoll
parapsis Nachschüssel
parāre bereiten, einrichten, besorgen, erwerben [kunft
parasynaxis verbotene Zusammen=
paratio Erwerbung
paratitla Überschriften, Übersicht
paraverēdus Extrapostpferd

parcēre sparen, schonen, bewahren, sich enthalten
parcus sparsam, selten
parens Erzeuger, Schöpfer, Vater, Vorfahr
parentes Eltern, Ascendenten
parēre gebären, erzeugen, bewirken
par(r)ēre erscheinen, gehorchen, sich zeigen, offenbar sein
parhippus Beipferd (überzählig)
pariāre ausgleichen, bezahlen
pariatio Begleichung
pariātor Bezahler
parientia Gehorsam
paries, ĕtis Wand
parilis gleich, gleichförmig
pariter ebenso, zugleich
Parium Stadt in Mysien
paroecicus Hörigen= . . .
Parrhasius berühmter griechischer Maler
parricīda Vater=, Bürgermörder
parricidālis vater=, menschenmörderisch
parricidium Vater=, Verwandten=, Bürgermord
pars Teil, Anteil, Seite, Partei, Rolle, Amt, Verpflichtung, Pflicht
parsimonia Sparsamkeit
Parthi Parther in Asien
parthicarius Händler mit Parther=
Parthicus parthisch [fellen
partiarius teilweise, anteilig
— colonus Pächter, der als Pacht einen Teil des Ertrages zahlt
particeps Teilhaber, Teilnehmer
participālis teilnehmend, Teilnahme= . . .

participāre } teilnehmen lassen,
participāri } teilnehmen
participatio } Mitteilung, Teil-
participātus } nahme
particūla Teilchen, kleiner Teil
particulāris teilweise, Teil-...
particulātim teilweise, einzeln
partim teils, zum Teil
partīri teilen, einteilen, teilnehmen
partitio Teilung, Verteilung
partitūdo Geburt
partūrīre kreißen (gebären wollen)
partus Geburt, Leibesfrucht, Junges
parum zu wenig, wenig, gar nicht
parvītas Kleinheit
parvŭlus sehr klein
parvus klein, gering, wenig
pascēre weiden lassen, füttern, er-
Pascha Passahfest, Ostern [halten
Paschālis Oster-...
pascūum Weide
pascūus Weide-...
passim allgemein, unterschiedslos
passio Leiden
passum Rosinenwein
passus I. getrocknet
— II. Schritt
pastīnāre behacken, umgraben
pastinatio Behacken [Weinbau)
pastīnum behackter Boden (für
pastio Weiden, Fütterung, Futter,
pastor Hirt [Weide
pastus = pastio
patāmen Vorhalle [Dacien
Patavicensis aus einem Ort in
patefăcēre öffnen, eröffnen, be-
kanntgeben
pater* Vater, Hausvater, Haus-
herr, Patrizier, Bischof, Vor-
gänger auf dem Thron

patēra (Opfer-)Schale
patēre offen stehen, sich erstrecken,
bekannt sein; zugänglich sein
paterfamilīas Hausvater,
paternus väterlich [Hausherr
patescēre sich öffnen, erlaubt sein
pati leiden, erdulden, gestatten, zu-
geben
patibŭlum Richtholz, Galgen
patīens geduldig, fest, duldsam
patientīa Ertragen, Duldung, Ge-
patīna Schüssel, Pfanne [duld
patrāre zustande bringen, beenden
patrīa Vaterland, Heimat, Geburts-
ort [priester, Erzbischof
patriarcha Stammvater, Hohe-
patriciātus Stellung des
patricīus [titel
patricīus I. Patrizier, Ehren-
— II. patrizisch [hörig
patrimoniālis zum Stammgut ge-
patrimonīum väterliches
Vermögen, Erbgut, Vermögen,
Krongut, Schatulle
patrimonīus = patrimonialis
patrīus väterlich
patrocīnāri beschützen, Hilfe leisten
patrocinīum Beschützung, Ver-
teidigung, Vertretung vor
Gericht
patrōna v. patronus
patronālis Patronats-...
patronātus Würde des patronus,
Verhältnis zum patronus, An-
waltschaft
patrōnus Patron, Schutzherr,
(Freilasser), Anwalt
patruēlis* Vatersbruderkind
patrūus* Vatersbruder, Onkel
— magnus Großoheim

paucĭtas geringe Anzahl
paucus wenig
paulātim allmählich
Paulīna actio Anfechtungsklage der Konkursgläubiger
Paulĭāni eine Sekte
paulisper ein Weilchen, ein wenig
paulus wenig, klein
Paulus s. Abschn. II.
pauper arm, unbemittelt
pauperĭes Tierschaden
paupertas Armut, ärmliche Verhältnisse
pavĭdus zitternd, furchtsam
pavimentum Fußboden, Estrich
pavo Pfau
pavor Beklemmung, Furcht
pax Friede, öffentliche Ordnung
peccāre sündigen, sich vergehen
peccātor Sünder, Übeltäter
peccātum Sünde, Vergehen, Fehler
pecten, ĭnis Kamm
pectinātus gekämmt, geteilt
pectus, ŏris Brust, Gefühl
pecuarĭus Viehzüchter
peculātus Veruntreuung öffentlicher Gelder, öffentliche Beschädigung
peculiāris } Sonderguts=...,
pēculiarĭus } eigen, besonders
peculiātus mit Sondergut ausgestattet [Sondergut
pecullum Vermögen, Spargelder
pecunĭa Vermögen, Vermögensstück, Geldwert, Geld
pecuniarĭter in Geld geschätzt
pecuniārĭ(u)s Geld=..., auf Geld gehend
pecus, ŏris (ndis) Vieh, Kleinvieh
pedamentum Pfahl
pedanĕus Laien=, Bagatellrichter
pedeplānum Zimmer im Erdgeschoß
pedes Fußgänger, Infanterist
pedester } zu Fuß, zu Lande
pedestris }
pedicŭlus Füßchen [dant
pedisĕquus Lakai, Nachfolger, Trabant
pedūlis Fuß=...
Pegasianum s. Abschn. II.
Pegasus s. Abschn. II.
pegma Gerüst, Bücherbrett
pejĕrāre falsch schwören, Meineid schwören
pejor schlechter, niedriger [schwören
pejŏrāre verschlechtern
pelăgus Meer
pellĕre vertreiben, verjagen
pellex Kebsweib, Konkubine
pellĭcĕre verlocken
pellicĭus aus Fellen verfertigt
pellĭo Kürschner
pellis Fell, Haut [chenlands
Peloponnēsus südlicher Teil Griechenlands
pelvis Becken, Waschbecken
penātes Schutzgötter der Familie
pendēre hangen, schweben, herabhängen, wiegen, abhängen
pendĕre wägen, erwägen, abwägen, bezahlen
pene = paene
penes bei, in Händen
penetrabĭlis durchdringend
penetrāle Innenraum
penĕtrāre eindringen, einkommen
penicillus } Pinsel
penicŭlus }
penĭtus innerlich, gänzlich
pensāre genau abwägen, erwägen, aufwägen, aufrechnen
pensatĭo Abwägung, Ersatz

pensĭo Zahlung, Zins, Abgabe
pensĭtāre bezahlen [gabe
pensitatĭo Zahlung, öffentliche Ab=
Pentapŏlis Gegend am libyschen Meere
pentaprōti fünf Oberbeamte
pentaprotĭa Amt der pentaproti
pentasphaerum kostbare Spezerei
penuarĭus Vorrats=...
penŭla Umhang, Mantel,
penurĭa Mangel
penum } Mundvorrat, Vorrat
penus }
Pepuzĭtae eine Sekte (Montanisten)
per durch, während, mittels, wegen, zum Schein, gemäß bei
per-... sehr
perabsurdus sehr ungereimt
peraequāre gleichmäßig besteuern
peraequatĭo gleichmäßige Steuerlast
peraequātor Steuerverteiler
peraeque ganz gleich
peraestĭmāre sicher meinen
perăgĕre durchführen, durchsetzen,
perăgrāre durchreisen [vollenden
percellĕre stoßen, treffen
perceptĭo Empfangsrecht, Empfang, Empfangenes
percĭpĕre ergreifen, in Besitz nehmen
perclūdĕre = praecludere
percontāri forschen, durchgehen
perculsus v. percellere
percurrĕre durch=, verlaufen
percussor Mörder [schließen
percŭtĕre durchbohren, töten, prägen,
perdĕre verderben, verschwenden,
perdĭtus verdorben [verlieren
perdŏcēre völlig beweisen
perdūcĕre hinbringen, durchführen, ausdehnen, machen zu, ausstreichen
perductĭo Streichung
perduellĭo Hochverrat, Ein=
perduellis Feind [fall
perdūrāre andauern
perdūrus s. per-...
perĕger = peregrinus
perĕgra außerhalb, auswärts
peregrĭnāri herumreisen
peregrinatĭo Auslandsreise
peregrinĭtas Stand des peregrĭnus
peregrĭnus Ausländer, Fremde, Nichtbürger
peremĕre = perimere
perem(p)torĭus aufhebend
perendĭnus übermorgend
perennis das ganze Jahr dauernd
perennĭtas Dauer, „Ewigkeit" (Titel)
perennĭter beständig, immer
perfecte völlig
perfectĭo Vollendung
perfectissimātus Würde eines perfectissimus
perfectissĭmus Ehrentitel, Rangtitel
perfectus I. vollkommen, vollendet — II. = perfectio
perferre überbringen, zu Ende führen, vollbringen, aushalten
perfĭcere durchführen, beenden,
perfĭde treulos [durchsetzen
perfidĭa Treulosigkeit, Abfall
perfĭdus abtrünnig
perfixus durchbohrt, getroffen
perflŭĕre durchströmen
perfŏcāre ersticken
perfŏdĕre durchbohren, =stechen
perfŏrāre durchbohren, =dringen
perfringĕre zerbrechen, tilgen
perfrŭi voll genießen
perfŭga Überläufer
perfŭgĕre überlaufen, =treten

perfugĭum Überlauf, Zuflucht
perfunctorĭus oberflächlich, nachlässig
perfundĕre übergießen, ausschlagen
perfungi verrichten, verwalten
perfusorĭe oberflächlich, ungenau
pergamēna (Pergament-)Papier
pergĕre gehen nach, fortsetzen, ausreichen
pergŭla Laden, Bude
perhĭbēre erteilen, erweisen, vorbringen, anzeigen
perhorrescĕre sich entsetzen
perichȳte Gladiatorenkampfspiel
periclĭtāri Gefahr laufen
periculōsus gefahrdrohend
perīcŭlum Versuch, Gefahr, Nachteil, Prozeß, Protokoll
perĭmĕre vernichten, zerstören, unmöglich machen
perinde ebenso, entsprechend
perinĭquus s. per- ...
perīre untergehen, verschwinden, erlöschen
perisseuma = parapeteuma
perissochoregĭa ein obenein erteiltes (Extra-)Geschenk
peritĭa Geschicktheit, Erfahrung
perĭtus geschickt, kundig
perjūrāre = pejerare
perjurĭum Meineid, Falscheid
perlātor Überbringer
perlucĭdus durchsichtig
perlusorĭus Schein- ...
perlustrāre durchwandern
permănēre verbleiben, verharren
permĕāre durchgehen, passieren
permilĭtāre Soldat sein, dienen
permiscēre vermischen, sich einmischen
permissus Erlaubnis
permittĕre durchlassen, gestatten, erlassen
permixtĭo Vermischung, Verwirrung
permixtus vermischt
permodĭcus sehr mäßig, sehr wenig
permulcēre streicheln
permūtāre verändern, vertauschen, verwechseln
permutatĭo Tausch, Verwechselung
pernecessarĭus s. per- ...
pernĕgāre hartnäckig leugnen
Pernicianum s. Abschn. II.
perniciĕs Untergang, Verderben, Nachteil
perniciōsus verderblich, schädlich
pernimĭum allzusehr
pernoctāre übernachten
pernumĕrāre aufzählen, auszahlen
perōdi verabscheuen
perōrāre erörtern, vorbringen
perōsus v. perōdi
perpellĕre veranlassen
perpendĕre erwägen, untersuchen
perpĕram unrichtig, falsch, irrtümlich, vergeblich
perpes, ĕtis fortwährend, beständig
perpĕti erdulden, aushalten
perpĕtim in einem fort
perpĕtrāre durchsetzen, ausführen
perpetŭāre fortsetzen, verewigen
perpetuarĭus ständig, Erbpächter
perpetuĭtas Fortdauer, Stetigkeit
perpetŭo v. perpetuus
perpetŭus stetig, beständig, andauernd
perplexus verwirrt, verwickelt
perpŏtīri gänzlich erlangen
perquam sehr
perquīrĕre aufsuchen, untersuchen
perrāro überaus selten
perrēpĕre sich verbreiten
Persa Perser
perscrībĕre (aus)schreiben, festsetzen

perscriptĭo Eintragung, Schriftstück
perscriptum Vorschrift
perscriptūra Abfassung, Niederschrift
perscrūtāri durch-, untersuchen
persĕcāre zerfleischen, öffnen
persecutĭo Verfolgung, gerichtliche Geltendmachung
persecūtor Verfolger, Kläger; Begleiter
persĕqui verfolgen, folgen, gerichtlich verfolgen, betreiben
perseverantĭa Ausdauer
persevērāre verharren, fortfahren, andauern, bleiben
perseveratĭo Beharrlichkeit
Persĭcus Persis betreffend
Persis Gegend von Ägypten
persistĕre = perseverare
persolvĕre bezahlen, erfüllen
persōna Rolle, Person, Abbild, Statue
personālis persönlich
perspĭcĕre durchsehen, durchforschen, einsehen, berücksichtigen
perspĭci klar sein
perspicŭus augenscheinlich, klar
perstāre bestehen auf
perstillare durchsickern
perstrĕpĕre durchkreuzen
perstringĕre verpflichten, abstumpfen
persuadēre überreden, überzeugen, empfehlen
persuasĭo } Überredung, Überzeugung
persuasus }
pertemerarĭus unglaublich, verwegen
pertemptāre versuchen
pertendĕre = praetendere
pertentāre = pertemptare
pertentātor v. pertemptare
perterrēre erschrecken
pertĭca Stange
pertimescĕre sehr fürchten
pertinacĭa Hartnäckigkeit
pertĭnax hartnäckig
Pertĭnax Kaiser, 193 n. Chr.
pertĭnēre sich erstrecken, gehören zu, angehen, betreffen, zukommen, obliegen
pertingĕre berühren, betreffen
pertractāre genau untersuchen
pertrăhĕre wozu bringen
pertransīre hindurchgehen
pertundĕre durchbohren, -löchern
perturbāre verwirren
perturbatĭo Verwirrung
perūrĕre verbrennen
perurgēre bedrängen, belangen
pervādĕre eindringen, Besitz ergreifen
pervălēre beharren, andauern
pervasĭo Besitzstörung, Eingriff
pervāsor unrechtmäßige Besitzer, Besitzstörer
pervectĭo Transport
pervĕhĕre ausführen, fortschaffen
pervĕnīre wohin kommen, kommen an, erlangen, belangen, betreffen, eintreten
perversĭo Verdrehung
perversĭtas Verkehrtheit
perversus verkehrt, schlecht
pervertĕre umstürzen, aufheben
pervestigatĭo Erforschung, Untersuchung
pervicacĭa Hartnäckigkeit
pervĭcax hartnäckig
pervĭdēre übersehen, einsehen
pervĭgil sehr wachsam
pervĭus wegsam, gangbar
pēs, pĕdis Fuß
Pesolanĭa lex s. Abschn. II.

pessĭmus schlechtest, schlimmst
pestibĭlis } verderblich, schädlich
pestĭfer
pestĭlens } gesundheitsschädlich, verderblich
pestilenciōsus
pestis Seuche, Pest, Untergang, Tod
petĕre angreifen, herangehen, ersuchen, erbitten, verlangen, einklagen
petitĭo Bitte, Bewerbung, Anspruch, Klagrecht, Klage, dingliche Klage
petītor Bewerber, Besitzergreifender, Kläger
petitorĭum Klagschrift, Klage
petitorĭus dinglich
petītrix v. petitor
Petronia lex s. Abschn. II.
petŭlans mutwillig, frech [heit
petulantĭa Ausgelassenheit, Frech=
Phaenensis aus Phaene in Syrien
phalerātus geziert
pharus Leuchtturm
phasianarĭus Fasanenwärter
phasiānus Fasan
phiăla Schale, Tasse
philantropĭum Geschenk
Philippensis aus Philippi in Maze=
Philippus Philippsd'or [donien
philosŏphāri philosophieren, studie=
philosophĭa Weltweisheit [ren
philosŏphus Philosoph
philȳra Lindenbast, Papier
Phocensis aus Phocaea in Jonien
Phoenīce } Landschaft in Syrien
Phoenicĭa
Phoenicensis Phönizier
phoeniciarchĭa Oberpriesteramt in
phormĭo Decke, Matte [Phönizien
Photiniāni } Sekten
Phryges

Phrygĭa Landschaft in Kleinasien
phylarchus Häuptling der Sarazenen
piaculāris sündlich
piacŭlum Sühnopfer, Sünde
piāre sühnen, versöhnen
picāre pichen
picarĭa Pechhütte
Picēnum Land an der Ostküste
pictor Maler [Italiens
pictorĭus Maler= . . .
pictūra Malerei, Gemälde, Stickerei
piĕtas Pflichtgefühl, Frömmigkeit, Liebe, Barmherzigkeit, „Gnade"
piger träge, langsam [(Titel)
pigmentarĭus Farben=, Salbenhändler
pignĕrāre verpfänden
pigneraticĭus Pfand= . . .
pigneratĭo Verpfändung, Pfandhaftung
pignŏra . . . s. pignera . . .
pignus Pfand, Faustpfand, Unterpfand, Angeld
pigrescĕre träge werden
pigritĭa Trägheit
pīla Pfeiler
pĭla Ball, Spielball
pileāre Freihut aufsetzen, freilassen
pileātus Freigelassener (mit Hut) [chen der Freiheit)
pilĕus Hut, Kappe, Freikappe (Zei=
pilum Wurfspieß
pilus Haar
Pinaria lex s. Abschn. II.
pingĕre malen, bemalen
pinguis fett, umfassend
pinguitūdo Fettheit
pinsĕre mahlen
pinus Fichte
piper Pfeffer

piperatorĭum Pfefferbüchse, -streuer
pirāta Seeräuber
piratĭca Seeraub
piscāri fischen
piscatĭo Fischfang
piscātor Fischer
piscatorĭus Fischerei- . . .
piscātus = piscatio
piscīna Fischteich
piscis Fisch
Pisĭda Bewohner von Pisidia
Pisidĭa Landschaft in Kleinasien
Pisonianum s. Abschn. II.
pistor Müller, Bäcker
pistorĭus Bäcker- . . ., Müller . . .
pistrinarĭus Stampfmüller
pistrīnum Stampfmühle
pittacĭum Zettelchen, Etikette
pituocampa } Fichtenraupe
pityocampa }
pius fromm, liebevoll, gewissenhaft, wohltätig
placabĭlis versöhnlich, annehmbar
placāre besänftigen, versöhnen
placentarĭus Kuchen-, Zuckerbäcker
placēre gefallen, zusagen, Beifall finden, verordnet-, vereinbart werden [schluß
placĭtum Abkommen, Be-
Plaetoria lex s. Abschn. II.
plāga Schlag, Hieb, Stoß
plāga Gegend, Landschaft, Jagdnetz, Garn
plagĭāre Menschen rauben
plagiarĭus } Menschenräuber
plagiātor }
plagĭum Menschenraub
plagŭla Vorhang, Schleier
planarĭus eben, formlos
Plancianum s. Abschn. II.

plane vollständig, freilich
planta Pflanze
plantāre pflanzen
planus eben, formlos, einstweilig; klar, deutlich
platēa Gasse [soph
Plato berühmter griechischer Philo-
plaudĕre Beifall klatschen, gratu-
plausor Beifallklatscher [lieren
plaustrarĭus Lastfuhrmann
plaustrum Last-, Frachtwagen
plausus Beifall, -klatschen
Plautia lex s. Abschn. II.
Plautius s. Abschn. II.
plebējus zur plebs gehörig
plebiscītum Volksbeschluß
plebs Nichtpatrizier, niedriges Volk, Pöbel, Grundhörige
plectĕre strafen
plectibĭlis strafbar, strafend
plenarĭus allgemein
plene vollständig, allgemein
plenus voll, schwanger, beleibt, vollständig, umfassend
plerīque sehr viele, die meisten
plerumque meistenteils, sehr häufig, gewöhnlich
plorāre schreien, Hilfe rufen
plostrarĭus = plaustrarius
plostrum = plaustrum
Plotīna Gemahlin Hadrians
plumarĭus = plumbarius
plumbāre (mit Blei) löten
plumbarĭus Bleigießer, Klempner
plumbāta(e) Geißeln mit Bleikugeln
plumbatūra Bleilötung
plumbĕus bleiern
plumbum Blei
plurālis auf Mehrere bezüglich
pluralĭter in der Mehrzahl

pluratīvus = **pluralis**
plures mehrere
plurifarīam mehrfach, vielseitig
plurīmum am meisten
plurīmus meist, groß, sehr viel
plus I. mehr, größer
— II. weiter
plusculus etwas mehr, etwas viel
pluteus Wandbrett, Schrank
pluvīa Regen
pluvīus Regen-...
Pneumatomăchi eine Sekte
poculāris Trink-...
poculentus trinkbar
pocŭlum Becher, Trank
podăgra Fußgicht
podīum Erker
poena Entschädigung, Ersatz, Buße, Strafe
poenālis Straf-..., strafwürdig
poenitentīa Reue
poenītēre gereuen, bereuen
poenitūdo = poenitentia
Poenus punisch, karthagisch
poēta Dichter
Poetelia lex s. Abschn. II.
Polĕmoniăcus nach König Polĕmo benannt
polīa Gestüt, Stuterei
polīo Walker, Gerber
polīre glätten, putzen, walken
polītor Bearbeiter, Verbesserer
pollen, ĭnis feines Mehl
pollens stark, mächtig
pollēre stark sein, gelten, vermögen
pollex Daumen
pollicēri versprechen, zusichern, sich verpflichten
pollicĭtāri = polliceri
pollicitatīo (einseitiges) Versprechen
pollinctor Leichenwäscher
pollīo eine militärische Charge
pollŭĕre beflecken, verunreinigen
polypōsus mit Nasengeschwür behaftet
polyptīca Steuerliste, -rolle
pomarīum Obstgarten
pomeridiānus nachmittäglich
pomerīum = pomoerium
pomĭfer, ĕra, um Obst tragend
pomoerīum Ringmauer, Zwinger
pompa Aufzug, Prunk, Pracht
Pompeja lex s. Abschn. II.
Pompilīus zweiter römischer König
Pomponius s. Abschn. II.
pomum Obstfrucht, -art
pondĕrāre abwägen, wiegen
ponderatīo Wägen, Abwiegen
ponderātor Wäger, Münzprüfer
pondo Pfund
pondus Gewicht, Pfund, Menge, Last, Nachdruck, Ansehen
ponĕre setzen, stellen, legen; aufstellen, anlegen, einsetzen, ansetzen, festsetzen, annehmen, überlassen; niederlegen, beisetzen
pons Brücke
Pontīca Bezirk von Pontus
Pontīcus pontisch
pontĭfex römischer Oberpriester, Bischof
pontificālis priesterlich
pontificātus Würde des pontifex
pontificīum Würde des pontifex, Gewalt, Macht, Recht
ponto Schiffbrücke, Fähre
Pontus Landschaft in Kleinasien
popīna Garküche, Schänke
Poppaea lex s. Abschn. II.
popŭlāre verwüsten, zerstören
populāris I. volkstümlich, Volk-..., einheimisch

populāris II. Landsmann
popularītas Beifall im Volke
populatīo Plünderung, Zerstörung
populātor Plünderer, Verwüster
populītāre = popŭlare
popŭlus Volk, Gesamtvolk, Menge, Völkerschaft
porca Sau, Ackerbeet (Erde zwischen den Furchen)
porcarīus Schweinehirt, -händler
Porcia lex s. Abschn. II.
porcīna Schweinefleisch
porcinarīus Schweineschlächter
porcus Schwein
porna Dirne, Zote
Porphyriāni Anhänger des Porphyrius
Porphyrīus ein Sektierer (Neuplatoniker)
porrectus Ausdehnung
porrīgĕre ausstrecken, ausbreiten, ausdehnen, hinstrecken, übergeben
porrīna Lauch
porro weit, weiter, sodann
porta Tor, Pforte
portāre tragen, wegtragen
portendĕre prophezeien, anzeigen
portentōsus, portentuōsus } ungeheuerlich, unnatürlich
portentum Ungeheuer, Auswuchs
porticatīo Säulenhalle
portīcus Säulengang
portīo Teil, Anteil, Verhältnis, Bestandteil, Stelle
portītor Träger, Fähr-, Fuhrmann
portiuncŭla kleiner Teil
portorīum Hafenzoll
portuensis Hafen-...
portus Haus, Hafen, Zufluchtsort
poscĕre verlangen, fordern
posculentus = poculentus
positīo Setzen, Sitzen, Stehen, Stellung, Lage, Aufstellung, Abteilung
posse können, vermögen, dürfen, sollen
possessīo Besitz, juristischer Besitz, Besitztum, Grundstück
possessor Besitzer, juristischer Besitzer, gutgläubiger Besitzer, Grundbesitzer
possessorīus Besitz-.., Besitzschutz-..
possibīlis möglich
possibilītas Möglichkeit
possīdēre besitzen, Besitzer sein, ersitzen, Grundbesitz haben
post nach, hinter, gemäß, infolge
postĕa danach, später
posteāquam = postquam
postĕri Nachkommen
posterīor hinter, nachfolgend, später
posteriōres Nachwelt, Nachkommen, Nachgeborne
posterītas Nachwelt, Nachkommenschaft
postfactum späteres Ereignis
postferre nachsetzen
posthābēre hintansetzen, beseitigen
posthac künftig, später
posthŭmus s. postumus
postīca Hintertür
postis Pfoste, Tür
postliminīum Rückkehrrecht des gefangenen Römers
postmeridiānum Nachmittag
postmŏdum hernach
postpōnĕre hintansetzen
postquam nachdem, sobald
postrēmo endlich, zuletzt
postrēmus letzter
postŭlāre fordern, verlangen, beantragen, belangen, auffordern
postulatīo Verlangen, Antrag, Anklage

postulātum Forderung, Befehl
postūmus nachgeboren
potāre trinken
potens imstande, mächtig, fähig, mannbar
potentātus Machtstellung, Gebrauch
potentĭa Gewalt Ansehen
potestas Vermögen, Möglichkeit, Macht, Gewalt, Amt, Würde, Wert, Bedeutung, Kraft
potestatīvus Willkür-...
potĭo Trinken, Trank
potĭor vorzüglicher, besser, stärker, geeigneter
potīri besitzen, genießen, fallen in
potissĭmum hauptsächlich
potissĭmus der vorzüglichste, wichtigste
potītus v. potiri
potĭus vielmehr, eher
potorĭus Trink-...
potulentus trinkbar
potus Trinken, Trank
practorĭa Steuereinziehung
prae vor, bei, an
praeaudīre vorher verhören
praebēre hinhalten, darreichen, gewähren, liefern, zeigen
praebitĭo Lieferung
praebĭtor Geber, Schuldner
praebĭtum Unterhalt
praecăvēre vorsichtig sein, Sicherheit leisten
praecēdĕre vorangehen
praecellĕre hervorragen, sich auszeichnen
praecelsus ausgezeichnet
praeceps, ipĭtis kopfüber, abschüssig, heftig, voreilig
praeceptĭo Vorausempfang, -vermächtnis; Anordnung
praeceptor Lehrer; bei Gajus: nostri praeceptores = die Sabinianer
praeceptum Vorschrift
praecerpĕre vorher abpflücken
praecessor, Vorgänger
praecīdĕre abschneiden, aufreißen
praecinctus umgürtet, bedeckt
praecingĕre gürten
praecĭpĕre vorwegnehmen, -erhalten, anweisen, vorschreiben
praecipĭtāre herabstürzen, beschleunigen, übereilen
praecipŭe vornehmlich, besonders
praecipŭus vorzüglich, eigentümlich, besonder
praecīse kurz, kurzweg
praeclāmāre zurufen
praeclūdĕre verschließen, ausschließen
praeco Herold
praecogĭtāre vorher bedenken
praecommŏdāre vorherleihen, vorschießen
praeconĭum Bekanntmachung, öffentliche Anerkennung
praecurrĕre übertreffen, -ragen
praeda Beute, Gewinn
praedamnātus vorausverdammt
praedāri plündern, Geld machen
praedātor Plusmacher
praedecessor Vorgänger
praedelegatĭo Vor(aus)anweisung
praedes v. praes
praediātor Güterhändler
praediatūra Güterspekulation (mit subhastierten Gütern)
praedicabĭlis lobwürdig
praedĭcare verkünden, anerkennen
praedicatĭo Lobgesang
praedīcĕre bekanntmachen, erklären, vorhersagen
praedictĭo vorherige Erklärung
praedictus eben erwähnt
praediŏlum kleines Grundstück
praedĭtus ausgestattet, begabt

praedium Grundstück
praedo Räuber, Besitzstörer
praedonius räuberisch
praeesse an der Spitze stehen
praefatio Vorwort, Vorbemerkung
praefatus vorgenannt
praefectianus Diener des praefectus
praefectorius Präfekten=..., gewesener Präfekt
praefectura Präfektur
praefectus Vorsteher, Statthalter, Befehlshaber
praeferre vorantragen, vorziehen, vorausdatieren
praeficere an die Spitze stellen
praefigere vorn anheften, versperren
praefinire vorherbestimmen, festsetzen
praefinitio Bestimmung
praefixus vermauert
praefocare ersticken
praefulgere vorानglänzen
praegna(n)s schwanger.
praegnatio Schwangerschaft
praegravare beschweren, überwiegen
praejudicare vorentscheiden, schädigen [Feststellungs=...
praejudicialis Vorentscheidungs=..,
praejudicium Vorentscheidung, Eintrag
praelatio Vorzug
praelegare vorausvermachen, zurückvermachen
praelium = proelium
praelum Kelter
praematurus frühreif
praemeditari vorbedenken
praemittere vorausschicken
praemium Belohnung, Lohn
praemonere vorher warnen
praemunire verwahren, sichern
praenomen Vorname
praeoccupare vorwegnehmen, zuvorkommen
praeoptare vorziehen
praeparare vorbereiten, rüsten, zubereiten
praeparatio Vorbereitung
praeparatorius vorbereitend
praeparcus sehr sparsam
praepedire verhindern, verzögern
praepeditio Verzögerung
praeponderare Übergewicht haben, überwiegen
praeponere voranstellen, vorziehen, an die Spitze stellen
praepositio Voranstellung, Vorzug, Ernennung
praepositura Amt eines praepositus
praepositus Vorsteher, Vorgesetzter
praeposterus umgekehrt, verkehrt
praepotens hervorragend
praeproperus voreilig
praeripere wegreißen, an sich reißen
se praeripere sich fortmachen
praerogare vorausbezahlen
praerogativa Vorzug
praerumpere abbrechen, unterbrechen
praeruptus jäh, gefährlich
praes, praedis Bürge
praescribere voranstellen, vorschreiben, ins Reine schreiben, anordnen, beschränken
praescriptis verbis agere aus. de
nt des-Vertrag (u. ä.) klagen
praescriptio Ausnahme, Einwand, Vorschrift, Verjährung,
praescriptum Vorschrift [Vorwand
praesens gegenwärtig, augenblicklich,
praesentalis Hof=... [höfisch
praesentaneus sofortig
praesentare überreichen

praesentatio Vorstellung, Stellung
praesentia Gegenwart, Augenblick
praesentiālis = praesentalis
praesepium Stall, Hürde
praesertim zumal
praeses Vorsteher, Statthalter
praesidālis den praeses betreffend
praesidātus Amt des praeses
praesidens = praeses
praesidēre voranstehen, leiten
praesidiālis = praesidalis
praesidium Schutz, Hilfe, Deckung,
praespicuus = perspicuus [Lager
praestantia „Vorzüglichkeit" (Titel)
praestāre einstehen, bürgen, haften, leisten, tun, gewähren, hingeben, preisgeben
praestatio Gewährleistung, Haftung, Gewährung
praestigia(e) Blendwerk
praestituĕre vorbestimmen, vorschreiben, betrauen
praesto esse zur Hand sein, zustehen
praestōlāri warten auf, abwarten
praestringĕre verpflichten, befehlen
praestruĕre vor-, verbauen, anlegen
praesul Vorgesetzter, Vorsteher
praesumĕre vorwegnehmen, vermuten, sich anmaßen
praesum(p)tio Vorwegnahme, Vermutung, Vermessenheit
praesum(p)tor vermessener Mensch
praetendĕre auf Vorwacht stehen, behaupten, beanspruchen, vorschützen
praeter außer, über — hinaus
praetereā außerdem
praeterīre vorbeigehen, vergehen, übergehen, weglassen, unterlassen
praeteritio Übergehung
praeteritum Vergangenheit
praeteritus vergangen, früher, übergangen
praetermittĕre unterlassen, vorbeigehen lassen, übergehen
praeterquam außer
praetextātus mit toga praetexta kleidet (14—17jähriger Knabe)
praetextus I. mit Purpurstreif geschmückt
— II. Vorwand
praetor Magistrat für Rechtspflege; Kriminalrichter; Provinzialleiter
praetoriānus vom Prätor, von der cohors praetoria, vom praefectus praetorius benannt
praetorium Feldherrnzelt, Hauptwache, Amtswohnung, Palast, Landhaus
praetorius I. prätorisch
— II. gewesener Prätor
praetūra Amt des praetor
praevalentia Vorzug
praevalēre vorwiegen, Vorzug haben
praevaricāri für Parteigegner tätig sein [fall
praevaricatio Amtsübertretung, Abfall
praevaricātor auch für Gegner tätiger Anwalt
praevenīre zuvorkommen, verhüten, überraschen, vorgehen
praevertĕre umändern
praevidēre vorhersehen
pragmatica kaiserliche Kommunalverordnung [matiken
pragmaticarius Sekretar für Pragmatiken
pragmaticus I. pragmatisch
— II. Rechtskonsulent
pratum Wiese
pratūra Gemüsehandel
pravitas Schlechtigkeit

pravus verkehrt, schlecht
precāri bitten, fürbitten
precario bittweise, auf Widerruf
precarium Überlassung auf Widerruf
precarius bittend, bittweise gewährt,
precatio Bitte [prekaristisch
precativus bittweise
precātor Bittsteller
preces Bitten, Gebet
prehendĕre = prendere
prelum = praelum
premĕre pressen, bedrängen, belasten, niederdrücken
prendĕre ergreifen
presbўter Priester
pressūra Reflex
pretiōsus kostbar, wichtig
pretium Wert, Geldwert, Preis, Zins, Lohn
prex Bitte, Bittgesuch, Gebet
pridem längst, einst
pridie tags zuvor
primarius = primas
primas Vorsteher
primātus Amt des primas
primiceriatus = primatus
primicerius = primas, magister
primipilāri(u)s I. primipilus betreffend
— II. gewesener primipilus
primipilātus Amt des primipilus
primipilus Proviant=, Zahlmeister
primiscrinius Vorsteher der Kanzlei
primitiae Anfänge, Anfangsgründe
primitus zuerst
primo anfangs, zuerst
primordium Anfang
primōris = primas
primum zuerst
primus erster, bester, vorzüglichster
princeps Vorsteher, Fürst, Oberhaupt, Urheber
principālis I. erster, vornehmst, kaiserlich, Haupt=...
— II. Hauptmann, Vorsteher, Bürgermeister
principalitas Würde des principalis
principaliter vor allem [Vorrang
principātus Würde des princeps,
principium Anfang, Hauptquartier
prior früher, besser, eher
Priscillianistae eine Sekte
priscus ehemalig, alt
pristinus ehemalig, früher
prius v. prior
priusquam bevor
privāre berauben
privatiāni Unterbeamte des comes rerum privatarum
privātim privat, nichtöffentlich
privātum Privateigentum, =bad
privātus I. nichtöffentlich, privat, Sonder=..., Schatull=...
— II. Privatperson
privignus* Stiefsohn
privilegiarius Privilegienbesitzer
privilegium Ausnahme, Vorrecht, Vorzugsrecht
privus = privatus I.
pro vor, für, anstelle, gemäß
proamita* Schwester des proavus
proastium Gelände vor der Stadt
proavia* Urgroßmutter
proavitus urgroßväterlich
proavuncŭlus* Bruder der proavia
proavus* Urgroßvater
proba Versuch
probabilis annehmbar, billig, gut
probabiliter wahrscheinlich, glaubhaft

probamentum Beweis
probāre untersuchen, prüfen, billigen, dartun, beweisen
probatĭo Prüfung, Billigung, Beweisgrund, Beweis
probatorĭa Bestallungsschreiben, Patent
probātus erprobt, bewährt
probĭtas Rechtschaffenheit
probrōsus schmachvoll
probrum Vorwurf, Schimpf
probus rechtschaffen, tüchtig
procacĭa Unverschämtheit
procacĭtas = procacia
procax unverschämt, frech
procēdĕre herausgehen, auftreten, aufziehen, vorgehen, vergehen, entstehen, nützen, dienen
procella Sturm
procĕres Vornehmen
procerĭtas Höhe, Länge
processĭo, processus Auftreten, Aufzug, Fortgang, Ablauf
procinctum testamentum Testament vor der Schlacht
procinctus gerüstet, kampfbereit
proclāmāre zurufen, anrufen, Gericht anrufen
proclamatĭo Geltendmachung
proclīve v. proclivis
proclīvis geneigt, bereit, leicht
Proconensis aus Proconēsus in der Propontis
proconsul gewesener Konsul, Provinzialstatthalter
proconsularis proconsul betreffend
proconsulatus Amt des proconsul
procrastĭnāre vertagen, aufschieben
procrastinatĭo Aufschub
procrĕāre erzeugen
procreatĭo Erzeugung
procul fern
Proculiāni Anhänger des Labĕo und Proculus
Proculus s. Abschn. II.
procumbĕre vorsinken, aufliegen
procūrāre besorgen, verwalten
procuratĭo Verwaltung, Geschäftsführung, Prozeßführung
procurator Geschäftsführer, Prozeßvertreter, kaiserlicher Rendant
procuratorĭus procurator betreffend
prodecessor = praedecessor
prodĕre hervorbringen, veröffentlichen, anzeigen, verraten, ausliefern
prodesse nützen, helfen
prodĭga Lebensmittel
prodĭgĕre vertun, verschwenden
prodigiālis wunderbar, seltsam
prodigiōsus unnatürlich, abenteuerlich
prodigĭum Ungeheuer
prodĭgus verschwenderisch, Verschwender
prodīre vorkommen, vortreten
proditĭo Verrat
prodĭtor Veräter, Angeber
prodĭtus erzeugt, geboren, überliefert
prodūcĕre vorführen, -bringen, fortschaffen, ausdehnen, wozu bringen
productĭo Vorführung, Fortschaffen
proelĭum Schlacht
profānāre entweihen
profanātor Schänder
profānus I. unheilig, unchristlich — II. Gottloser, Heide
profāri vorhersagen
profectĭo Abreise
profecticĭus von Eltern herrührend
profecto tatsächlich, wirklich
proferre vorbringen, zeigen, vor-

legen, vorführen, hinausschieben, ausdehnen, verzögern
professĭo Bekenntnis, Aussage, Versprechen, Beruf
professor öffentlicher Lehrer
professus = professio
profĭcĕre hervorgehen, vorgehen, ausrichten, helfen, beitragen
proficisci reisen, ausgehen, entspringen, herrühren, übergehen
profitēri bekennen, erklären, angeben, betreiben [erheben
profligāre niederschlagen, beendigen,
profligatĭo Steuererhebung
proflŭĕre hervorgehen, fortfließen, verfließen
profŭgĕre sich flüchten
profugĭum Zuflucht
profŭgus flüchtig [verschwenden
profundĕre ausgießen, verkünden,
profundus tief, unbekannt, über-
profūsus übermäßig [mäßig
progĕner* Schwiegerenkel
progenĕr(ār)e erzeugen
progenĭes Nachkommenschaft
progenĭtus erzeugt, geboren
progignĕre erzeugen
prognātus erzeugt
programma Bekanntmachung, öffentliche Zustellung
progrĕdi vorgehen
progressus Aufrücken
prohĕres Vorerbe
prohĭbēre abhalten, hindern, ver-
prohibitĭo Verbot [wehren
prohibitorĭus Verbots-...
proĭcĕre wegwerfen, einsenken, vor-
projectĭo } [bauen
projectum } Vorbau, Erker
projectus }

proinde darauf, ebenso
proinde ac si gerade als ob
prolābi herab-, verfallen
prolatĭo Vorbringen, Aufschub
prolātor Vorleger
proles Nachkommenschaft
proletarĭus niedrigst Besteuerter
prolixĭtas Länge, Ausdehnung
prolixus weit ausgedehnt, lang
prolŭĕre ausspülen
prolusorĭus = perlusorius
prolȳtae Rechtsstudenten im fünften Studienjahre
promercālis käuflich, feil
promercĭum Kauf, Handel [äußern
promĕre hervorholen, offenbaren,
promĕrēre verdienen, erlangen
prometātor Quartiermacher
promiscēre vermischen
promiscŭus nicht gesondert, gemischt
promissĭo Verheißung, Versprechen, versprochene Sicherheit
promissor Schuldner, Sicherheitsleister durch Stipu-
promissum = promissio [lation
promittĕre versprechen, verheißen, Sicherheit bestellen [lingen
promotĭo Beförderung, Erfolg, Ge-
promŏvēre fortbewegen, fortschaffen, helfen, nützen
prom(p)te gern, leicht, offenbar
prom(p)tuarĭum Vorratskeller
prom(p)tus I. offenbar, bereit, leicht — II. Sichtbarkeit
promulgāre bekanntmachen
promulgatĭo Bekanntmachung
promulsidarĭum Servierbrett für Vorspeisen
promutŭus vorgeschossen, geliehen

pronĕpos* Großenkel
pronuntīāre aussprechen, verkünden, urteilen, ernennen
pronuntiatīo (Feststellungs-)Urteil
pronŭrus* Schwiegerenkelin
pronus geneigt
propāgāre fortpflanzen, verpflanzen, erweitern, hinausschieben
propagatīo Umpflanzung
propāgo, īnis Abkömmling
propālam öffentlich, offen
prope nahe, nahe bei, beinahe
propellĕre austreiben
propemŏdum fast, sozusagen, nahe
propensus geneigt, stark
properanter eilig
propĕrāre eilen, beschleunigen
propĕre = properanter
propĕrus eilig
propicīus = propitius
propinquāre näher kommen
propinquītas Nähe, Verwandtschaft
propinquus nahe, verwandt
propīor näher
propitīus geneigt
propīus v. propior
propōla Höker
proponenda Marktzoll
propōnĕre öffentlich aufstellen, -aushängen, vortragen, -bringen, sich
proportio Analogie [vornehmen
propositīo Ausstellung, Bekanntgabe, Vorschlag, Vorsatz
proposĭtum Vorsatz
proprīe eigentlich, besonders
proprietārīus mittelbarer Eigenbesitzer [tümlichkeit
propriĕtas Eigentum, Eigen-
proprīus eigentümlich, eigen
propter bei, wegen, aus, durch
propterĕa deshalb
propulsāre abhalten, abwenden
prorĕta Untersteuermann
prorīpĕre fortreißen
prorītāre reizen
prorŏgāre verlängern, aufschieben, vorauszahlen, bekanntgeben,
prorogatīo Aufschub [ändern
prorsus geradezu, gänzlich
prorŭĕre losstürzen, einfallen
prorumpĕre hervorstürzen, stürzen in
prosapīa Stamm, Nachkommenschaft
proscaenīum Vorderbühne
proscindĕre aufreißen, stürzen
proscrībĕre vorschreiben, bekanntgeben, ausbieten, ächten
proscriptīo Aushang, Ausbietung, Acht, Konfiskation
prosecutīo Begleitung, Geleit
prosecūtor Begleiter
prosecutorīa Geleitsbrief
prosĕqui geleiten, begleiten, vorstellen, fordern
proserpĕre einschleichen
prosīlīre loseilen auf
prosŏcer* Großschwiegervater
prosŏcrus* Großschwiegermutter
prospectīo Vorsorge
prospectus Aussicht
prosper günstig, glücklich
prosperītas Glück
prospīcĕre beobachten, sehen, einsehen, voraussehen, sorgen
prostasīa = protostasia
prosternĕre niederwerfen, verrichten, preisgeben
prostitŭĕre sich preisgeben
protectīo Bedachung, Vordach
protector Beschützer, Gardist
protectorīus Leibgarde-...

protectum Vordach, Wetterdach
protegere bedachen, decken, schützen
protelare hinziehen, verschieben
protelatio Verschleppung, Aufschub
protendere ausdehnen
protervitas Frechheit
protervus keck, frech
protestari öffentlich, ausdrücklich erklären
prothyrum Türeinfassung, -vorhang
protinus fernerhin, sofort
protocollum Vorder-. erste Seite
Protopschitae eine Sekte
protostasia Steuererhebungsstelle
prototypia Aushebungskommissar
protractio = protelatio
protrahere wohinbringen, hinausziehen, ausdehnen, vermehren
proturbare fortjagen [schaft
protutela stellvertretende Vormund-
protutor stellvertretender Vormund
prout ebenso wie
provectio Beförderung
provehere vorrücken, befördern, bauen, hinausziehen [fallen
provenire hervortreten, glücken, zu-
proventus Vorrat, Erfolg, Ertrag
proverbium Sprichwort
providens vorsichtig, klug
providentia Vorsicht, Vorsorge, Umsicht [verabreden
providere sich vorsehen, vorsorgen,
providus voraussehend, vorsichtig
provincia Provinz, Verwaltungsbezirk, Verwaltung, Amt
provincialis I. Provinz-...
— II. Provinziale
provisio Voraussicht, Vorsorge, Verfügung; Klugheit
provocare aufrufen, herausfordern, auffordern, appellieren, erweisen
provocatio Aufforderung, Berufung
provocator Berufungskläger
provolvere daraufwälzen
proxeneta Mäkler
proxeneticum Mäklerlohn
proximatus Würde des proximus (II)
proxime ganz nahe, vor kurzem
proximitas Nähe, Verwandtschaft
proximus I. nahe, benachbart, nahestehend, naheliegend
— II. dem magister scrinii unmittelbar folgender Beamter
prudens vorsichtig, klug, kundig
prudentia Vorsicht, Umsicht, Kennt-
pruriginosus grindig [nis
Prusias Hauptstadt von Bithynien
psallere Psalmen singen
psalterium Spottlied [wächter
pseudocomitatensis eine Art Palast-
ptochicus zum ptochium gehörig
ptochium Armenhaus
ptochotrophium Spital, Armenhaus
ptochotrophus Armenpfleger
Ptolemensis aus Ptolemaïs in Ägyp-
puber mannbar [ten
pubertas Mannbarkeit
pubes = puber
pubescere mannbar werden
publicanus Steuerpächter
publicare veröffentlichen, bekanntmachen, einziehen [kation
publicatio Einziehung und Konfis-
publice öffentlich, von Staats wegen
Publiciana actio Klage des ersitzenden Nichteigentümers auf Herausgabe der Sache
publicum öffentliche Kasse, Einrichtung, offene Straße

publĭcus öffentlich, von Staats-wegen, staatlich
Publilia lex s. Abschn. II.
pudicitĭa Keuschheit
pudĭcus keusch
pudor Keuschheit, Scham, Ehrgefühl, Achtung
puella Mädchen
puer Knabe
puerīlis kindlich
pueritĭa Kindheit (bis 17 Jahre)
puerpĕra Wöchnerin
puerperĭum Wochenbett
pugil Faustkämpfer
pugillāres Schreibtafeln
pugna Kampf, Widerstreit
pugnāre kämpfen, widerstreiten
pugnātrix kampfmutig
pugnus Faust
pulcher schön
Pulcherĭa Tochter des Kaisers Arcadius
pulchritūdo Schönheit
pullŭlāre ausschlagen, erzeugen
pullus Junges
pulmentarĭum Zukost
pulmo Lunge
pulpĭtum Pult, Tribüne
pulsāre fortjagen, antreiben, schlagen, angreifen, belangen
pulsatĭo Schlag, Angriff, Klage
pulveratĭcum Trinkgeld
pulvīnus Kissen, Polster
pulvis Staub, Ringen, Mühe
punctum kaiserliche Sanktion, Punkt
Punĭcus = Poenus
punīre strafen
punitĭo Strafe
pupillāris Unmündige betreffend
pupillus Unmündiger, Mündel, Pflegling
pure ohne weiteres
purgāre reinigen, rechtfertigen, bezahlen, bessern
purgatĭo Reinigung
purifĭcāre reinigen, entsühnen
purĭtas Reinheit
purpūra Purpur, Purpurkleid, hohe Würde
purpurarĭus Purpur- ...
purpurĕus purpurn
purus rein, frei, ledig, schuldenfrei, unbedingt, entsühnt
pusillus klein, winzig
pustulātus } mit Bläschen versehen,
pusulātus } geschmolzen, gereinigt
puta wie zum Beispiel
— quod gesetzt den Fall
putāre ausputzen, beschneiden, ins Reine bringen, berechnen, schätzen, meinen
putatĭo Berechnung, Meinung
putātor Beschneider
putatorĭus Beschneide- ...
putĕal Brunnenrand, -deckel
puteālis Brunnen- ...
Puteolānus I. aus Puteŏlī in Kampanien
— II. s. Abschn. II.
putĕum } Brunnen
putĕus } Brunnen
putrefiĕri faulen, morsch werden
pyrrhicharĭus Waffentänzer
Pyrrhus König von Epīrus
Pythagorēus vom Philosophen Pythagoras benannt
pyxis Büchse

Q.

qua wo, insoweit, wie
quadragēni (je) vierzig
quadragesĭma(e) Steuerart, die vierzig Tage vor Ostern (Fasten)
quadraginta vierzig

quadrans $1/_4$ As, ein Viertel
quadratarĭus Steinmetz
quadrātus viereckig [Jahren
quadriennĭum Zeitraum von vier
quadrifarĭter auf vierfache Art
quadrĭga Viergespann, Wagen
quadrigarĭus Verfertiger, Führer einer quadrĭga
quadrimenstrŭus } viermonatlich
quadrimestris } viermonatlich
quadrĭmus vierjährig
quadringenti vierhundert
quadripertĭtus vierteilig
quadrūpēs Vierfüßler
quadruplāre vervierfachen
quadruplus vierfach
quaerĕre suchen, zu erwerben suchen, erwerben; untersuchen, fragen
quaesītor Untersuchungsrichter
quaestĭo Untersuchung, Streitpunkt, Zweifel, Streit
quaestionarĭus Folterknecht
quaestor I. urspr. Kriminalrichter
— aerarĭi II. (in Rom und den Provinzen) Schatzmeister
— principis III. Vortragender im Senat
— Palatĭi IV. Kabinettschef, Kanzler [ner Quästor
quaestorĭus Quästoren=..., gewese=
quaestuarĭus dirnenhaft
quaestuōsus gewinnbringend
quaestūra Amt des quaestor
quaestus Gewinn, Ertrag
qualĭbet überall
qualis was für ein [schaffen
qualiscumque wie auch immer be=
qualisqualis = qualiscumque
qualĭtas Beschaffenheit
qualĭter wie, gleich wie
qualitercumque wie auch immer
qualus Körbchen
quam als, wie, wie sehr, sehr
quamdĭu solange als, so viel
quamlĭbet nach Belieben, wie sehr
quamobrem weswegen [auch
quamprimĭtus } sobald als möglich
quamprĭmum } sobald als möglich
quamquam obgleich
quamvis wie sehr auch, wenn auch, wenn nicht
quando wann, wenn, einmal
quandocumque wann auch immer
quandōque wann nur, mal
quandoquĭdem da nämlich
quanti s. quantus
quantĭtas Menge, Zahl, Inbegriff,
quanto um wieviel [Summe
quantocĭus aufs schnellste
quantŭlus wie wenig [so gering
quantuluscumque wenn auch noch
quantuluslĭbet = quantuluscum-que
quantum wieviel, soviel
quantus wie groß, wie
quanti wieviel
quantuscumque } wieviel auch immer
quantuslĭbet } wieviel auch immer
quantusquantus = quantuscum-que
quare warum
quarta Viertel, Pflichtteil
quarta divi Pii Anspruch des unmündigen Arrogierten, der zu Unrecht enterbt wird, auf $1/_4$ des Nachlasses
quartāna (viertägiges) Wechselfieber
quartus vierter
quasi als wenn, gleichsam, gleichwie, beinahe
quassāre erschüttern, zerrütten

quassus v. quatĕre
quatĕnus wieweit, inwiefern, insoweit als, damit
quater viermal
quatĕre zerbrechen, betreffen
quaterni (je) vier
quattŭor vier
quattuordĕcim vierzehn
quattuorvirātus Amt der quattuorviri [polizei)
quattuorvĭri Viermänner (Straßen-
que und, oder
quemadmŏdum wie, zum Beispiel
queo s. quire
querēla Klage, Beschwerde, Anklage
queri sich beklagen, klagen
querimonĭa Klage, Beschwerde, Ablehnung
qui, quae, quod welcher, welche, welches; wer, was
quia weil
quicumque wer nur immer, einer
quid was? wie? wieviel? warum? irgend was
quidam mancher, ein gewisser
quidem zwar
quidni warum nicht?
quidquid s. quisquis
quies Ruhe
quiescĕre ruhen, still liegen, unwirksam werden
quiētus ruhig
quilĭbet wer auch immer, jeder
quin daß nicht, ja sogar
quincunx $^5/_{12}$ As, fünf Zwölftel
quindecennĭum Zeitraum von 15
quindĕcim fünfzehn [Jahren
quingenarĭus 500 As betragend
quingēni (je) fünfhundert
quingenti fünfhundert

quini (je) fünf
quinquagenarĭus 50 As betragend
quinquagēni (je) fünfzig
quinquagesĭma Pfingsten (50. Tag nach Ostern)
quinquagesĭmus fünfzigster
quinquaginta fünfzig
quinque fünf [amter
quinquennālis Munizipalsteuerbe-
quinquennalĭtas Würde des vorigen
quinquennĭum Zeitraum von 5 Jahren [stehend
quinqueviralis aus den Fünf be-
quinquevĭri die Fünf (Polizei)
quinta Fünftel
quintadecĭma Fünfzehntel
Quintanum ein Spiel
Quin(c)tĭlis August (vom März aus
quintus fünfter [gerechnet
quippe weil, da ja, nämlich
quique = quicumque
quire können
Quirinālis dem Romulus heilig
Quirīnus Beiname des Romulus
Quirītes römische Vollbürger (in staatsrechtlicher Beziehung)
quis wer?
— s. a. quid
quisquam irgend wer
quisque jeder, irgend einer
quisquis wer auch immer, jeder
quivis jeder beliebige
quo wo, wohin, wozu, damit
quoad solange als
quod I. wieviel, soviel
— II. weil, daß, damit
quodammŏdo einiger-, gewisserma-
quodni wenn nicht [ßen
quodsi wenn aber
quomăgis daß, daß nicht

quomĭnus daß nicht, daß
quomŏdo wie
quomodocumque wie auch immer
quondam einstmals, einmal
quonĭam da ja, weil
quoque auch
quoquo wohin auch immer
quoquomŏdo wie auch immer
quorsum wohin, wozu
quot wie viele, alle
quotannis jährlich
quotidiānus = cottidianus
quotidĭe = cottidie
quotie(n)s wie oft, so oft als
quotie(n)scumque so oft auch nur
quotie(n)sque = quotie(n)s
quotmensibus monatlich
quotquot wie viele auch immer
quotus der wievielste
quotusquisque wie viele, wie wenige
quousque wie lange, so weit
quum = cum

R.

rabĭes Wut
radĕre abschaben, rasieren
radĭāre strahlen, glänzen
radicĭtus von Grund aus
radĭus Speiche, Strahl
radix, īcis Wurzel
raga Barbarenkleid
ramus Ast, Zweig
rapacĭtas Raubsucht
rapax räuberisch
rapĕre fortschleppen, rauben, ergreifen, zufassen
rapĭdus reißend
rapīna Beute, Raub
raptor Räuber, Entführer
raptus Frauenraub, Entführung
rarĭtas Seltenheit
raro v. rarus
rarus selten
raster Hacke, Karst
rata Anteil
ratiarĭus Flößer
ratihabitĭo Genehmigung
ratĭo Berechnung, Rechnungslegung, Geschäft, Grund, Grundsatz, -gedanke, Art und Weise, Rechtfertigung, Rücksicht
ratiocinātor Buchhalter
ratiocinĭum Berechnung, Rechnung
rationabĭlis vernünftig
rationālis I. Rentmeister-...
— II. Rentmeister
ratis Floß
ratiuncŭla kleine Rechnung
ratus gültig
rauca Wurzelwurm
Ravenna Stadt in Oberitalien
reātus Anklagestand
rebaptīzāre wiedertaufen
rebellis Aufrührer
recalcāre wiederholen
recautum Gegenkaution
recavēre Gegenkaution stellen
recēdĕre zurücktreten, aufgeben, sich entfernen
recens frisch, augenblicklich
recensēre aufzählen
recensĭo Musterung
recensitĭo Durchmusterung
receptacŭlum Behältnis, Unterkunft
receptāre aufnehmen
receptātor Hehler
recepticĭus vorbehalten, zurückzugeben
receptĭo Hehlerei, Vorbehalt
receptīre hehlen, verbergen
receptor Hehler

receptorium Aufbewahrungsort
receptum Schiedsamtsübernahme
receptus v. recipere
recernĕre trennen
recessus Rücktritt
recidĕre zurückfallen, -kehren, zufallen
recīdĕre wegschneiden, verkürzen,
recidīvus wiederholt [beschneiden
recipĕrāre = recuperare
recĭpĕre zurücknehmen, -erhalten, erhalten, aufnehmen, annehmen, einnehmen, zurückbehalten, sich vorbehalten
reciprŏcus gegenseitig
recisio Beschneiden, Verkürzung
recīsus v. recīdere
recītāre verlesen, bekanntgeben, er-
recitatio Verlesung [nennen
reclāmāre widersprechen, fordern, einklagen
reclūdĕre erschließen, öffnen, ver-, ausschließen
recognitio Untersuchung
recognoscĕre wiedererkennen, prüfen, übernehmen
recōlĕre von neuem anbringen
recollīgĕre wieder sammeln
reconciliāre wieder versöhnen, er-
reconciliatio Aussöhnung [neuern
recondītus verborgen, geheim
recondūcĕre wieder mieten, -pachten
recordāri sich erinnern
recordatio Erinnerung, Andenken
recorrīgere wiedergutmachen
recrĕāre wiederherstellen
recte mit Recht, rechtmäßig, gehörig
recto direkt
rector Statthalter
rectus gerade, richtig, recht, gerecht
recupĕrāre wieder erlangen
recuperatio Wiedererlangung
recuperātor Kollegialrichter für schleunige Prozesse
recuperatorius vor die recuperatores gehörend
recurrĕre zurückkehren, -kommen, -fallen, -greifen
recursus Rückkehr, Zuflucht, Rückgriff
recūsāre zurückweisen, ablehnen, verweigern
recusatio Ablehnung, Verweigerung
reda s. rheda
redactus I. v. redigere
— II. Erlös, Gewinn
redadoptāre wieder adoptieren
redargūĕre widerlegen, beschuldigen
reddĕre zurückerstatten, gewähren, erteilen, vortragen, bewirken, machen
redditio Rückgabe
redem(p)tio Loskauf, Prozeßkauf
redem(p)tor Loskäufer, Käufer eines Prozeßanspruchs [tor
redem(p)tūra Geschäft des redemp-
redhibēre zurückgeben, vom Kaufe zurücktreten
redhibitio Rückgabe, Wandelung des Kaufes
redhibitorius Wandlungs-...
redigĕre zurückbringen, versetzen in, machen zu, verwenden, eintreiben, sammeln, erhalten, bringen
redimĕre zurückkaufen, loskaufen, erkaufen, bestechen, Prozeß kaufen, mieten, pachten
redimire umkränzen
redintĕgrāre wiederherstellen, ergänzen
redintegratio Wiederherstellung

redīre zurückkehren, -gehen, kommen, Rückgriff nehmen [trag
redĭtus Rückkehr, Einkommen, Er-
redivīvus wiederhergestellt
redūcĕre zurückführen, zurückbringen
redundantĭa Überfluß
redundāre überfließen, reichlich haben, reichen, übrig bleiben
refabrĭcāre wiederherstellen
refectĭo Ausbesserung
refectus Wiederherstellung; Gewinn,
refellĕre widerlegen [Ertrag
referendarĭus Kabinettschef, der Gesuche vorträgt und beantwortet
referre zurückgeben, -geben, einwenden, vorbringen, anrechnen, beziehen auf, ankommen auf
refert es ist von Wichtigkeit
refertus gefüllt, voll
refĭcĕre neu errichten, wiederherstellen, -erhalten, gewinnen
refīgĕre losreißen, abmachen
reflare umgekehrt wehen, umschlagen
reflŭĕre zurückfließen
reformāre umgestalten, wiedergeben
reformatĭo Wiedereinräumung
reformīdāre scheuen, fürchten
refŏvēre neu beleben, auffrischen
refrāgāri widerstreben, -stehen
refragatĭo Widerstand, -spruch
refrēnāre zügeln
refrĭcāre erneuern
refrigĕrāre abkühlen
refringĕre aufbrechen
refŭga Entlaufener, Überläufer
refŭgĕre entfliehen, ausweichen, Zuflucht nehmen [Gang
refugĭum Zufluchtsort, geheimer
refundĕre zurückstatten
refusĭo Rückgabe, Zahlung

refūtāre abweisen, widerlegen
refutatĭo Widerlegung
refutatorĭus Widerlegungs-...
regālis königlich, Fürst
regens Führer
regĕre leiten, führen, bestimmen, festsetzen
regĕrĕre zürückschaffen, eintragen
regesta Verzeichnis, Register
regĭmen(tum) Leitung, Regierung
regīna Fürstin, Kaiserin
regĭo Richtung, Lage, Grenze, Grundstück, Bezirk, Gegend
regĭus königlich, kaiserlich
regnāre herrschen
regnum Reich [ren
regrădāre zurückversetzen, degradie-
regradatĭo Degradation [men
regrĕdi zurückkehren, Rückgriff neh-
regressus Rückkehr, Rücktritt, Rückgriff
regŭla Richtscheit, Schiene, Preßhebel; Regel, Rechtssatz
regularĭter regelmäßig
regŭlus kleiner König, Duodezfürst
reĭcĕre zurückwerfen, -weisen, von sich werfen, verwerfen, verstoßen, verweisen an
rejectĭo Vertreibung
relābi zurückfallen
relatĭo Rückgabe, Rückschiebung, Beziehung
relatorĭa Empfangsschein
relaxamentum = relaxatio
relaxāre befreien, nachlassen
relaxatĭo Erlaß
relēgāre verweisen, verbannen, rück-, wieder vermachen
relegatĭo Verbannung, Rückvermächtnis

relĕgĕre wieder=, vorlesen, wieder=erlangen
relĕvāre heben, erleichtern, stützen, mindern, freisprechen
relevatĭo Erleichterung
relictus v. relinquere
relĭgāre befestigen
religĭo Religion, Ehrfurcht, Religionsübung, Heiligkeit, Schwur, Gewissen
religĭōsus geweiht, heilig, andächtig, rechtmäßig, gewissenhaft
relinquĕre zurücklassen, hinterlassen, überlassen, aufgeben, unterlassen
relĭquāri im Rückstande sein
reliquatĭo Restschuld
reliquātor Restschuldner
reliquĭae Reste, Überreste, Asche
relĭquum Rest
relĭquus übrig
relīsus herabgedrückt
relŏcāre wiedervermieten, =pachten
reluctāri widerstreben, =sprechen
reluctatĭo Widerspruch
remancĭpāre zurückveräußern
remancipatĭo Rückveräußerung
remănēre zurückbleiben
remansor = emansor
remĕāre zurückkehren
remeātus Rückkehr
remedĭum Heilmittel, Hilfsmittel, [Rechtsmittel
remex Ruderknecht
reminisci sich erinnern
remisse mild [weisung
remissĭo Erlaß, Aufhebung, Ver=
remissus schlaff, nachlässig
remittĕre zurück=, zuschicken, überweisen, erlassen, opfern, aufheben, gestatten

Remmia lex s. Abschn. II.
remŏrāri verweilen, verzögern
remotĭo Enthebung, Ausschließung
remōtus entfernt
remŏvēre entfernen, ausschließen, abweisen, aufheben [nen
remunĕrāre wiedervergelten, beloh=
remuneratĭo Wiedererstattung, Belohnung, Gnadengeschenk
renasci nachwachsen, neu aufleben
renīti widerstreben
renŏvāre erneuern, ersetzen
renovatĭo Erneuerung
renŭĕre verweigern, ablehnen
renuntĭāre zurückberichten, melden, aufkündigen, verzichten
renuntiatĭo Anzeige, Kündigung, [Verzicht
renuntiātor Angeber
renuntĭus Antwortbote
Renus = Rhenus [bessern
repărāre erneuern, eintauschen, aus=
reparatĭo Ausbesserung, Wiederher=[stellung
repĕdāre zurückkehren
repellĕre abwehren, abweisen, ausschlagen, ausschließen, aussetzen,
rependĕre zurückzahlen
repensāre erstatten, aufrechnen
repensatĭo Aufrechnung
repente plötzlich
repentīnus unerwartet
repĕrīre finden, treffen, erkennen
repertorĭum Verzeichnis
repĕtĕre von neuem anfangen, wieder belangen, zurückfordern, wiederholen, erneuern, zurückrechnen, =beziehen
repetitĭo Rückforderung, Wiederholung, Zurückbeziehung
repetundae durch Erpressungen u. a. unrechtmäßig erlangtes Gut

repignĕrāre wieder einlösen

replēre wieder anfüllen, ergänzen, ersetzen

repletĭo Ergänzung

replētus v. replere

replĭcāre Gegeneinwand erheben

replicatĭo Gegeneinrede

replumbāre Blei entfernen

repōnĕre zurückstellen, wieder herstellen, zurückbringen, legen in, stellen auf

reportāre zurückbringen, erlangen, einbringen, zahlen

reposcĕre zurück-, einfordern

repositorĭum Untersatz

repraesentāre vorführen, vollziehen, vornehmen, bewirken, leisten, bezahlen

repraesentatĭo Barzahlung

repraestāre zurückerstatten

reprehendĕre betreffen, zurechtweisen

reprehensibĭlis tadelnswert

reprehensĭo Tadel

reprĭmĕre hemmen, Einhalt tun

reprŏbāre verwerfen

reprŏbus unrecht, falsch

repromissĭo Stipulationsversprechen

repromittĕre durch Stipulation versprechen

repudĭāre verstoßen, verwerfen, ausschlagen, kündigen

repudiatĭo Ausschlagung

repudĭum Trennung, Scheidung

repugnāre widerstreiten, -streben

repulsa Zurück-, Abweisung

repulsāre abwehren

repurgāre reinigen

repurgĭum Reinigung

repŭtāre berechnen, zurechnen, einrechnen, abrechnen

reputatĭo Ein-, Aufrechnung

requĭes, ētis Ruhe

requiescĕre ruhen

requīrĕre suchen nach, untersuchen, fordern, auffordern

requisitĭo Auf-, Untersuchung

reri meinen, glauben

res Gegenstand, Sache, Rechtsverhältnis, Rechtsstreit, Vermögen, Tatsache, Leistung, Erfolg, Umgang, Inbegriff von Sachen

resarcīre ersetzen

rescindĕre abreißen, aufheben, ungültig machen

rescīre, resciscĕre } erfahren, erkennen

rescissĭo Aufhebung

rescissorĭus Aufhebungs-..

rescrībĕre antworten, Bescheid geben

rescriptĭo, rescriptum { kaiserliches Antwortschreiben, Entscheidung; Bescheid

resĕcāre abschneiden, entfernen

resĕrāre öffnen, kundtun

reservāre zurückbehalten, aufsparen

resĭdēre zurückbleiben, übrig bleiben

resīdĕre sitzen, sich aufhalten

residŭus übrig, rückständig, unterschlagen

resignāre entsiegeln

resĭlīre zurücktreten, abstehen

resipiscĕre wieder zur Vernunft kommen

resistĕre zurückbleiben, widerstehen

resolutĭo Auflösung, Aufhebung

resolvĕre auflösen, aufheben, trennen, befreien, zahlen

resŏnāre wiedertönen, tönen

respectus Rücksicht

respergĕre besprengen, bekleiden

respicēre berücksichtigen, betrachten, annehmen, gehören
respīrāre aufatmen
respondēre (dagegen) versprechen, antworten, bescheiden, Folge leisten, entsprechen, gehören
responsālis = apocrisiarius
responsio Antwort, Gutachten, Meinung, Erwiderung
responsitāre Gutachten erteilen
responsum Bescheid, Orakel
ad responsum Stellvertreter des magister militum
responsus = responsio
respublica Staat
respuēre ausschlagen
restagnāre sich stauen
restagnatio Stauung
restāre übrig sein, als Rest bleiben
restaurāre erneuern, ausbessern
restauratio Wiederherstellung
resticŭlus Strick, Schnur
restinguēre auslöschen, tilgen
restipŭlāri sich gegen versprechen lassen
restipulatio Gegenversprechen
restituēre wiederherstellen, =einsetzen, zurückgeben, herausgeben, leisten, Rechnung legen
restitutio Wiedereinsetzung in den vorigen Stand, Herausgabe
restitutorius restitutio betreffend
restrictio Beschränkung
restruēre wieder aufbauen
resultāre widerstreben [erhalten
resūmēre wiederannehmen, zurück=
resupīnus zurückgebogen, weichlich
resuscitāre wieder aufleben lassen
retardāre verzögern, abhalten

rete Netz
retendēre erlassen, einstellen
retentāre festhalten, verpflichten, beibehalten, fernhalten
retentātor = detentor improbus
retentio Zurückhalten, detentio
retentum rückständige Steuer
reticēre verschweigen
reticŭlum } kleines Netz, Haarnetz,
reticŭlus } Netzwerk
retinēre zurückhalten, behalten, beibehalten, behaupten, betreffen, sich erinnern, geheim halten, abstehen
retorquēre zurückwenden
retractāre nochmals verhandeln
retractatio nochmalige Verhandlung
retractio Verminderung
retrādēre zurückübereignen
retrāhēre zurückholen, =fordern, =halten, verkehren
retro rückwärts, früher, wieder, zurück, umgekehrt
retrorsūm } rückwärts
retrorsus }
rēus Beklagter, Angeklagter, Schuldner; schuldig
revalescēre sich wieder erholen
revēhēre einführen
revēlāre enthüllen, öffnen
revellēre los=, abreißen
revendēre zurückverkaufen
revēnīre zurückverkauft werden
revĕnīre zurückkehren
rēvēra in der Tat
reverendus } ehrwürdig
reverens. }
reverenter ehrerbietig
reverentia Ehrerbietung
reverēri ehrerbietig begegnen
revertēre umkehren, umwandeln

reverti zurückkehren, Rückgriff nehmen
revincĕre widerlegen, überführen
reviviscĕre wieder aufleben
revŏcāre zurückrufen, -führen, -ziehen, widerrufen, ausschließen, abhalten, auffordern
revocatĭo Widerruf [ben
revocatorĭa Zurückberufungsschrei-
revŏlāre zurückfliegen, -eilen
revolvĕre abwälzen, zurückversetzen, zurückrufen, -beziehen
revolvi zurückfallen
rex König
Rhaetĭa Gegend zwischen Donau und Rhein
Rhaetĭcus Rhätien betreffend
rhapisma Schlag, Hieb
rheda vierräderiger Reisewagen
Rhemmia lex s. Abschn. II.
Rhenus Rhein
rhetor Redner, Lehrer der Redekunst
Rhodia lex s. Abschn. II.
rhodĭnum Rosensalbe
Rhodĭus von Rhodus bei Kleinasien
Rhodŏpe Gebirge in Thrakien
rhomphaea langer Spieß, Schwert
ridēre lachen, spotten
ridĭca (Wein-)Pfahl
ridiculōsus } lächerlich
ridicŭlus } lächerlich
rigāre berieseln, bewässern
rigor Strömung, Strenge
rima Spalte, Ritze [schen
rimāri durchwühlen, -suchen, -for-
ripa Ufer
riparensis } Ufer-...
ripensis } Ufer-...
rixus Koffer
rite gehörig, richtig
ritus Religionsgebrauch, Gebrauch, Sitte, Form [leitung
rivālis Genosse derselben Wasser-
rivus Bach, Wasserröhre, Kanal
rixa Streit, Zank
rixāri zanken
robŏrāre bekräftigen, bestätigen
robur, ŏris Kraft, Gültigkeit
robustus stark, gültig
rodĕre benagen, zernagen
rogāre fragen, beantragen, bitten, fordern [trag, Bitte
rogatĭo Frage, Gesetzesan-
rogātor Antragsteller
rogātus Bitte
rogus Scheiterhaufen
Roma Rom
Romānus römisch
romphaea = rhomphaea
Romulĕus nach Romulus benannt
Romŭlus erster römischer König
rosa Rose, Rosensalbe
rostra Rednerbühne
rostrum Schiffsschnabel, Mund
rota Rad, Wagen
rotundus rund
ruber rot
rubĭa Färberröte, Krapp
rubor Röte, Scham
Rubria lex s. Abschn. II.
rubrĭca Überschrift, Titel
rudĕra Trümmer
rudimentum Versuch, Anfang
rudis I. roh
— II. Rappier
rudus Gemäuer, Schutt
ruĕre herab-, einstürzen
Rufīnus s. Abschn. II.
rugōsus runzlig, faltig
ruīna Einsturz

ruinōsus baufällig
rumor Gerücht
rumpĕre zerbrechen, brechen, verderben, aufheben
ruptĭo Beschädigung
rurālis } ländlich
rurestris }
rursum } wiederum, nochmals
rursus }
rus Land, Feld
Rusconiensis aus Rusconiae in Mauritanien
rusticānus bäuerlich
rusticĭtas Landleute, Unerfahrenheit
rustĭcus I. ländlich
— II. Bauer
rūta getrennte Bodenbestandteile
rutĭlans rötlich
Rutiliāna actio Forderungsklage des bonorum venditor
Rutilius s. Abschn. II.

S.

Sabatēnus aus Sabāte in Etrurĭa
Sabbatiāni eine Sekte
sabbătum Sabbat
Sabiniāni Anhänger des Capĭto und Sabīnus
Sabiniāni libri Kommentar zu Sabīnus, von Ulpiānus
Sabinianum s. Abschn. II.
Sabīnus s. Abschn. II.
saccarĭus Sackträger
saccellus Säckchen
Saccophŏri eine Sekte
saccularĭus Beutelschneider, Taschendieb
saccŭlus = saccellus
saccus Sack
sacellum Kapelle
sacer geweiht, heilig, kaiserlich; verwünscht, verflucht
sacerdōs, dōtis Priester
sacerdotālis I. priesterlich
— II. Priester
sacerdotĭum Priestertum, -amt
sacramentum Prozeßwettsumme, Prozeß, Eid, Fahneneid, Kultus
sacrarĭum Heiligtum, Kaiserpalast, Gericht
sacrātus geweiht, heilig
sacrifĭcāre opfern
sacrificĭum Opfer
sacrilegĭum Tempelraub, Abfall, Majestätsbeleidigung
sacrilĕgus Tempelschänder, Abtrünnige, Majestätsverbrecher
sacrosanctus hochheilig
sacrum Heiligtum, Opfer, Familienverband, Geheimnis
saeculāris weltlich
saecŭlum Jahrhundert, Zeitgeist, Welt
saepe(numĕro) oft, bisweilen
saevīre wüten, streng sein
saevĭtas, ātis Wut
saevitĭa Heftigkeit, Strenge
saevus wütend, heftig, streng, grausam
saffirĭnus s. sapphirinus
sagacĭtas, ātis Scharfsinn, -blick
sagarĭus Mantel- . . ., Kleid- . . .
sagax, ācis scharfsinnig, -sichtig
sagitta Pfeil
sagittarĭus Pfeilschmied, Bogenschütze
sagmen, ĭnis Grasbüschel, das die Gesandten trugen zum Zeichen der Neutralität
sagum Mantel
sal Salz
salamandra Salamander
salarĭa via Salzstraße (bei Rom
salariarĭus wer salarium erhält

salarium Sold, Ehrensold, Honorar
salgāmum Lebensunterhalt und Toilette
salictētum } Weidengebüsch
salictum }
saliens Springbrunnen
saligneus von Weiden
salinae Salzwerk
salire hüpfen, springen
salix, icis Weide, Weidenbaum
Salonitānus aus Salōna in Dalmatia
salsamentum Eingesalzenes
saltāre tanzen
saltem doch, mindestens, sogar
saltuarius Waldhüter, Flurhüter
saltuensis Wald- . . .
saltus I. Sprung
— II. Waldung, Grundbesitz
salūbris heilsam, dienlich
salubritas Heilsamkeit, Wohlsein
salus Gesundheit, Wohl, Gruß
salūtāre begrüßen
salutāris heilsam, dienlich
salutatio Begrüßung
salvāre retten, erlösen
salvātor Retter, Erlöser
Salviānum interdictum auf Besitzerlangung der Pfandsache durch den Verpächter
Salvius s. Abschn. II.
salvus gesund, heil, unversehrt
Samaritae eine Sekte
Samnium Landschaft bei Latium
sanāre heilen
sanātes wieder angefallene Bundesgenossen
sancire unverbrüchlich festsetzen, anordnen
sanctimonia Heiligkeit
sanctimoniālis heilig, klösterlich
sanctio Weihe, Strafbestimmung
sanctitas, ātis Heiligkeit, Aufrichtigkeit; Ehrentitel
sanctus heilig, unverletzlich, ehrwürdig, unschuldig, göttlich
sane freilich
sanguineus blutig
sanguinolentus blutig, neugeboren
sanguis, inis Blut, Leben, Verwandtschaft, Herkunft, Abkömmling
sanies, ei eiteriges Blut
sanitas, ātis Gesundheit, Verstand
sanus gesund, verständig
sapa Saft, Most, Mus
sapĕre vernünftig sein
sapiens vernünftig, weise
sapienter klugerweise
sapientia Weisheit, Wissenschaft
sapphirinus saphirn (Edelstein)
Saracēni Volk in Arabia felix
sarcina Gepäck, Bürde, Last
sarcinātor Flickschneider
sarcinŭla Reisebündel
sarcire ausbessern, flicken
sarcocolla = sargogolla
sarcophăgus Sarg aus Kalkstein
sarcŭlus Hacke
Sardiāni aus Sardes in Lydien
Sardinia Insel bei Italien
sardŏnyx ein Edelstein
sargogolla persisches Gummiharz
Sarmătae Volk am Schwarzen Meer
sarmentum Reisig, Reißholz
sarpĕre aus-, beschneiden
sartāgo, inis Pfanne
sartūra Ausbesserung
sartus gut erhalten (v. sarcire)
sat = satis
satăgĕre befriedigen, bezahlen
Satalenus aus Satala in Armenien
satelles, itis Begleiter, Gehilfe

satĭas } Überdruß, Ekel
satiĕtas }
satĭo Aussaat, Anpflanzung
satĭra s. satūra
satis genug, ausreichend
satisacceptĭo Sicherheitsstipulation
— accĭpĕre Sicherheit erhalten
— agĕre sich bekümmern, bezahlen
— cavēre Sicherheit leisten
— dāre Bürgen stellen
— dātĭo Bürgenstellung
— dāto infolge Bürgschaft
— dātor Bürge
— desidĕrāre Kaution verlangen
— exĭgĕre Sicherheit fordern
— făcĕre Sicherheit leisten, zahlen
— offerre Sicherheit anbieten
— pĕtĕre Sicherheit verlangen
— postŭlare Sicherheit fordern
— praestāre Sicherheit leisten
satĭus besser, dienlicher
satrăpa Statthalter in Persien
satūra Fruchtschale, Allerlei, Satire
Saturiāni Nomaden in Afrika
Saturnīnus s. Abschn. II.
satus v. serere
satўra, satūra Satire, Spottverse
saucĭāre verletzen
saucĭus verwundet, geschwächt
saxōsus steinig
saxum Fels, Stein
scabiōsus } krätzig
scabĭdus }
scaena Bühne
scaenĭcus I. Bühnen-...
— II. Schauspieler
scaeva Linkshänder
scaevĭtas Ungeschick, Verkehrtheit
Scaevŏla s. Abschn. II.
scaevus ungeschickt, verkehrt
scala Leiter
scamnum Schemel, Bank
scandălum Anstoß
scandŭla Schindel
scandularĭus Schindeldecker
scansor = scasor
scapha Nachen, Kahn
scaphĭum Becken, Nachtgeschirr
scasor Pflasterer
scelerātus verbrecherisch
scelerĭtas Verruchtheit
scelerōsus } frevelhaft, verrucht
scelestus }
scelus, ĕris Verbrechen, Frevel
scen ... s. scaen ...
sceptrum Szepter
scheda Blatt, Entwurf
schedĭus leicht hingeworfen, -gearbeitet
schisma Glaubensspaltung
schismatĭcus Abtrünniger
schola Schule, eine Sekte, Korps, Vereinigung
scholāris zu einer schola gehörig
scholastĭcus Rechtsgelehrter
scientĭa Wissen, Kenntnis, Wissenschaft
scilĭcet nämlich
scindĕre zerreißen, zerspalten, teilen
scire wissen, kennen, verstehen
sciscĕre erforschen, beschließen
sciscĭtāre sich erkundigen, ausfragen
scitum Beschluß, Verordnung
scopae Reiser, Besen
scoparĭus Auskehrer
scopelismus Drohung durch Steinwurfzeremonie
scopŭlus Stein
scortum Dirne
scotra s. scruta
scriba Schreiber

scribātus Stand des scriba
scribĕre schreiben, niederschreiben, errichten, anordnen, erklären, mitteilen, berichten, ernennen
Scribonia lex s. Abschn. II.
scriniarĭus Kanzlist
scrinĭum Kanzlei
sriptĭo Schreiben, **Urkunde**, Unterschrift, Schuldverschreibung
scriptor Schreiber, Schriftsteller
scriptum Schrift, Unterschrift, Verordnung, Werk
scriptūra Schrift, Handschrift, Urkunde, Anordnung, Gutachten, Schuldanerkenntnis [wicht)
scripŭlum $^1/_{24}$ uncia (kleinstes Gewicht)
scrobs Grube [terie
scrupulosĭtas Ängstlichkeit, Pedanterie
scrupulōsus sorgfältig, übergenau
scrupŭlum = scripulum, Bedenken
scruta Trödelware
scrutāri durchstöbern, aufsuchen
sculpĕre meißeln, schneiden, stechen
sculptor Stecher, Hauer
scutarĭus Schildträger (Garde)
scutella flache Schüssel, Untersatz
scutra = scutella
scutulātus gewürfelt
scutum Schild
scyphus Becher, Pokal [Hunnen
Scyrae Barbaren, Verbündete der Hunnen
Scythĭa Provinz Thrakiens
Scythĭcus scythisch
Scythopolitānus aus Scythopŏlis in Syrien
se I. = sine [in Syrien
— II. sich
Sebastēnus aus Sebaste in Palästina
secāre schneiden, operieren
secēdĕre weggehen abfallen
secernĕre trennen, absondern
secessĭo Trennung, Abfall
secessus Einsamkeit, einsamer Ort
secĭus weniger
seclūdĕre ausschließen
secretarĭum Gerichtssaal
secrēto im geheimen
secrētum Einsamkeit, Geheimnis
secrētus gesondert, verborgen, geheim, gesetzwidrig
secta Bahn, Handlungsweise, Anhang, eine Sekte, Schule
sectāri nachfolgen, -streben
sectātor, ōris Anhänger
sector, ōris Güterschlächter
sectorĭus Güterkauf-...
secŭlum s. saeculum
secum mit sich
secundarĭus folgend, zweit
secundicerĭus wer auf den primicerius folgt
secundo wiederum [für
secundum längs, bei, nahe, gemäß, für
secundus zweiter, nochmalig, minderjährig, günstig
secūris Beil
securĭtas Sicherheit, Garantie, Quittung, Haftungsbefreiung
secūrus sicher, sorglos, fahrlässig
secus anders, schlimm
secutorĭus nachfolgend
sed aber, sondern
sedāre schlichten
sedecĭes sechzehnmal
sedēcim sechzehn
sedēre sitzen, sich stützen, feststehen, sich niederlassen
sedes Sitz, Wohnsitz, Wohnung, Gerichtsstätte
sedĭle Stuhl, Sessel
seditĭo Aufstand

seditiōsus aufständisch
sedūcĕre verführen, betrügen
sedularium Wagenpolster
sedulitas Eifer
sedŭla } eifrig, fleißig
sedŭlus }
seges, ĕtis Saat, Boden
segnis träge
segnitio } Trägheit
segnities }
segrĕgāre absondern, ausnehmen
segregātim abgesondert
segrex befreit
sejungĕre befreien
Seleucēnus aus Seleucia in Syrien
Selinus Küstenstadt Siziliens
seliquastrum Stuhl, Sitz
sella Sessel, Gerichtsstuhl, Sattel
semel einmal
semen, inis Samen, Ursache
sementis Aussaat
semestris halbjährlich
semet = se II.
semicentesima Abgabe von 50 v. H.
semidecima Abgabe von 5 v. H.
semimītra Halbmütze
semināre pflanzen, säen
seminarium Pflanzschule
seminex halbtot
semipes halber Fuß (Maß)
semiplēnus halb beendigt
semis ein halb
semisiliqua eine halbe siliqua
semissālis 1/2 As betragend
semissarius = semissalis
semissis 1/2 As, Hälfte
semita Fußsteig
semōtim abgesondert
semŏvēre absondern, abschließen
semper immer
sempiternus ewig
Sempronia lex s. Abschn. II.
Sempronius s. Abschn. II.
semuncia 1/2 uncia, 1/24 As
senātor Mitglied des Senats oder der curia, kaiserlicher Beamter
senatorius Senatoren- . . .
senātus Senat, Stadtratskollegium
senatusconsultum Senatsbeschluß
senectus hohes Alter
senescĕre altern
senex Greis
seni (je) sex
senior I. älter
— II. alter Mann
senium Greisenalter
sensim allmählich
sensum Denken, Überlegung
sensus Empfindung, Sinn, Einsicht, Meinung
sententia Meinung, Absicht, Ansicht, Stimme, Entscheidung, Ausspruch, Bescheid
sentire fühlen, denken, meinen, wollen, leiden, übereinstimmen
seorsum besonders, unten
sepărāre absondern, trennen, unterscheiden
separātim besonders
separātio Trennung, Scheidung
separātus getrennt, verschieden, frei
sepĕlire beerdigen
sepōnĕre sondern, scheiden, wegnehmen, aufheben
sepositio Trennung
Septa Ort an Afrikas Nordküste
septem sieben
September September betreffend
septemvirālis vor die Siebener gehörig
septēni (je) sieben

septennium Zeitraum von sieben Jahren
septentrionālis nördlich
septies siebenmal
septima Abgabe (Siebenter)
septimāna Woche
septimum Palast bei Konstantinopel
septimus siebenter
septuagenarius Siebzigjähriger
septuagesimus siebzigster
septuaginta siebzig
septum Mauer, Gehege, Wehr
septunx $^7/_{12}$ As
sepulc(h)rum Grabmahl, -stätte
sepultūra Leichenbegängnis
sequēla Folge, Nebenabrede
sequens folgend, später, verbunden
sequester I. Mittelsperson, Streitsache-Verwahrer
— II. Depot, Verwahrung
sequestrāre dem sequester übergeben, aufschieben
sequestrarius Verwahrungs-...
sequestratio Verwahrung beim sequester
sequestre = sequester II.
sequestrum verwahrte Streitsache
sequi folgen, begleiten, befolgen, treffen, belangen
sequior schlechter
sera Schloß
serenitas „Durchlaucht" (Titel)
serēnus heiter, froh
serenissimus durchlauchtigst
serĕre säen
seria Krug, Tonne
sericoblatta purpurne Seide
sericus seiden
series, ēi Reihe, Wortlaut, Inhalt
serius ernsthaft

sermo, ōnis Rede, Wortlaut, Ausdruck, Sprachgebrauch, Sprache
sermocinatio Äußerung
sero zu spät
serpens Schlange
serpĕre kriechen
serra Säge
serracūlum Steuerruder
sertum Kranz
serus spät
servacūlum s. serraculum
servāre bewahren, erhalten, beachten, wiedererlangen
servātor Aufpasser
Serviāna actio Klage I. des Verpächters, dann jedes Pfandgläubigers auf Herausgabe der Illaten
— II. des bonorum emptor
serviens dienendes Grundstück
servilis Sklaven-...
servire dienen, nützlich sein, obliegen, verrichten [Sklaven
servitium Sklavenstellung, Dienst,
servitus Sklaverei, Sklavenstellung, Dienstbarkeit
Servius s. Abschn. II.
servŭla Sklavin
servŭlus Sklave
servus I. dienend, dienstbar
— II. Sklave
sescuncia } anderthalb Zwölftel
sescunx }
sessio Sitzung, Gerichtstag
sestertius Silbermünze ($2^1/_2$ As)
seu oder, auch, und
severitas Strenge
severitūdo, inis Strenge
sevērus streng
Sevērus I. Kaiser, 193—211 n. Chr.

Sevērus II. ein Sektierer
— III. s. Abschn. II.
sex sechs
sexagenarius Sechzigjähriger
sexagesimus sechzigster
sexaginta sechzig
sexcenti sechshundert
sexdĕcim = sedecim
sexennium Zeitraum von 6 Jahren
sexprimi obersten sechs Dekurionen
sexta Mitternacht
sextans $^1/_6$ As, ein Sechstel
sextarium } Nösel, Metze
sextarius }
sextus sechster
Sextus s. Abschn. II.
sexus Geschlecht
si wenn, ob
sibi(met) sich (Dativ)
sic so, so sehr, also
sica Dolch
sicarius Meuchelmörder
siccāre trocknen
siccitas Dürre, Trockenheit
siccus dürr, trocken
Sicilia Insel bei Italien
sicilicus $^1/_4$ uncia, $^1/_{48}$ As
Siciliensis Sizilianer
sicŭbi wenn irgendwo
Sicŭlus Sizilianer
sicŭt(i) sowie, gleichwie, zum Beispiel
sidus, ĕris Gestirn
sifo = sipho
sigillaria Bilderfest, -markt
sigillātim = singulatim
sigillātus mit Bildern geschmückt
sigillum Bildchen
siginnus Wurfspieß
siglum Abkürzung
signacŭlum Siegel
signare versiegeln, untersiegeln, bezeichnen, ausprägen
signarius Bildschneider
signatio Erklärung
signātor Untersiegler
signatorius Siegel- ...
signatūra Bild, Siegel
signifăcĕre kundgeben
signifer Fahnenträger
significāre erklären, bezeichnen
significatio Bezeichnung, Ausdruck
significativus bezeichnend
significātus = significatio
signinus Mörtel aus Scherben und Kalk
signum Zeichen, Siegel, Bild, Feldzeichen
Silanianum s. Abschn. II.
silentiarius Kammerherr
silentium Schweigen
silēre schweigen
silescĕre verstummen
silex, icis Kiesel
Silia lex s. Abschn. II.
silig(i)narius Weizenhändler, -bäcker
siligo, inis Weizen
siliqua Schote, Münze ($^1/_{24}$ solidus)
siliquaticum Zoll in Höhe einer siliqua
sillus Spottgedicht
silva Wald
simia Affe
similis ähnlich
similitūdo Ähnlichkeit
Simoniāni eine Sekte
simpla einfacher Betrag
simplarius geringfügig
simplex einfach, einfältig, natürlich
simplicitas Einfachheit, Einfalt
simpliciter ohne weiteres, aufrichtig
simplum einfacher Betrag
simplus einfach

simul zugleich
simŭlac } sobald als
simulatque
simulăcrum Götterbild
simŭlāre vorspiegeln, heucheln
simulāte zum Schein
simulatĭo Vorspiegelung
simultas Reibung, Zwist, Haß
sin wenn aber
sincerĭtas Reinheit, Ehrlichkeit
sincērus redlich, unverfälscht
sine ohne [lassen
sinĕre gestatten, zulassen, dulden,
singillātim = singulatim
singulāris I. einzeln, besonder
— II. Beamter des praefectus praetorio
singularĭter ausnahmsweise
singulātim einzeln, besonders
singŭlus einzeln
sinistra linke Hand
sinister ungeschickt, schlimm
Sinopensis aus Sinōpe in Paphlagonien
sinus Bausch, Brust, Schoß, Schutz
sipho Spritze [Lydien
Sipylensis vom Berg Sipȳlus in
siquando wenn einmal
siquĭdem wenn nur, weil
siremps ganz ebenso
Sirmĭum Stadt in Pannonien
sistĕre hinstellen, beibringen, sich
sitella Losurne [stellen
Sitifensis aus Sitĭfis in Maure-
sitīre dürsten [tanien
sitis Durst
sitocomia = sitonia
sitōna Getreideeinkäufer
sitonia Amt des sitona
sitŭla Wasserkrug, -eimer

situs I. stehend, liegend
— II. Lage, Schmutz, Moder
sive oder, wenn auch
smaragdus grüner Edelstein
smurna } Myrrhe
smyrna
Smyrna Hafen in Jonien
sobŏles = suboles
sobrĭe nüchtern
sobriĕtas Nüchternheit, Mäßigkeit
sobrīnus* Geschwisterkind, Vetter
socer* Schwiegervater
socĭa Gefährtin
socialis gemeinsam [leiben
sociāre verbinden, annehmen, einver-
sociĕtas Gesellschaft, Gemeinschaft [schafter
socĭus Gefährte, Genosse, Gesell-
socordĭa Untätigkeit
socrus* Schwiegermutter
sodālis Genosse, Kollege
sodalĭtas } Genossenschaft, Brüderschaft
sodalitĭum
sol Sonne, Sonnenwärme, Lebenslicht, Sonntag
solāri trösten
sōlarĭum Söller
sŏlarĭum Grundsteuer
solatĭum Trost, Entschädigung, Ersatz
solemnĭa Feierlichkeit, Steuer
solemnis herkömmlich, feierlich, förm-
solemnĭtas Gewohnheit [lich
solemnĭter förmlicherweise
solenn ... = solenn ...
solēre pflegen, gewohnt sein
soler ... = soller ...
Soletīnus aus Solētum in Kalabrien
solĭdāre befestigen, bestätigen
solidĭtas Festigkeit, Ganzes, solida-
solĭdum Ganzes [rische Haftung

solĭdus I. ganz, vollständig
— II. Goldmünze (Dukaten)
solitarĭus I. einzelstehend, allein
— II. Vater nur eines Kindes
solitaurilĭa Tieropfer
solitūdo, ĭnis Einsamkeit, Ehelosigkeit
solĭtus gewöhnlich, herkömmlich
sollemn . . . = solemn . . .
sollers kunstfertig, tüchtig
sollertĭa Kunstfertigkeit, Gewandtheit
sollicĭtāre erregen, aufwiegeln
sollicitātio Mahnung, Aufwieglung
sollicitātor Aufwiegler, Verführer
sollicĭte bekümmert, sorgsam
sollicitūdo Bekümmernis, Sorge
sollicĭtus erregt, besorgt, ängstlich
Solon Gesetzgeber Athens
solum I. allein, nur
— II. Grund und Boden
solummŏdo = solum I.
solus allein [zahlung
solutĭo Auflösung, Befreiung, Be-
solūtor Bezahler [gehindert
solūtus befreit, frei, verschieden, un-
solvĕre auflösen, befreien, bezahlen, aufheben, loslassen
solvendo esse zahlungsfähig sein
somniculōsus schläfrig
somnĭum Traum
somnus Schlaf
sons schädlich
sontĭcus hinderlich
sonus Ton, Schall, Klang
Sopha(nē)nus aus Armenien
sophista sophistischer Philosoph
sopīre betäuben, einschläfern
sordēre schmutzig sein
sordes Schmutz, Schnelligkeit, Geiz, Eigennutz, Habsucht
sordidātus beschmutzt
sordĭde habsüchtig, geizig
sordĭdus schmutzig, niedrig
soror, ōris* Schwester
sororĭus schwesterlich
sors Los, Geschick, Teil, Verhältnisse, Vermögen, Kapital, Art und Weise
sorticŭla Lostäfelchen
sortīri losen, erlosen, erhalten
sortīto durch das Los
sortītus Losen
sospĭtas Heil, Wohlsein
spado zeugungsunfähig
spargĕre ausstreuen, zerstreuen
Spartăcus Gladiator, Söldnerführer
spatangĭus ein Fisch
spatha zweischneidiges Schwert
spatĭāri umhergehen
spatiōsus geräumig [raum
spatĭum Zwischenraum, Raum, Zeit-
specĕre beachten, beobachten
speciālis besonder
speciātim besonders
specĭes, ēi Anblick, Gestalt, Form, Begriff, Art, Fall, Schein, Art und Weise; Früchte
speciōsus glänzend, schön, scheinbar
spectabĭlis ansehnlich, ausgezeichnet
spectabilĭtas Würde eines „specta-
spectacŭlum Schauspiel [bilis"
spectāre zusehen, beobachten, berücksichtigen, erwarten, betreffen
spectātus erprobt, bewährt
specŭla Warte, Lauer, Fürsorge
specŭlāri auskundschaften
specularĭum Spiegel
specularĭus Spiegelmacher
speculātor Kundschafter
specŭlum Spiegel
specus Grotte, Höhle, Kanal

spelunca Zufluchtsort
sperāre erwarten, vermuten, hoffen, fürchten
spernĕre verachten, verwerfen, aus-
spernŭus gewärtig [schlagen
spes Hoffnung, Erwartung
sphaeristerĭum Ballspielhalle
spica Ähre
spina Dorn
spinōsus dornig
spirāre atmen
spirĭtus Hauch, Atem, Leben, Geist,
splendēre strahlen [Ganzes
splendĭdus glänzend, herrlich
splendor, ōris Glanz, Ansehen, Ruhm
spolĭa Beute, Kleider des Hinge-
spolĭāre berauben [richteten
spoliatĭo Beraubung
spondēre geloben, durch Stipulation versprechen, bürgen
spongĭa Schwamm [geschenke
sponsalĭa Verlöbnis, Braut-
sponsalicĭus } Verlobungs- . . .
sponsālis }
sponsāre sich verloben
sponsĭo feierliche Verpflichtung, Prozeßwette, Bürgschaft
sponsor (altziviler) Bürge
sponsus I. = sponsio
— II. Verlobter
spontanĕus freiwillig
sponte von selbst, selbständig
sporta Tragkorb
sportŭlae Körbchen, Geschenke, Amtsgebühren
spretus v. spernere
spurcus schmutzig, abscheulich
spurĭus unehelich
squalĭdus schmutzig, ungepflegt
squalor Schmutz

stabĭlis standfest, unerschütterlich
stabilĭtas feste Ordnung, -Regel
stabŭlāri im Stalle stehen
stabularĭus Stallknecht
stabŭlum Stall
stadĭum Rennbahn
stagnāre sich stauen
stagnum Sumpf, Teich
stagnĕus = stanneus
stamen Kette (am Webstuhl)
stannĕus zinnern
stannum Zinn
stare stehen, feststehen, bestehen bleiben, beibleiben, verbleiben, auf jemand ruhen bleiben, vor Gericht stehen
stater kleines Gewicht
statēra Wage
statim sogleich
statĭo Standort, Aufenthalt, Station, Stellung, Ortsbehörde
stationarĭus Soldaten oder Beamte auf bestimmten Posten
statīva Haltestelle
stator s. strator
statŭa Bildsäule
statuarĭus Bildhauer
statŭĕre aufstellen, festsetzen, verordnen, entscheiden
statulĭber Sklave, der unter Bedingung oder Befristung freigelassen ist
statūra Gestalt, Größe
status Zustand, Rechtslage, Rechtsstellung, Personenstand
statūtum Vorschrift, Entscheidung
statūtus I. entschieden, rechtmäßig
— II. etatsmäßiger Beamter
stellatūra = stillatūra
stellionātus Betrug, Handeln wider

Treu und Glauben, besds. heimlicher Pfandverkauf
stemma Ahnenreihe, Stammbaum
stercŏrāre düngen, ausräumen
sterculīn(ĭ)um Mistgrube, Dünger
stercus Dünger
sterĭlis unfruchtbar
sterilĭtas Unfruchtbarkeit
sternĕre ausbreiten, ebenen, pflastern, bedecken, vernichten
sterquilīnĭum = sterculinium
stigma Brandmal, Infamie
stillatūra Abgabe von Proviant an die Tribunen durch Soldaten
stillicidĭum Dachtraufe, Traufrecht
stilus Griffel, Ausspruch, Urteil
stimŭlus Stachel, Trieb, Unruhe
stipātus umringt
stipendiarĭus zinspflichtig
stipendĭum Grundsteuer, Ertrag, Sold, Kriegsdienst, Dienstzeit, Amt
stipes, ĭtis Pfahl
stips Geldbeitrag, Gabe, Ertrag
stipŭla Halm
stipŭlāri sich förmlich versprechen lassen
stipulatĭo förmliche Schuldfrage, Versprechen, Obligation
stipulātor wer sich versprechen läßt, Stipulationsgläubiger
stipulātus = stipulatio
stipŭlum = firmum (v. firmus)
stirpĭtus mit Stumpf und Stiel
stirps Wurzel, Stamm, Geschlecht
stlis = lis
Stobensis aus Stobi in Mazedonien
stoĭcus stoische Philosophie betreffend
stola langes Kleid, Schleppkleid
stolĭdus tölplig, albern
stolus Flotte, Seeverkehr
strabo, ōnis Schieler
strages Niederlage
stragŭla } Decke, Teppich, Matratze
stragŭlum }
stramentum Streu, Stroh, Decke
strangŭlare erdrosseln, beunruhigen
strata Straße
stratēgus Heerführer
strator, ōris Reitknecht, Bedienter, Gefangnenwärter
stratorĭus zum Überdecken dienend
stratūra Pflaster, Decke
stratus I. v. sternere
— II. Pferdedecke, Bett
strena Neujahrsgeschenk
strenuĭtas Hurtigkeit, Emsigkeit
strenŭus rüstig, tätig, munter
strepĭtus Geräusch, Lärm, Verhandlung
strictus genau
stringĕre zücken, bemessen, treffen
strobĭlus Zirbel, Zapfen
structĭlis gemauert
structor Maurer
struĕre errichten, bereiten
studens Studierender
studēre sich befleißigen, betreiben
studiōsus eifrig, beflissen, zu erstreben
studĭum Eifer, Fleiß, Studium, Vergnügen, Sitte, Absicht
stultitĭa Torheit
stultus töricht, unwissend
stuprāre schänden
stuprātor Schänder
stuprum Schändung
sturnus Star (Vogel)
stylus s. stilus
stypterĭa Alaun
suadēre raten, zureden, überreden

suarĭus Schweine-..., Schweinehändler [Glaube
suasĭo guter Rat, Überredung,
suāsor Ratgeber
suasus Überredung
sub unter, unterhalb, an, vor, innerhalb, bei, während, wegen
subadjŭva zweiter Gehilfe
Subafrenses Nachbarstamm der Afrer
subaudīre darunter verstehen
subclamatĭo darauffolgendes Schreien
subcrescĕre nachwachsen
subcurātor Gehilfe des Kurators
subdĕre unterlegen, unterschieben, hinzufügen, unterwerfen
subdiacŏnus Unterdiakon
subdisjunctīvus nicht ganz entgegengesetzt
subditicĭus untergeschoben, unecht
subdĭtus v. subdere
subdivisĭo Untereinteilung
subdŏlus heimlich, schlau
subdūcĕre wegnehmen, entziehen, abrufen, entfernen, berechnen
subesse dahinter stecken, dasein
subfultus unterstützt
subgrunda Vordach, Wetterdach
subhastāre öffentlich versteigern
subhastarĭus öffentlich zu versteigern
subhastatĭo öffentliche Versteigerung [sein
subjăcēre liegen unter, unterworfen
subĭcĕre legen unter, hinzusetzen, -fügen, anstelle setzen, unterschieben, unterwerfen, anstiften
subjectĭo = substitutio
subjectus v. subĭcere
subĭgĕre bearbeiten, unterwerfen
subinde darauf, wiederholt
subīre eintreten, einfallen, einrücken, übernehmen
subĭto v. subitus
subĭtus plötzlich [werfen
subjŭgāre ins Joch spannen, unter-
subjunctorĭum Wagen
subjungĕre zufügen
sublātus v. tollere
sublĕgĕre anstelle setzen
sublĕvāre aufheben, erleichtern, un-
sublīmāre emporheben [terstützen
sublīmis hoch, erhaben
sublimĭtas „Erhabenheit" (Titel)
sublūcāre ausschneiden
sublūgēre wenig betrauern
submergĕre versenken
submersus untergegangen
subministrāre gewähren
submittĕre unterstellen, anstelle setzen, anstiften, hängen lassen
submōtus v. submovere
submŏvēre entfernen, ausschließen
submūtāre heimlich vertauschen
subnectĕre anknüpfen, anfügen
subnixus gestützt auf, sicher
subnŏtāre vermerken, unterzeichnen
subnotatĭo Unterschrift
subŏles Nachkommenschaft
subornāre anstiften, anstellen
subornātor Anstifter
subpĕrīri Schaden leiden
subpōnĕre s. supponere
subrēpĕre erschleichen
subrepticĭus erschlichen
subreptĭo Erschleichung
subreptīvus erschlichen
subrīpĕre entwenden, fortraffen, erschleichen [setzen
subrŏgāre Zusatz beschließen, anstelle
subrŭĕre untergraben, einstürzen

subrumpĕre einstürzen
subscribendarĭus Unterschreiber
subscrībĕre unterschreiben, anklagen, verfassen
subscriptĭo Unterschrift, Anklageschrift, Aufschrift, Inhalt
subscriptor, ōris Unterschreiber
subsĕcāre unten ab-, anschneiden
subsecīvus Überrest, Neben-...
subsellĭum Bank, Sitz
subsĕqui nachfolgen, sich richten nach, statthaben
subsĕrĕre nachpflanzen
subsīdĕre sinken, zurückbleiben
subsidiarĭus Hilfs-..., Aushilfs-..
subsidĭum Reserve, Aushilfe, Unterstützung
subsignāre untersiegeln, verpfänden, unterzeichnen [dung
subsignatĭo Unterschrift, Verpfän-
subsimĭlis etwas ähnlich
subsistĕre aushalten, ertragen, gelten, da sein, verweilen
subsortīri anstelle, gewählt werden
subsortitĭo Nachwahl
substans gegenwärtig
substantĭa Wesen, Inhalt, Bestand, Inbegriff, Unterhalt
substitŭĕre anstelle setzen, Ersatzerben bestellen
substitutĭo Einsetzung eines Erben
substitūtus Ersatzmann, -erbe
substructĭo Unterbau
substrŭĕre unterbauen [webes
subtēmen, īnis Einschlag des Ge-
subter unterhalb, unter
subterfŭgĕre heimlich entfliehen
subtexĕre unten anweben, anfügen
subtīlis fein, scharf, scharfsinnig
subtilĭtas Schärfe, Spitzfindigkeit
subtractĭo Entziehung, Abzug
subtrāhĕre entziehen, fortraffen, abziehen
suburbānum Grundstück in Stadtnähe
suburbānus stadtnahe, in Italiens Nähe, halb ländlich
suburbicarĭus in Roms Umgebung
subustĭo Heizung von unten
subvas Unterbürge
subvectāre herbeischaffen
subfectĭo Zufuhr
subvĕhĕre herbeischaffen, befördern
subvĕnīre zu Hilfe kommen
subvertĕre umstürzen, umstoßen
succedanĕus Nachfolger, Übernehmer
succēdere nachfolgen, kommen unter, fallen unter [erregen
succendĕre (von unten) anzünden,
succensus erregt, erbittert
successĭo Nachfolge, Reihenfolge, Nachkommen, Erbe, Nachlaß
successor Nachfolger, Erbe, Vertreter
successorĭus das Nachrücken entfernter Erbberechtigter betreffend
successus Aufrücken, Beförderung
succīdĕre abschneiden, abhauen, unterbrechen
succĭdus = sucĭdus
succinctus ausgestattet
succīsus vermindert
succlamatĭo = subclamatio
succrescĕre = subcrescere
succumbĕre unterliegen
succurĕre zu Hilfe kommen
sucĭdus frisch geschnitten
sucŭla Haspel, Winde
sucŭlus Ferkel
sudāre schwitzen, Mühe haben

sudor Schweiß, Anstrengung
suffectus anstelle stehend
sufferre tragen, erdulden
suffĭcĕre hinzuwählen, ausreichen, tragen, zustehen, zugute kommen
sufficienter genügend
suffīgĕre anheften
suffōcāre ersticken
suffŏdĕre untergraben
suffrāgāri stimmen für, unterstützen
suffragatĭo Empfehlung, Unterstützung
suffragātor Fürsprecher, Anwalt
suffragĭum Stimme, Fürsprache, Unterstützung, Wunsch, Zauberformel
suffugĭum Zuflucht, Schutzmittel
suffultus = subfultus
suggĕrĕre darreichen, gewähren, unterlegen, anführen
suggestĭo, **suggestus** Eingabe, Bericht, Antrag
suggillāre verletzen, beschimpfen
suggillatĭo Verletzung, Schimpf
suggrunda = subgrunda
sui, sibi, se seiner, sich
sulcāre pflügen, aufreißen
sulcus Furche, Graben
sulphur Schwefel
sulphurarĭa Schwefelgrube
sulphurātum Schwefelfaden
sulpur ... = sulphur ...
sumĕre annehmen, aufnehmen, wählen, aufwenden, erhalten, vollziehen, entnehmen
summa Summe, Spitze, Hauptsache
summarĭus zu berechnen
summas Vorsteher
summātim obenhin, im allgemeinen, alles in allem
summĭtas Spitze, Hoheit Würde
summŏvēre = submovēre
summus der höchste, oberste
summūtāre = submutare
sum(p)tuōsus kostspielig
sum(p)tus Kosten, Aufwand
supellecticarĭus Aufseher des Hausrats
supellex Hausrat
super über
superaddĕre hinzufügen
superaedifĭcāre drüberbauen
superaequatĭo gleichmäßige Steuerlast
superamentum Überbleibsel
supĕrāre überwinden, Oberhand haben, reichlich dasein, übrig bleiben
superbĭa Hochmut
superbīre stolz sein
supercilĭum Augenbrauen, Wink
supercompellĕre über Gebühr eintreiben
superdīcĕre dazusetzen, -sagen
superdūcĕre zuführen, mehr als gewöhnlich heranziehen
superductĭo Überschreiben, zweimaliges Beschreiben
superemĭnēre überragen
supererŏgāre übermäßig ausgeben
superesse übrig sein, überleben, vorstehen, führen
superexactĭo Steuererhebung über Gebühr
superexcurrĕre hinausgehen über
superexĭgĕre über Gebühr eintreiben
superficiarĭus I. erbbaurechtlich — II. Erbbauberechtigter
superficĭens überflüssig
superficĭes Bestand eines Grundstücks, Erbbaurecht, Erbbau
superficĭum = superficies
superflŭĕre überfließen

superflŭo überflüssig
superflŭŭm Überschuß
superflŭus überschießend, überflüssig
superfundĕre drüberschütten, überhäufen
supergrĕdi übersteigen
supĕri die Obern
superimpendĕre übermäßig aufwenden
superimpōnĕre darüber errichten
superindicticĭus außerordentlich
suberindictĭo } außerordentliche
suberindictum } Steuer
superindictus außerordentlich
superindŭcĕre zuführen
superinductio = superductio
superinstrŭĕre überbauen
superĭor höher, ober, höherstehend, früher
superĭus weiter oben
supernumerarĭus überzählig
supernus äußerlich, höchst
superpellĕre zuviel eintreiben
superpōnĕre überbauen, setzen auf
superpostulatĭo Mehrforderung
superscrībĕre darüber-, daraufschreiben lassen
supersēdēre sich ersparen, unterlassen
superstatūtum übermäßige Abgabe
superstes zugegen sein, lebend, überlebend, übrig
superstitĭo Aberglaube, Ketzerei
superstitiōsus abergläubisch, ketzerisch, unnütz
supervacanĕus überflüssig
supervacŭus überflüssig, vergeblich
supervĕnīre herzukommen, anrücken, eintreten, überfallen
superventor Angreifer
superventus Angriff, Hinzutritt
supervivĕre überleben
supīnus lässig, träg

suppedĭtāre unterstützen
suppell... = supell...
suppĕtĕre ausreichen, zustehen, helfen, sorgen für
supplementum Ergänzung
supplēre ergänzen
supplex ergänzend
supplĭcāre angehen, bitten
supplicatĭo Bittschrift, Kirchenbitte
supplicĭum Strafe, Marter
supplōdĕre vernichten
suppōnĕre untersetzen, -werfen, voraussetzen, verpfänden
suppositĭo Unterlage, Verpfändung
suppositus v. supponere
suppressĭo Unterschlagung, Verhehlen
suppressor Verhehler
supprīmĕre unterdrücken, verhehlen, unterschlagen
suppŭtāre berechnen
supputatĭo Berechnung
supra I. oberhalb, früher, mehr
— II. über, oberhalb, vor, außer
suprascriptus übergeschrieben
suprēmum zuletzt
suprēmus letzter
supterfugĕre = subterfugere
suptīlis = subtilis
sura Wade
surdus taub
surgĕre aufstehen
Surrentīnus aus Surrentum in Kampanien
surrĭpĕre = subripere
sursum aufwärts
sus Schwein
susceptĭo Erhebung, Einnahme
susceptor Hehler, Übernehmer, Einnehmer
susceptus v. suscipere
suscĭpĕre aufnehmen, annehmen, in

Schutz nehmen, übernehmen, anerkennen, in Empfang nehmen, empfangen, erzeugen, ausdrücken
suscitāre aufrühren
suspectio Verdacht
suspecto verdächtig
suspectus verdächtig, unsicher, übelberüchtigt [Schwebe lassen
suspendēre aufhängen, in der
suspendiōsus Erhängter
suspendium Erhängen
suspensus in der Schwebe
suspicāri vermuten, argwöhnen
suspicax verdächtig
suspicēre verehren, anbeten
suspicio Verdacht, Argwohn
suspirium Seufzer
sustentāre aufrecht halten, erhalten, tragen, verarbeiten
sustentatio Unterhalt, Unterstützung
sustinēre halten, tragen, ertragen, erdulden, führen, erhalten, unterhalten, stützen, verschieben, umstellen
sustollēre errichten, aufheben, tragen
susum = sursum
susurrus Gemurmel
sutēla List
sutor Schuster
Sutrinus aus Sutrium in Etrurien
suum Eigen, Eigenart, Eigentum
suus I. eigen, eigentümlich, eigenartig — II. Gewaltunterworfner, eigner
sycaminon Maulbeerbaum [Herr
Syce Stadtteil von Konstantinopel
syllăba Silbe
symbŏlum Bekenntnis
symphonia Musik
symphoniăcus Musiker
synagōga Synagoge
synallagma Vertrag
syndicus Anwalt
synedrium Rat (Kollegium)
syngrăpha Schuldverschreibung
synodita Mönch
synŏdus Versammlung
synonēton Einkauf
synopsis kurzes Verzeichnis
synthĕsis Anzug
Syracusānus Syrakusaner
Syria Landschaft in Asien
Syriăcus Syrier
syriarcha Oberpriester in Syrien
syriarchia Amt des syriarcha
Syriaticus syrisch
Syrus Syrer

T.

tabella Tafel [führer
tabellarius Briefbote, Rechnungs-
tabellio Notar
taberna Hütte, Büde, Laden
tabernacŭlum Zelt [wirtin
tabernaria Kramladen, Bordell-
tabernarius Buden-..., Krämer
tabernŭla Kramladen, Schenke
tabes Auszehrung
tabescēre schwinden
Tabiānus aus Tabiana im persischen [Golf
tabificāre auszehren
tabizare Würfel spielen
tabŭla Tafel, Schreibtafel, Urkunde
tabularia Amt des tabularius
tabularium Archiv
tabularius Archivar, Rechnungsführer, Notar
tabulātum Decke, Stockwerk
tacēre schweigen, ungültig sein

taciturnitas Stillschweigen, Verschwiegenheit
taciturnus schweigend
tacitus schweigend, nicht ausdrücklich, geheim
tactus I. v. tangere
— II. Berührung, Schlag
taeda Kienfackel
taedēre ekeln, anekeln
taedium Ekel, Überdruß
taeter scheußlich, schändlich
tagma Regiment
talio Wiedervergeltung
talis so beschaffen, solch
talus Knöchel, Knorren
tam so sehr, sehr
tamdiu solange, soweit
tamen dennoch, doch
tamesti obgleich
tamiăcus Kron=..., Staats=...
tamquam gleich wie, als
tangĕre berühren, anfassen, ergreifen, antreten, angrenzen
tanti soviel wert
tantidem ebensoviel wert
tantisper solange, vorderhand
tanto so sehr
tantum nur
tantummŏdo nur
tantundem ebenso viel
tantus so groß, so viel
tantusdem ebenso groß, =viel
tapētum Teppich
tardāre hinzögern, säumen
tarditas Säumigkeit
tardus langsam, spät
Tarpējus Spitze des kapitolinischen Hügels
Tarracinensis aus Tarracina in Latium
Tarsensis aus Tarsus in Cilicien
Tascodrogitae eine Sekte
Taviānus aus Tavium in Galatien
taxare schätzen, bestimmen, einreihen
taxatio Schätzung, Betrag
taxeōta Beamter des Statthalters
taxeoticus den taxeota betreffend
tebennum Senatorenkleid
tector Stuckarbeiter, Tüncher
tectorium Tünche
tectorius Deck=...
tectum Dach
tegĕre bedecken, verbergen
tegimentum, tegmen(tum) Decke
tegŭla Ziegel
tegularium = tegurium
tegumentum Decke
tegurium Hütte
tela Webstuhl
telonarius Zollbeamter
telonēum Zoll
telonium Zollhaus, =amt
telum Geschoß, Waffe
temĕrāre verletzend
temerarius unüberlegt, keck
temeratio Verletzung
temerātor Verletzer
temĕrĕ aufs Geratewohl
temeritas Unbesonnenheit, Mutwille
temnĕre verachten
temo, ōnis Ablösungssumme (statt Rekruten)
temonarius I. temo betreffend
— II. Einnehmer der temo
temperamentum Mäßigung
tempĕrāre mäßigen, bestimmen, leiten, sich mäßigen
temperāte mit Maß
temperatio Gleichmaß, Milderung
temperies Mäßigung, mäßiges Klima
tempestas Wetter, Unglück, Zeit

tempestīvus zeitgemäß, zeitig
templum Tempel
temporālis } zeitweilig
temporarīus }
temptāre versuchen, antasten, Gefahr laufen
tempus, ŏris Zeitpunkt, -raum, Zeitalter, Zeit, Stelle
temulentĭa Trunkenheit
tenacĭtas Hartnäckigkeit
tenax, ācis hartnäckig
tendĕre strecken, erstreben
tendicŭlae Fallstrick, List
tenĕbrae Finsternis
tenebrōsus finster
tener zart
tenēre halten, besitzen, bewahren, fest-, aufhalten, erlangen, Besitz ergreifen, zusammenhängen, verbindlich sein, verpflichten, obsiegen
tenor, ōris Verlauf, Ordnung, Inhalt
tentamentum Versuch
tentāre = temptare
tentorĭum Soldatenzeit
tentus v. tenere
tenŭāre verringern
tenŭis gering, dürftig
tenuĭtas Ärmlichkeit, Mangel
tenus bis an, bis nach, betreffend
tepēre, tepescĕre lau, schwach werden
tepidarĭum laues Bad
ter dreimal
Terentĭus s. Abschn. II.
terĕre zerreiben, zerstören
tergemĭnus Drilling
tergiversāri zaudern, abstehen
tergiversatĭo Hinhalten des Prozeßgegners
terminālis Grenz-..., End-...
termĭnāre begrenzen, beendigen
termĭnus Grenze, Ende, Grenzstein
terni (je) drei
terra Erde, Grund und Boden, Land, Feld, Gebiet
terrēnus erdig, irdisch, Boden-...
terrēre schrecken, fortjagen
terrestris zu Lande
terribĭlis furchtbar, gewaltig, ehrwürdig
territĭo Einschüchterung
territorĭum Weichbild, Gebiet, Grundstück
terror, ōris Schrecken, Furcht, Einschüchterung
terrŭla Grundstück
tertiāna Wechselfieber (dreitägig)
tertĭo drittens
tertiocerĭus der Beamte nach dem secundicerius
tertĭus dritt
Tertullianum } s. Abschn. II
Tertullianus }
Tessarescaedecadĭtae eine Sekte
tesselarĭus Mosaikarbeiter
tessĕra Würfel, Getreidemarke
testa Backstein
testamentarĭus I. Testaments-...
— II. Testamentsschreiber
testamentifactĭo Testamentserrichtung
testamentum Testament
testāri Zeuge sein, vor Zeugen erklären, testieren
testatĭo Zeugenaussage, Erklärung, Urkunde
testāto vor Zeugen, im Testament,
testator Testamentserrichter
testātus nach Testamentserrichtung
testicŭlus Hode
testifĭcāri erklären
testificatĭo Erklärung vor Zeugen, Beglaubigung
testimoniālis Zeugnis, Patent
testimonĭum Zeugnis, Empfehlung, Beweismittel, Beweis

testis Zeuge [Schildkröten=...
testudinĕus mit Schildpatt ausgelegt,
testūdo, ĭnis Schildkröte, Schildpatt
teter = taeter
Tetradītae eine Sekte
texĕre weben
textor Weber
textrīnum Weberei
textum Gewebe
textus Inhalt
theatrālis Theater=...
theatroquinegīum Tierspiele (im
theātrum Schauspiel [Amphitheater)
Thebaīcus aus Thebais in Ägypten
Thebăïs Landschaft in Ägypten
Thebestīnus aus Thebeste in Nu=
theca Behältnis [midien
Theodosiăcus } nach Kaiser Theo=
Theodosiānus } dosius benannt
Theodosiopolitānus aus Theodosio=
pŏlis in Armenien
Theopolitānus aus Theopŏlis (An=
theriăca Gegengift [tiochīna)
thermae warme Bäder [Pisidien
Thermessensis aus Thermessus in
Thermitānus aus Thermä auf Sizi=
thesaurarīus } Schatzmeister [lien
thesaurensis }
thesaurus Schatz, Niederlage
Thessalonicensis aus Thessalonice
in Macedonien
thlasīas } mit zerdrückten Hoden
thlibīas }
thoralīa = toralia (von torale)
thorus s. torus
thorax Brustpanzer
Thracensis Bewohner von Thracien
Thracīa Nachbarland von Mace=
Thracianus } Thrazier [donien
Thracus }

Thrax Thraker
thus s. tus
thymĕla Sängerbühne
thymelīcus Chorist
thynnarīus Tunfisch=...
tiberīnus Tiber=...
Tibĕris Tiber, an dem Rom liegt
Tiberīus I. Kaiser, 14—37 n. Chr.
— II. s. Abschn. II.
tibiāle Schienbeinbinde
Tiburs aus Tibur in Latium
tignarīus Zimmermann
tignum Balken, Bauholz
tilīa Linde, Bast
timēre fürchten
timidītas Furchtsamkeit
timīdus furchtsam
timor, ōris Furcht
tingere färben
Tingi Stadt in Mauretanien
tiro, ōnis Rekrut, Neuling
tirocinīum } Rekrutendienst, Uner=
tironātus } fahrenheit
Titia lex s. Abschn. II.
titillus Kitzel
titīo Feuerbrand, Brandscheit
titŭbare wanken, unsicher sein
titŭlus Auf=, Überschrift, Titel,
Name, Grund, Vorwand, Steuer
Titus Kaiser, 79—81 n. Chr.
toga Obergewand, Anwaltstracht
togātus mit toga bekleidet, Anwalt
tolerabīlis erträglich, erklärlich
tolerantīa Verpflichtung
tolĕrāre ertragen, unterhalten
tollĕre erheben, aufheben, aufnehmen,
wegschaffen, verzehren, erzeugen
tomentum Polsterung, Füllsel
tondēre scheren
tonsillae (Hals=)Mandeln

tonsor Barbier
tonsūra Schur
topiarĭus Kunstgärtner
torāl(e) Polster, Pfühl
torculārĭ(u)s Kelter= . . .
tormentum Marter, Folter
torpor Erschlaffung, Trägheit
torquēre drehen, foltern
torrens Gießbach
torrēre dörren
tortor Folterknecht
torus Ehebett
tot so viele
Totājum Flecken in Bithynien
totĭdem ebenso viele
totĭe(n)s so oft
totus ganz, all, so groß
trabālis (balken)stark
trabēa Staatskleid der Konsuln
trabeātus Konsul, gewesener Konsul
trabs Balken
tractabĭlis nachgiebig, leidlich
tractāre handhaben, besorgen, behandeln, unterhandeln, erörtern
tractātor Rechnungsrevisor
tractātus Verhandlung, Erörterung, Untersuchung
tracteōta = tractator
tractorĭa Berechtigungsschein (z. B. für die Post)
tractus Raum, Gegend, Zeitablauf, Verzug
tradēre übergeben, übertragen, überliefern, mitteilen
tradĭtĭo Übergabe, Übertragung, Überlieferung, Lehre
tradūcēre wozu führen
traductĭo Transport
tragĭcus Tragödien= . . .
tragoedus Schauspieler in Tragödien
trahēre ziehen, schleppen, wegschaffen, an sich bringen, erleiden, hinziehen, ableiten, abziehen, verarbeiten
Trajanopŏlis Stadt in Cilicien
Trajānus Kaiser, 98—116 n. Chr.
traĭcēre hinüberschaffen, übersetzen, kreisen lassen, durchbohren
trajecticĭus überseeisch (auf Gefahr des Gläubigers gehend)
trajectus I. v. traĭcere
— II. Überfahrtsstelle
trames Weg, Pfad, Methode
tranquillĭtas Ruhe, Gnade
trans jenseits
transactĭo Vergleich
transactus I. v. transĭgere
— II. = transactio
Transalpīnus jenseits der Alpen wohnend
transcendēre übersteigen, =schreiten, aufrücken
transcrībēre ab=, überschreiten
transcripticĭus in das Hausbuch eingetragen (Literalkontrakt)
transcriptĭo Eintragung einer Forderung in das Hausbuch
transcurrēre durchlaufen, ablaufen
transcursĭo } Zeitablauf
transcursus }
transdāre = tradere
transdūcēre hinüberführen, =schaffen
transductĭo Überführung
transferre hinüberschaffen, verlegen, übertragen, verwenden,
transfigūrāre umwandeln
transfluēre verfließen
transformāre umändern, übersetzen
transfrētāre überfahren
transfūga Überläufer

transfŭgĕre überlaufen
transfundĕre übertragen, umändern
transfusĭo Umwandlung
transgrĕdi übergeben, =schreiten
transĭcĕre übertragen
transĭgĕre vollführen, erledigen, verleben, sich vergleichen
transĭlīre überspringen
transīre übergehen, =schreiten, vorübergehen, schreiten zu, übertreten
transĭtus Übergang, Durchgang, Vorübergehen
transjungĕre um=, anders einspannen
translābi ablaufen
translatīcĭe leichthin
translatĭo Transport, Übertragung, Änderung
translātor Veräußerer
transmarīnus überseeisch
transmĭgrāre übersiedeln
transmissĭo Transport, Übertragung, =sendung
transmittĕre übersenden, =tragen, weiterleiten, verstreichen lassen, übersehen, ausgleichen
transmitti verstreichen
transpōnĕre übertragen
transportāre befördern
transscrībĕre s. **transcribere**
transvectĭo Beförderung
transvĕhĕre fortschaffen
transvĕhi vorbeireiten
transversarĭus unvermutet
transversus quer
transvŏlāre vorbeifliegen
trapētum Ölpresse
trapezīta Geldwechsler
trapezophŏrum Tischstütze, =halter
Trebatius s. Abschn. II.
Trebellianum s. Abschn. II.
trecentī dreihundert
tredĕcim dreizehn
tremis(sis) Münze ($^1/_3$ solidus)
trepĭdāre zittern, in Gefahr sein
trepidatĭo Angst
tres drei
Trevĭri belgischer Stamm an der Mosel (Stadt: Trier)
Tribonianus s. Abschn. II.
tribŭĕre zuteilen, gewähren, zuerkennen, verteilen, beitragen
tribūnal Tribüne auf dem Forum, Gericht
tribunātus Würde des tribunus
tribunicĭus Tribunen betreffend
tribūnus Vorgesetzter, Vorsteher, Oberster, Schutzmagistrat
tribus Volksabteilung, Stimmkörper
tributarĭus I. Steuer — II. Steuerpflichtiger
tributĭo Verteilung
tributorĭus Steuer= . . .
tributum Beitrag, Steuer
tricennālis dreijährig
tricennĭum Zeitraum von 30 Jahren
tricesĭmus dreißigster
triclinarĭus Speise= . . .
triclinĭum Speisesofa, Tafel
triduānus dreitägig
tridŭum Zeitraum von 3 Tagen
triennĭum Zeitraum von 3 Jahren
triens $^1/_3$ As, ein Drittel
trierarchus Kapitän eines Dreiruderers
trifarĭam dreifach
triga Dreigespann
trigemĭni Drillinge
trigesĭmus = tricesimus
triginta dreißig
trimātus Alter von drei Jahren
trimus dreijährig

trinĕpos* = adnepotis filius
trinĭtas Dreieinigkeit
trinoctĭum drei Nächte
trinus je drei
tripartītus } dreigeteilt
tripertītus }
triplex dreifach
triplĭcāre verdreifachen
triplicatĭo Einrede gegen duplicatio
triplum Dreifache
triplus verdreifacht
Tripŏlis Küstenstadt in Afrika
Tripolitānus Bewohner von Tripolis
tristis traurig, ungünstig
tristitĭa } Traurigkeit
tristitūdo }
tritavĭa* Mutter des atavus
trităvus* Vater des atavus
triticarĭus auf anderes als Geld
tritĭcum Weizen [gerichtet
tritus gemahlen, abgenutzt, gewandt
triumphālis kaiserlich
triumphāre Triumph feiern
triumphātor Titel des Kaisers
triumvirālis vor die Dreimänner gehörig
triumvĭri Dreimänner (Beamte)
Troadensis aus Troja
Troas = Troja
trochlĕa Winde, Rolle, Walze
Troja Heldenstadt in Kleinasien
trudĕre stoßen, verstoßen
trulla Schöpfkelle
truncāre abhauen, verstümmeln
truncatĭo Verstümmelung
trutĭna Wage
trutĭnāre wägen, erwägen
Tryphonĭnus s. Abschn. II.
tu du
tubarĭus Trompetenverfertiger
Tubĕro s. Abschn. II.
tubŭlus } Röhre
tubus }
Tucca s. Abschn. II.
tuēri bewahren, schützen, behaupten, erhalten, versorgen, verwalten
tugurĭum Hütte
tuitĭo Schutz, Hilfe
tuĭtor Beschützer
tum dann, damals
tumĭdus geschwollen, gebläht
tumor Geschwulst
tumultuarĭus ungeordnet
tumultuōsus lärmend, stürmisch
tumultus* Getümmel, Lärm
tunc damals, dann, so weit
tunĭca Unterkleid
turba Menge, Schwarm, Getümmel
turbāre zerstören, verwirren, beunruhigen, anfechten
turbatĭo Verwirrung, Vermischung
turbātor Störer
turbĭde ungeordnet, wüst
turbĭdus schmutzig, aufgewühlt
turbo Wirbelwind
turbŭlens } störend, lärmend,
turbulentus } stürmisch
Turiānus s. Tyrianus
turifĭcāre Weihrauch streuen
turma Schwadron
turmarĭus Aushebungskommissar
turpāre schänden
Turpillianum s. Abschn. II.
turpis schändlich, verrufen
turpitūdo Schande, Schandtat
turris Turm
tus Weihrauch [lien
Tuscĭa (Etruria) Landschaft in Ita-
Tusculānus aus Tuscŭlum in La-
Tuscus tuskisch, etrurisch [tium

tutāmen Verwahrung, Schutz
tutāri schützen
tutēla Schutz, Sicherung, Vormundschaft, Mündelgut
tutelāris Vormundschafts= . . .
tuto sicher
tutor Vormund
tutorĭus Vormunds= . . .
tutus sicher, gesichert, vorsichtig
tuum dein Eigentum
tuus dir gehörig, dein
tympănum Edelstein, Wasserheber
tyrannĭcus tyrannisch
tryrannis Gewaltherrschaft
tyrannus Gewaltherrscher
Tyriānus } aus Tyrus
Tyrĭus }
Tyrus Stadt in Phönizien
tzanga Art Stiefel (bei den Barbaren).

U.

uber I. fruchtbar, reich, wirksam
— II. säugende Brust, Euter
ubertas Fruchtbarkeit, Reichtum
ubi wo, sobald als
ubicunque wo nur immer
ubilĭbet irgend wo
ubīque überall
udo Filzschuh
ulcisci rächen
ulcus Geschwür
ullatĕnus irgendwo, irgendwoher
ullus irgend einer, einige
Ulpianus s. Abschn. II.
uls = ultra
ulterĭor entfernter, zu weitgehend
ulterĭus weiter
ultĭmus letzter, äußerster
ultĭo Rache
ultis = ultra
ultor Rächer
ultra jenseits, darüber hinaus, [weiter
ultro andrerseits, selbst, von selbst
ultronĕus freiwillig
Ulysses Odysseus
umbilĭcus Nabel, Mittelpunkt
umbo Schildbuckel, Schild
umbra Schatten, Schein, Vorwand, Schutz
umbracŭlum schattiges Plätzchen, Unterschlupf
umbratĭlis Schein= . . .
Umbrĭa Landschaft Italiens
umerāle = humerale
umor = humor
umquam einstmals, jemals
una zusammen, zugleich
uncĭa Unze (1/12 As) Zwölftel
unciarĭus zum zwölften Teil
unctūra das Salben (der Toten)
unda Woge
unde woher, von wo, weshalb
undecumque } woher auch immer
undeunde }
undĭque von allen Seiten, ganz [und gar
ungŭĕre salben
ungentarĭus Salben= . . .
unguentum Salbe
ungŭis } Kralle, Nagel, Klaue
ungŭla }
unĭcus einzig
uniformis gleichförmig
unĭo einzelne große Perle
unīre verbinden
unĭtas Einheit, Verbindung
universalĭter allgemein, im ganzen
universĭtas Gesamtheit, Inbegriff, Korporation
universus gesamt, ganz

unquam = umquam
unus ein, einzig
unusquisque jeder einzelne, einer
urbaniciānus in der Stadt (Rom)
urbanĭcus } städtisch
urbānus
urbāre umpflügen
urbicānus } städtisch
urbĭc(arĭ)us
urbs Stadt (besonders Rom
urbum Pflugkrümme
urceŏlus kleiner Krug
urcĕus Krug, Wasserkrug
urēdo (Getreide=)Brand
urĕre verbrennen, brandmarken
urgēre } drängen, nötigen
urguĕre
urīna Harn
urinātor Taucher
urna } Wasserkrug, Urne
urnāle
Ursejus s. Abschn. II.
ursus Bär
urvare = urbare
urvum = urbum
usio Gebrauch
usitātim gebräuchlicherweise
usitātus gebräuchlich
uspĭam } irgendwo
usquam
usque bis, solange
usquĕdum solange als
usqueēo so weit
usquequāque überall
usquĕquo wie weit
ustrīna Leichenbrandstätte
usuālis Gebrauchs=..., gebräuchlich
usuarĭus I. Nutzungs=...
— II. Nutzungsberechtigter
usucăpĕre ersitzen
usucapĭo Ersitzung
usufructuarĭus Nießbraucher
usūra Zinsen
usurarĭus zinsbar, zinszahlend
usureceptĭo Rückersitzung
usurecĭpĕre zurückersitzen
usurpāre Gebrauch machen, erhalten, sich anmaßen
usurpaticĭus angepaßt [Gebrauch
usurpatĭo Anmaßung, fortgesetzter
usurpātor Anmaßender
usurpatorĭus anmaßend
usus Gebrauch, Ausübung, Gewohnheit; Gebrauchsrecht
ususfructus Nießbrauch
ut I. wie, so, zum Beispiel, als
— II. wie wenn, sobald, damit [Fall
utcumque wie auch immer, auf jeden
utensilĭa Gebrauchsgegenstände
uter I. welcher von beiden, jeder
— II. Schlauch [seits)
uterīnus* Halbbruder (mütterlicher=
uterlĭbet (irgend) einer von beiden
uterque jeder von beiden, einer
utĕrus Mutterleib, Geburt
ūti gebrauchen, anwenden, ausüben, benutzen, genießen
ŭtī = ut
Utĭca Stadt in Nordafrika
utĭlis nützlich, brauchbar, tauglich, zuträglich, billig, gültig, analog
utilĭtas Nutzen, Brauchbarkeit, Vorteil, Bedürfnisse des praktischen Lebens
utĭque jedenfalls, durchaus, nur
utpŏte nämlich, indem
utpŭta = puta
utrimque auf beiden Seiten
utrŭbi wo (von beiden)
utrubīque beidemal
utrum ob

uva Traube, Geschwulst
uxor, ōris* Gattin
uxorius Ehe= . . .

V.

vacans I. ledig, frei, herrenlos
— II. ausgedienter Beamter
vacantīvus unbesetzt
vacāre ledig, leer sein, frei sein, herrenlos sein, müßig sein, betreiben, wozu dienen
vacatĭo Befreiung
vacca Kuh
vacillāre schwanken [heben
vacŭāre entleeren, entkräften, auf=
vacuefăcĕre leeren, erschöpfen
vacŭus leer, frei, ledig, müßig, un=
vadĕre gehen [wirksam
vades Bürge [nen vor Gericht
vadimonĭum Bürgschaft für Erschei=
vadum Furt
vaenīre = vēnire
vafer verschmitzt, arglistig
vagāri herumstreifen, schwanken
vagīna Scheide
vagītus Kindergewimmer
vagŭlus unstet
vagus umherstreifend, unstet
valde sehr, gewaltig
Valens I. Kaiser, 364—378 n. Chr.
— II. s. Abschn. II.
Valentiăcus Valens betreffend
Valentīni aus Valencia in Spanien
Valentiniāni eine Sekte
Valentiniānus I. Kaiser, 364—375 n. Chr.
— II. von Valentinian herrührend
valēre vermögen, tauglich sein, gelten, wert sein
Valerĭa I. Provinz Italiens
Valerĭa II. (lex) s. Abschn. II.
valetudinarĭum Krankenhaus
valetudinarĭus Krankenpfleger, krank
valetūdo, ĭnis Befinden, Gesundheit, Krankheit
valĭdus stark, wirksam, gültig
vallāre verschanzen, sichern
Vallia lex s. Abschn. II.
vallum Wall, Schutz
Vandăli Vandalen (Germanen)
Vandalĭcus Justinian als Besieger der Vandalen
vanĭtas Nichtigkeit, Hohlheit
vanus eitel, nichtig, ungültig
vapor Dunst, Dampf
vapŭlāre Prügel bekommen
varĭāre verändern, wechseln, schwan=
variatĭo Willensänderung [ken
varĭcāre Füße auseinanderstellen,
varicātor Grätschler [grätscheln
varicōsus voll Krampfadern
variĕtas Verschiedenheit
varĭus verschieden, wechselnd, gewandt
varus mit auswärts gebogenen Bei=
Varus s. Abschn. II. [nen
vās, vădis Bürge (vor Gericht)
vās, vāsis Gefäß, Geschirr
vasarĭum Archiv [verfertiger
vascularĭus Goldschmied, Geschirr=
vascŭlum (Gold)Geschirr
vastatĭo Verwüstung
vastĭtas Öde, Verwüstung
vastus verödet, wüst
vates Weissager
vaticĭnāri weissagen
vaticinatĭo Weissagung
vaticinātor = vates
vatĭus krummbeinig

ve oder
vecors wahnsinnig
vectīgăl, ālis Abgaben, Erbzins, Einkünfte
vectigālis Steuer-...
vector Fahrer, Passagier
vectūra Fuhre, Fuhrgeld, Frachtgeld
vecturarĭus I. Frohnfuhr-...
— II. Fuhrmann
vegĕtāre beleben, ermuntern
vegĕtāri leben
vehatĭo Fuhre
vehĕmens heftig, mächtig, tätig
vehementer stark, sehr
vehĕre fahren
vehes Fuhre
vehiculāris Fuhr-...
vehicŭlum Fuhrwerk, Wagen
Vejentānus aus Veji in Etrurien
vel oder, auch, zum Beispiel
velāmen(tum) Decke
velāre verhüllen
velle wollen, wünschen, einwilligen
Velleja(num) s. Abschn. II.
vellĕre ausrupfen, -reißen
vellus geschorene Wolle, Wollzeug
velox, ōcis schnell
velum Segel, Vorhang
velut(i) gleichwie, wie, zum Beispiel
vena Ader
venaliciarĭus I. Sklavenhandel betreffend
— II. Sklavenhandel
venalicĭum Handelssklaven, Handelszoll
venalicĭus käuflich, verkäuflich
venālis käuflich, feil
venalĭtas Käuflichkeit
venāri jagen
venatĭo Jagd
venātor Jäger
venatorĭus Jagd-...
venātus Jagd
vendĕre verkaufen
vendibĭlis verkäuflich
vendĭcāre = vindicare
vendĭtāre verkaufen
vendĭtĭo Verkauf
vendĭtor Verkäufer
vendĭtum Verkauf
venefĭcĭum Giftmischerei
venefĭcus, venenarĭus Giftmischer
venenātus vergiftet
venēnum Gift, Arznei
venerabĭlis ehrwürdig
venerabilĭter ehrfurchtsvoll
venerandus = venerabilis
venĕrāri verehren
veneratĭo Verehrung
Venetĭa Gegend in Norditalien
venĭa Gefälligkeit, Vergünstigung, Erlaubnis, Gnade, Verzeihung
venĭens künftig
Venientānus = Vejentanus
vēnīre verkauft, versteigert werden
vĕnīre kommen, erscheinen, eintreten, erlangen, übergehen, fallen unter
venter Bauch, Leibesfrucht
ventĭlāre fächeln, beunruhigen, betreiben
ventōsus windig
ventrāle Leibgurt
ventūrus künftig
ventus Wind, Sturm
venundāre verkaufen
venus, ĕris Beischlaf
venustas Schönheit
venustus lieblich, schön
vepres Dorngestrüpp, -strauch
veracĭter wahrhaftig
verber Peitsche, Prügel

verbĕrāre peitschen, prügeln
verberātio Peitschenhiebe
verbĕro Schlingel
verbositas Wortschwall
verbōsus wortreich
verbotĕnus wörtlich
verbum Wort, Ansprache, Ausdruck
vere wirklich, wahr
verecunde schüchtern, schonend
verecundia Ehrfurcht, Scham, Scheu
verecundus schamhaft, schüchtern
veredarius Postpferde betreffend
verēdus Post-, Kurierpferd
verēri scheuen, fürchten, Bedenken tragen
vergĕre sich neigen
Vergilius s. Virgilius
verisimilis wahrscheinlich
verĭtas Wahrheit, Wirklichkeit, wahre Lage
verna im Hause geborner Sklave
vernacŭlus Haus-..., Familien-...
vernŭla = verna
vernus = verna
vero I. wahrhaftig
— II. aber, doch
verres Eber
versāre umkehren, umackern, drehen, aufwenden
versāri sich beschäftigen, sich aufhalten, in Frage kommen
versavice umgekehrt
versicŏlor buntes Zeug
versicolorius buntgefärbt
versus I. v. vertere
— II. Zeile
versutia Schlauheit, List
versūtus verschlagen, spitzfindig
vertĕre umkehren, umstürzen, verändern, verwenden
vertitur es handelt sich um
verum aber, doch
verus wahr, tatsächlich
Verus Kaiser, 161—169 n. Chr.
vervecarius Schöpsenhirt
vervecinus Schöpsen-...
vervex Schöps, Hammel
vesania Wahnsinn
vesānus wahnsinnig
vescĕre, vesci essen, nähren
vesica Harnblase
Vespasiānus Kaiser, 70—79 n. Chr.
vespertilio Fledermaus
vespertinus abendlich
vespillo Leichenträger
Vesta Göttin des Herdes
Vestālis der Vesta geweiht
vester euer
vestiarium Kleidung
vestiarius Kleider-...
vestibŭlum Vorhof
vesticŭla Kleid
vestigāre nachspüren, suchen
vestigātor Aufspürer
vestigium Fußtapfe, Spur, Beweis, Augenblick
vestimentum Gewand, Decke
vestire bekleiden
vestis Kleid, Kleidung
vestispica Kammerfrau
vestitus I. v. vestire
— II. Kleidung
vetāre verbieten
veterānus ausgedienter Soldat oder Beamter
veterātor alter Sklave, alter „Fuchs"
vetĕres klassische Juristen
veterinarius Tierarzt
veternōsus schlafsüchtig
vetitus v. vetare
vetus, ĕris alt, früher
vetustas Alter, lange Dauer, Gewohnheit, Altertum

vetustus alt, früher
vetustiōres Vorfahren
vexāre quälen, belästigen
vexatĭo Beunruhigung, Strafe
vexātor Angreifer
vexillatĭo Abteilung, Reiter
vexillum Fahne
via Weg, Straße, Wegerecht
viaticŭlum } Reisezehrung
viatĭcum }
viātor Wanderer, Gerichtsdiener
viatorĭus Reise-...
vicanĕus } Dörfler
vicanus }
vicarĭa Amt des vicarius
vicariānus Statthalter betreffend
vicarĭus I. stellvertretend, gegenseitig
— II. Stellvertreter, Statthalter
vicēni (je) zwanzig
vicennĭum Zeitraum von 20 Jahren
vices Wechsel
vicesĭma Zwanzigste (Abgabe)
vicesĭmus zwanzigster
vicinālis Dorf-...
vicinĭtas Nachbarschaft
vicinĭtŭs in der Nähe umher
vicīnus benachbart, ähnlich
vicis Stelle, Wechsel
vicissim wechselseitig
vīcissitūdo Wechsel
victĭma Opfertier
victimarĭus Opferschlächter
victor Sieger
victorĭa Sieg
victrix siegreich
victuālis Lebens-...
victus I. v. vincere
— II. Lebensunterhalt
vīcus Dorf, Gasse
videlĭcet natürlich, gewiß
vidēre sehen, bemerken, einsehen, betrachten
vidēri scheinen, gelten
mihi vidētur ich glaube
vidŭa Witwe
vidŭāre verwitwen, berauben
vidŭĭtas Witwenstand
Viennensis aus Vienna in Gallien
viētor Bötticher
vigēre Kraft haben, gelten, blühen
vigesĭma = vicesima
vigil } wachsam
vigĭlans }
vigilantĭa Wachsamkeit
vigĭlāre wachen
vigĭlax wachsam
vigilĭa Nachtwache, -arbeit
viginti zwanzig
vigor Kraft, Geltung
vilĭcus Guts-, Hausinspektor
vilis feil, niedrig, schlecht
vilĭtas Niedrigkeit, Gemeinheit
villa Landhaus
Villia lex s. Abschn. II.
villĭca v. villicus
villĭcus = vilicus
vinacĕa } Weinbeerschalen
vinacĭa }
vinarĭus Wein-..., Weintrinker
vincĕre besiegen, absiegen
vincīre fesseln, binden, verpflichten
vinctus v. vincire
vincŭlum Fessel, Band, Verpflichtung
vindemĭa Weinlese
vindemiālis Weinlese-...
vindemiatorĭus Weinlese-...
vindex I. Rächer, Verteidiger, Vertreter
— II. rächend
vindicāre beanspruchen, ver-

folgen, geltend machen, rächen, befreien [form
vindicatĭo Anspruch, Legats-
vindĭcĕre als Verteidiger auftreten
vindicĭa(e) Eigentumsklage, einstweiliger Besitz
vindicĭus = vindex
vindicta Rute bei vindicatio, Rache
Vindius s. Abschn. II.
vinĕa Weintraube, -berg
vineārĭus Wein- . . .
vinētum Weinpflanzung
vinum Wein
viŏlāre verletzen
violatĭo Verletzung
violātor Verletzer
violenter heftig
violentĭa Gewalt
violentus gewaltsam
vipĕra Schlange
vir * Mann, Gatte
virdiarĭum = viridiarium
virens grünend
virga Rute
Virgilius berühmter Dichter
virginālis jungfräulich
virginĭtas Jungfrauschaft
virgo Jungfrau
virgultum Gebüsch
viridĭa grüne Pflanzen
viridiarĭum Lustgarten
virĭdis grün, frisch
virīlis männlich, auf den Mann
virilĭtas Männlichkeit
viriŏla Armband
viripŏtens mannbar
virītim einzeln, nach Köpfen
virtūs, ūtis Tüchtigkeit, Eigenschaft
virus Gift
vis Kraft, Geltung, Gewalt, Gewalttätigkeit, Eigenmacht
viscĕra Eingeweide
visceratĭo öffentliche Fleischvertei-
Visellia lex s. Abschn. II. [lung
visĕre besichtigen, aufsuchen
visĭo Fall
visĭtāre besuchen
vispellĭo Leichenträger
visus Anblick
vita Leben, Lebensunterhalt, -weise,
vitāre meiden [Dauer
Vitellius s. Abschn. II.
vitiāre verletzen, verderben, schädigen, entkräften
vitiōsus fehlerhaft
vitis Rebe [keit, Schaden, Schuld
vitĭum Fehler, Fehlerhaftig-
Vitrasianum s. Abschn. II.
vitreāmen Glasgeschirr
vitrĕus gläsern
vitriarĭus Glaser
vitrĭcus* Stiefvater
vitta Kopfbinde
vitŭlus Kalb
vitupĕrāre tadeln
vituperatĭo Tadel
vitutiarĭi fahrende Leute
vivarĭum Tiergarten
vivens lebendig
vivĕre leben, bestehen
Vivianus s. Abschn. II.
vivus lebendig
vix kaum
vocabŭlum Wort, Name
vocāre rufen, herbei-, aufrufen, vorladen, auffordern, benennen, versetzen
vocatĭo Vorladung, Berufung
vocifĕrāri schreien

vociferatio Geschrei
vocitare auffordern
Voconia lex s. Abschn. II.
volāre fliegen
volgāris = vulgaris
volgo = vulgo
Volsiniensis = Vulsiniensis
volŭcris Vogel
volumen Rolle, Band, Verwicklung
voluntarius freiwillig
voluntas Wille, Verlangen, Willkür, Entschluß, Einwilligung
voluptarius vergnüglich, wollüstig
voluptas Genuß, Wollust
voluptuōsus wollüstig, genußsüchtig
Volusianum s. Abschn. II.
Volusius s. Abschn. II.
volutāre wälzen, darauf herumreiten
vomēr Pflugschar
voracitas Habgier
vorax habsüchtig
votivus gelobt, erwünscht
votum Gelübde, Wunsch, Verlangen, Absicht
vovēre geloben
vox Stimme, Sprache, Äußerung, Wort, Sentenz
vulgāre veröffentlichen
vulgāris allgemein, gewöhnlich, gemein
vulgo im allgemeinen
vulgus große Menge, Leute, Volk
vulnĕrāre verwunden, beschädigen
vulnus, ĕris Wunde
vulnuscŭlum unbedeutende Wunde
Vulsiniensis aus Vulsinii in Etrurien
vultus Miene, Gesicht, Abbild
vulva Gebärmutter

X.

xenia Gastgeschenke (an den Statthalter)
xeniŏlum kleines Geschenk
xenodochium Fremdenhospital
xenodŏchus Herbergsvater
xenon = xenodochium
xenoparŏchus Fremdenverpfleger
Xenŏphon athenischer Historiker
xylocassia Cassienholz
xylocinnamōmum Zimmetholz
xysticus Athlet
xystum Übungshalle der Athleten

Z.

zaba Brustharnisch
zanga = tzanga
Zarmizegethusa Stadt in Dacien
Zeno Kaiser, 474—491 n. Chr.
Zenonianus nach Zeno benannt
Zernensis aus Zernes in Dacien
zetarius Zimmerhüter
Zeuxippus Besitzer eines Bades in Konstantinopel
zibinni = siginni (von siginnus)
zingibēri Ingwer
zona Gürtel
zygostasium Amt des Wägemeisters
zygostātes Wägemeister
zythum Gerstentrank

Abschnitt II.

Juristen, Leges, Senatus Consulta.

1. Juristen.

Aburnius, Valens — (unter Antoninus Pius). Sabinianer.

Aelius, Sextus, Paetus Catus (um 204 v. Chr.). Schrieb „Tripertita": die zwölf Tafeln, Interpretation und legisactiones enthaltend (sog. jus Aelianum).

— Publius, Bruder des vorigen.

Africanus, Sextus Caecilius (unter Antoninus Pius). Schüler des Salvius Julianus, den er mit „ait" zitiert. Schrieb u. a. „Quaestiones" d. h. schwierige Rechtsfragen, Schulfälle.

Alfenus, Varus (um 50 v. Chr.). In den Digesten zitiert.

Appius Claudius (312 v. Chr. Censor). Bekannt durch das jus Flavianum, ein Verzeichnis der legisactiones (s. a. Flavius).

Aquilius, C., Gallus (66 v. Chr. Prätor). Schüler des Qu. Mucius Scaevola. Lehrer des Serv. Sulpicius Rufus. Urheber der formula de dolo malo, der stipulatio Aquiliana (Generalquittung), postumi Aquiliani (nachgeborene Enkel).

Arcadius Charisius (um 350 n. Chr.). In den Digesten exzerpiert.

Aristo (z. Z. Trajans lebend). In den Digesten zitiert.

Arrianus (z. Z. Trajans lebend). In den Digesten zitiert.

Atejus s. Capito.

Atilicinus (unter Augustus lebend). Prokulianer.

Atilius, Publius (um 100 v. Chr.). In den Digesten zitiert.

Aufidius Namusa (um 50 n. Chr.). Schüler des Serv. Sulpicius Rufus.

— Tucca (um 50 v. Chr.). Wie der vorige.

Aurelius Arcadius Charisius s. Arcadius.

Brutus, M. Junius (um 50 v. Chr.). In den Digesten zitiert.

Caelius Sabinus (z. Z. Vespasians).

Zeitgenosse des Pegasus. Sabinianer.

Callisträtus unter Sept. Severus und Antoninus Caracalla.

Campanus z. Z. Hadrians.

Capito, C. Atejus (Anhänger des Augustus). Erster Sabinianer.

Cascellius, Aulus (um 50 v. Chr.). Nach ihm das Cascellianum judicium (Gaj. IV, 166. 169) benannt.

Cassius, C., Longinus (Zeitgenosse des Sabinus). Schule der Sabinianer nach ihm auch Cassianer benannt.

Cato, Marcus Porcius, Censorius. Staatsmann. Redner, Jurist.

— M. Porcius, Licianus (um 160 v. Chr.). Urheber der regula Catoniana: keine Konvalescenz bei Nichtigkeit eines Rechtsgeschäfts.

Celsus, P. Juventius (unter Domitian und Nerva). Prokulianer.

— P. Juventius, filius (129 n. Chr. Konsul). Ebenfalls Prokulianer. Urheber des SC. Juventianum, der condictio Juventiana, der „responsio Celsina". Schrieb 39 Bücher „Digesta".

Charisius, Aurelius Arcadius — s. Arcadius.

Cinna (gegen Ende der Republik). Schüler des Serv. Sulpicius Rufus.

Cornelius Maximus (z. Z. des vorigen). In den Digesten zitiert.

Coruncanius, Tiberius (253 v. Chr. erster plebejischer pontifex maximus). Erteilte zuerst öffentlichen Rechtsunterricht.

Flavius, Cn. (Schreiber des Appius Claudius). Veröffentlichte die Sammlung der legisactiones („jus Flavianum").

Florentīnus (unter Alexander Severus). In den Digesten zitiert.

Fufidius (Zeitgenosse des Proculus). In den Digesten zitiert.

Fulcinius Priskus, Wie der vorige.

Gajus (unter Marc Aurel). Sabinianer. Schrieb: „Institutionum juris civilis commentarii quattuor" (Vorbild der justinianischen Institutionen), Kommentare zum edictum urbicum, edictum provinciale und den zwölf Tafeln, endlich „aurea sive res cottidianae" (Rechtswahrheiten).

— Cassius Longinus (oft als Gajus zitiert) s. Cassius.

Gallus, Aelius (gegen Ende der Republik). Schrieb: „de verborum, quae ad jus pertinent, significatione".

— C. Aquilius s. Aquilius.

Granius Flaccus (z. Z. Caesars). Schrieb einen Kommentar zum jus Papirianum (Königgesetzen).

Gregorianus (unter Diocletian und Konstantin). Stellte im codex Gregorianus (corpus Gregoriani) kaiserliche Konstitutionen zusammen.

Hermogenianus (z. Z. Konstantins d. Gr.). Setzte im codex Hermogenianus des vorigen Werk fort (?).

Javolēnus Priscus (unter Trajan und Hadrian). Sabinianer, Vorgänger des Salvius Julianus.

Julianus, Salvius s. Salvius.

Junius Gracchus (gegen Ende der Republik). In Digesten zitiert.
Labëo, Marcus Antistius (unter Augustus). Erster Prokulianer. Schrieb: Kommentare zu den zwölf Tafeln und zum Edikt.
Laelius (unter Trajan und Hadrian). In den Digesten zitiert.
Manilius, Manius (im 2. Jhd. v. Chr.). Stellte die „Maniliae venalium vendendorum actiones“ (Formulare für Kaufgeschäfte) auf.
Marcellus (unter Antoninus Pius, Marc Aurel und Commodus).
Marcianus (unter Alexander Severus). Schrieb den „liber singularis ad formulam hypothecariam“ (Monographie über Pfandrecht).
Mauricianus (unter Antoninus Pius). In den Digesten zitiert.
Mela, Fabius (unter Augustus). In den Digesten zitiert.
Menander, Arrius (unter Antoninus Caracalla). Wie der vorige.
Messius (Zeitgenosse Papinians).
Minutius Natalis (unter Trajan). In den Digesten zitiert.
Modestinus, Herennius (um 235 n. Chr.). Schüler Ulpians, schreibt z. T. schon in griechischer Sprache.
Mucius, Publius, Scaevola (um 100 v. Chr.). Pontifex maximus.
— Quintus, Scaevola (gest. 82 v. Chr.). Erster Systematiker; schrieb: 18 Bücher „jus civile“, den „liber singularis ὅρων (definitionum)“. Schuf die cautio und praesumptio Muciana. Lehrer des Aquilius Gallus und Sulpicius Rufus.
Nasïca, S. Scipio (um 200 v. Chr.). In den Digesten zitiert.
Neratius Priscus (unter Trajan). Letzter Prokulianer.
Nerva, M. Coccejus (unter Tiberius). Prokulianer.
— M. Coccejus, filius (Sohn des vorigen). Prokulianer.
Ofilius, Aulus (z. Z. Caesars). Schüler des Serv. Sulpicius Rufus.
Pactumejus Clemens (um 138 n. Chr.). Unter Hadrian und Antoninus Pius.
Papinianus, Aemilius (geb. unter Antoninus Pius, praefectus praetorio unter Septimius Severus, gest. unter Caracalla). Schüler des Qu. Cervidius Scaevola, Lehrer Ulpians. Schrieb: 37 Bücher „quaestiones“ und 19 Bücher „responsa“.
Papirius, S. oder Publ., verfaßte die „jus (civile) Papirianum“ genannte Sammlung von Königsgesetzen.
— Justus (unter Marc Aurel). Verfaßte eine Privatsammlung kaiserlicher Konstitutionen in 20 Büchern.
— Fronto (unter Caracalla). In den Digesten zitiert.
Paulus, Julius (Präfekt unter Alexander Severus). Schüler des Scaevola. Schrieb Kommentare ad Edictum (78 Bücher), ad Sabinum (16 Bücher) und „Pauli

sententiarum receptarum ad filium libri quinque".

Pegasus (unter Vespasian). Prokulianer. Urheber des SC Pegasianum.

Plautius (unter Vespasian). In den Digesten zitiert.

Pomponius Sextus (unter Antoninus Pius). Schrieb den „liber singularis enchiridii" mit einer Übersicht über ältere Juristen.

Proculus (unter Tiberius). Nachfolger des Labeo, Gründer der Prokulianerschule.

Puteolanus (Zeit unbestimmt). Schrieb „libri Assessoriorum".

Rufinus, Licinius (Zeitgenosse des Paulus). In Digesten zitiert.

Rutilius Rufus (um 100 n. Chr.). Schuf die actio und constitutio Rutiliana.

Sabinus, Massurius (unter Tiberius). Schrieb: „libri tres juris civilis," die von Pomponius, Paulus und Ulpian kommentiert wurden („ad Sabinum").

Salvius Julianus (unter Hadrian). Der „ordinator Edicti perpetui" (131 n. Chr.), schrieb 90 Bücher Digesten.

Saturninus, Claudius, z. Z des Antoninus Pius und der divi fratres.

— Venulejus (z. Z. des Antoninus Caracalla). In Digesten zitiert.

Scaevola, Qu. Cervidius (unter Marc Aurel). Lehrer des Papinian und Paulus.

Sempronius (um 300 v. Chr.). Mit dem Beinamen „der Weise".

Servius Sulpicius Rufus (gest. 43 v. Chr.). Schüler des Aquilius Gallus. Lehrer des Aulus Ofilius. Verfasser des ersten Ediktkommentars.

Severus, Valerius. Von Julian zitiert.

Sextus Pomponius s. Pomponius.

Terentius Clemens (unter Marc Aurel). Schüler Julians. Schrieb 20 Bücher ad legem Juliam et papiam poppaeam.

Tertullianus (unter Septimius Severus). In den Digesten zitiert.

Tiberius Coruncanius (pontifex 254 v. Chr.). Ließ zuerst auditores beim Respondieren zu und besprach die Fälle.

Trebatius, C. Testa (um 50 v. Chr.). Lehrer des Labeo.

Tribonianus (quaestor sacri Palatii unter Justinian). Vorsitzender der Kommission für die Digesten.

Tryphoninus, Claudius (unter Septimius Severus und Antoninus Caracalla).

Tubero, Aelius (um 150 v. Chr.). — Schüler des Ofilius. Beide in den Institutionen zitiert.

Tucca, Aufidius s. Aufidius.

Ulpianus, Domitius (geb. um 170 n. Chr., praefectus praetorio unter Alexander Severus, 228 von den Prätorianern ermordet). Schrieb Kommentare ad Edictum (83 Bücher), ad Sabinum (51 Bücher); aus denen fast ein Drittel aller in den Di=

gesten enthaltenen Excerpte genommen sind.

Ursejus Ferox (unter Tiberius und den folgenden Kaisern). In den Digesten zitiert.

Valens, Aburnius s. Aburnius.

Varus, Alfenus s. Alfenus.

Vindius (unter Antoninus Pius). In den Digesten zitiert.

Vitellius (unter Augustus). In den Digesten zitiert.

Vivianus (unter Tiberius und den folgenden Kaisern). Wie voriger.

Volusius Maecianus (unter Antoninus Pius und Marc Aurel). In den Digesten zitiert.

2. Leges.

Acilia (123 v. Chr.): repetundarum, Strafe für Erpressungsversuche der höhern Provinzialbeamten.

Aebutia (200 v. Chr.): Formularverfahren im Prozeß an Stelle der Legisaktionen allgemein eingeführt.

Aelia Sentia (4 n. Chr.): Beschränkung der Freilassungen (in fraudem creditorum, bei Minderjährigkeit des Herrn).

Anastasiana (500 n. Chr.): I. emanzipierte Geschwister des Erblassers sind erbfähig;

II. Einführung der emancipatio per rescriptum principis;

III. zedierte Forderungen sind nur in Höhe des Kaufpreises einklagbar.

Antoniniana (212 n. Chr.): alle freien Reichsangehörigen erhalten Civität.

Apuleja: mehrere Bürgen haften nur pro rata.

Aquilia (287 v. Chr.): Klage auf Schadensersatz bei widerrechtlicher Sachbeschädigung.

Atilia (188 v. Chr.): der Prätor kann dem Minderjährigen einen Tutor bestellen (tutor dativus — Atilianus).

Atinia (197 v. Chr.): res furtivae sind nicht ersitzbar.

Calpurnia (149 v. Chr.): legis actio per condictionem kann auf jede certa res gestellt werden.

Caninia: s. Furia.

Canuleja (445 v. Chr.): ut connubia plebei cum patribus essent.

Cicereja: zum Schutz der sponsores und fidejussores (Bürgen).

Cincia (204 v. Chr.): Schenkungen sind nur bis zu einer bestimmten Höhe gestattet, darüber hinaus hat der Schenker eine exceptio.

Claudia (50 n. Chr.): die Agnatentutel kommt endgültig in Wegfall.

Cornelia (81 v. Chr.): I. de injuriis — Strafen für Realinjurien und Hausfriedensbruch;

II. de sicariis et veneficiis — Strafen für Straßenraub, Testamentsunterschlagung, Meineid u. a. m.

III. de falsis = II.
IV. testamentaria = II oder V.
V. de confirmandis testamentis (testamentaria) — kriegsgefangene Römer gelten als bei Gefangennahme verstorben;
VI. de sponsu — Beschränkung der Bürgschaftsleistung.

Fabia: Strafen für das Verbrechen des Menschenraubes.

Falcidia (40 v. Chr.): Vermächtnisse können soweit geschmälert werden, daß ein Viertel des Nachlasses frei bleibt (quarta Falcidia).

Favia: s. Fabia.

Fufia: s. Furia.

Furia: I. Caninia (8 n. Chr.) — testamentarische Manumission nur beschränkt zugelassen;
II. testamentaria (183 v. Chr.) — Vermächtnisse über 1000 As dürfen nicht angenommen werden;
III. de sponsu (345 v. Chr.) — sponsores und fideipromissores haften zwei Jahre lang und repartieren untereinander.

Fusia: s. Furia.

Glicia: ein Testament, in dem ohne Grund die nächsten Verwandten enterbt sind, ist unwirksam (Pflichtteilsrecht (?) nach Cujacius).

Hortensia (287 v. Chr.): Plebiszite haben allgemeine Gesetzeskraft (Ende des Ständekampfes ?).

Hostilia (170 v. Chr.): Vergünstigungen für kriegsgefangene Römer (z. B. Zulassung einer Prozeßvertretung).

Julia (alphabetisch): I. de adulteriis (18 n. Chr.) — der fundus dotalis darf nicht frei veräußert werden;
II. de ambitu (18 v. Chr.) — Verbot der Wahlbestechung;
III. de annona — Verbot des Kornwuchers;
IV. caducaria s. Julia X;
V. de collegiis — zur Körperschaftsbildung ist staatliche Genehmigung erforderlich;
VI. de fundo dotali s. Julia I;
VII. de repetundis (59 v. Chr.) — Verbot der Geschenkannahme seitens hoher Provinzialbeamten;
VIII. de maritandis ordinibus (4 n. Chr.) — Ehegesetze, Dotalpflicht;
IX. majestatis — Strafe für Majestätsbeleidigung;
X. et Papia Poppaea — Ehelosen sind Verheirateten gegenüber benachteiligt, das Konkubinat wird in bestimmter Form anerkannt;
XI. et Plautia — res vi possessae sind nicht ersitzungsfähig;
XII. et Titia — der praeses provinciae kann für Minderjährige einen tutor bestellen;
XIII. de vi — jede Vergewaltigung und Nötigung ist strafbar.

Junia (19 n. Chr.): Norbana — qui in libertate morantur gelten als latini Coloniarii (Latini Juniani — mindere Freigelassene).

Laetoria: s. Plaetoria.

Licinia: I. Verhütung der Veräußerung noch nicht geteilter Gemeinschaft;

II. Stolonis: Agrar- und Schuldenreformanträge; Wahl eines plebejischen Konsuls.

Minicia: Kinder aus Ehen mit Peregrinen folgen der Rechtslage des peregrinen Teils.

Marcia: Erschwerung des Zinswuchers (Verbot der Zinseintreibung).

Mensia: das Kind, dessen einer Elternteil peregrinus ist, folgt diesem im status.

Papia: s. Julia X.

Pesolania: Ausdehnung der Tierhaftung auf die Hunde.

Petronia (61 n. Chr.): Sklaven dürfen nicht zum Tierkampf verwandt werden.

Pinaria: Ernennung von Einzelrichtern.

Plaetoria (186 v. Chr.): der pubes minor darf sich einen curator erbitten und hat aus Geschäften ohne dessen Einwilligung eine exceptio.

Plautia: de vi — s. Julia XI.

Poetelia (313 v. Chr.): Tötung und Verknechtung des Schuldners ist verboten.

Pompeja: de parricidiis — besondere Strafen für Verwandtenmord.

Poppaea: s. Julia X.

Porcia: über die Haftpflicht der Gesellschafter.

Publilia: I. Philonis — Bestimmungen über die sponsio;

II Voleronis — über die Wahl der Volkstribunen und -ädilen.

R(h)emmia: Strafe für wissentlich falsche Anklage (calumnia).

Rhodia: de jactu — große Haverei ist gemeinsam zu tragen.

Rubria: de Gallia Cisalpina — mit Gerichtsordnung für die dortigen Städte.

Scribonia: usucapio für Servituten aufgehoben (dafür longi temporis possessio, longi temporis quasi possessio).

Sempronia: judiciaria — die judices sind aus den Rittern auszulosen.

Silia für certa pecunia wird die legisactio per condictionem eingeführt.

Titia: I. die Wetten betreffend;

II. Julia et Titia s. Julia XII.

Valeria: de provocatione — Tötung und Geißelung römischer Bürger ist nur auf Provokation ans Volk zulässig.

Vallia: erlaubt dem der legis actio per manus injectionem unterliegenden Schuldner, sich selbst zu verteidigen (silei manum depellere).

Velleja: über Ungültigkeit von Testamenten.

Villia: annalis — Reihenfolge der Amtsbewerbungen bestimmt.

Visellia: Strafen für den Freigelassenen, der sich die Rechte des ingenuus anmaßt.

Voconia (169 v. Chr.): Milderung der Vermächtnisbeschränkungen der lex Furia (s. Furia II); — Beschränkung des Frauenerbrechts aus Testamenten.

3. Senatus Consulta.

Afinianum: trifft Bestimmungen über Adoption.

Apronianum (Hadrian): die Städte dürfen Universalfideikommisse erwerben.

Articulejanum (Trajan): für fideikommissarische Freilassungen in den Provinzen ist immer der praeses provinciae zuständig.

de Bacchanalibus (185 v. Chr.): gegen die Ausschreitungen des Bacchuskultus.

Calvisianum: die Ehe einer Frau über 50 Jahren mit einem noch nicht 60 jährigen soll keinerlei erbrechtliche Ansprüche geben.

Claudianum (52 n. Chr.): die mit einem fremden Sklaven verkehrende Freie wird Sklavin des Herrn.

Dasumianum (Trajan): fideikommissarische Freilassungen betreffend

Juncianum (127 n. Chr.): fideikommissarische Freilassungen betreffend.

Juventianum (129 n. Chr.): über den Schutz der hereditatis petitio.

Largianum (41 n. Chr.): Erbrecht der Kinder des Latinus Junianus (s. lex Junia) hinter dem patronus.

Libonianum (16 n. Chr.): Verfügungen zu gunsten des Testamentsschreibers sind in der Regel unwirksam.

Macedonianum (69–79 n. Chr.): Gelddarlehen an Hauskinder sind verboten; letztere haben eine exceptio, auch gegen das judicatum.

Neronianum (54—68 n. Chr.): Legate in unvorschriftsmäßiger Form gelten als Damnationslegate.

Orfitianum (178 n. Chr.): die Kinder gelten als die nächsten Intestaterben der Mutter (s. Tertullianum).

Orphitianum: s. Orfitianum.

Pegasianum (75 n. Chr.): Fideikommisse unterliegen wie Vermächtnisse der Beschränkung der lex Falcidia (s. daselbst); Universalfideikommisse stehen dem heres fiduciarius zu.

Pernicianum: betrifft die Bestimmungen der lex Papia (s. Julia lex X).

Pisonianum (Nero): „ut, si poenae obnoxius servus venisset, quandoque animadversum in eum esset, ut venditor pretium praestaret.“

Plancianum (117—138 n. Chr.): I. die schwangere Geschiedene muß ihren Zustand binnen 30 Tagen nach der Trennung anzeigen.

II. de fideicommissis tacitis.

Sabinianum: trifft Bestimmungen über die Adoption.

Silanianum (Augustus): Sklaven des ermordeten Herrn sollen zur Ermittlung des Mörders gefoltert werden.

Tertullianum (Hadrian): die

Mutter mit dem jus liberorum hat gegen die Kinder Intestaterbrecht und zählt zu den „unde legitimi".

Trebellianum (Nero): mit der Restitution der hereditas fideicommissaria gehen Erbschaftsklagen auf den Fideikommissar über.

Turpillianum (Nero): Strafen für tergiversatio seitens des Anklägers.

Vellejanum (46 n. Chr.): Interzessionen der Frauen sind unwirksam und gewähren eine exceptio.

Vitrasianum (Hadrian): fideikommissarische Freilassungen betreffend.

Vollusianum: frivole Streitgenossen (die den Prozeßgewinn unter sich teilen wollen) unterliegen den Strafen der lex Julia de vi privata s. Julia XIII).

Verwandtschaftstafeln.

Schwägerschaft:

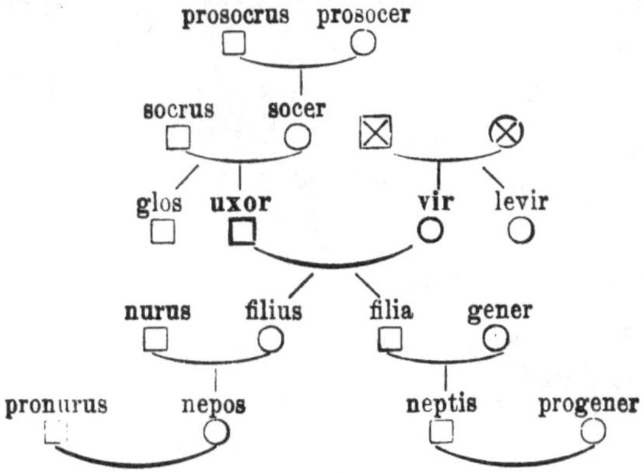

Erklärung: ○ = Mann, □ = Frau, ‿ = Ehe, ✕ = gestorben, — = Verwandtschaft in Seitenlinie (Geschwister).

Blutsverwandtschaft:

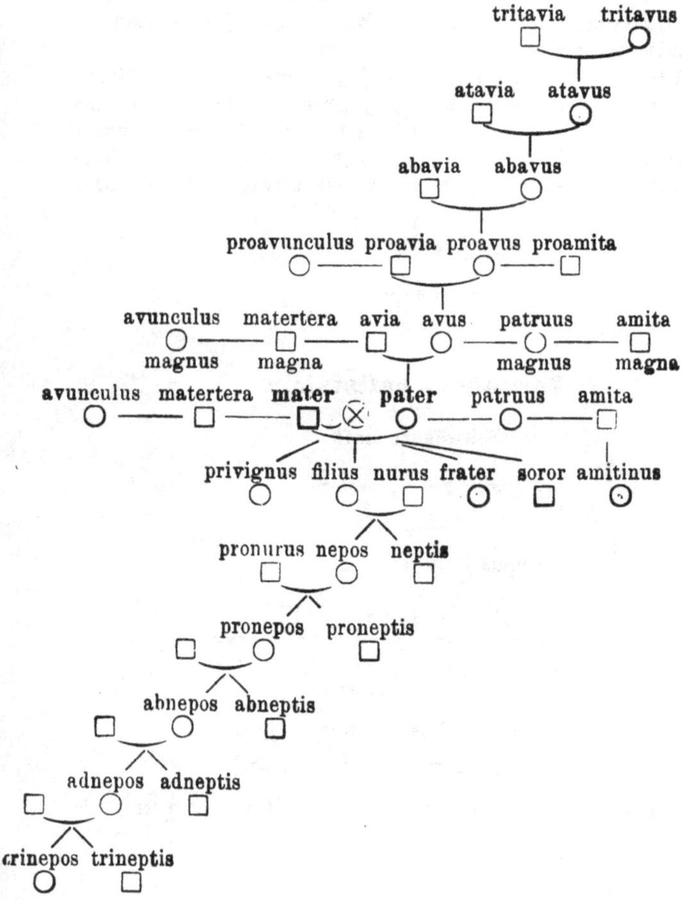

Druck von Dr. F. P. Datterer & Cie., Freising-München.

Kolibri 360 GmbH
Ferdinand-Jühlke-Straße 7
99095 Erfurt, Deutschland
produktsicherheit@kolibri360.de